U0143000

班級經營
概念36講、策略36計、實務36事

賴光真　著

五南圖書出版公司 印行

班級經營是指教師運用適當且有效的策略與程序，處理班級相關的人、事、時、地、物，營造優質的制度、心理與物理等環境，以輔助教育活動的實施，並創造師生教育歷程的高峰經驗。

班級經營的重要性可以說「不言可喻」，同時也「不可言喻」。絕大多數教師，無論是擔任導師或授課，大部分時間都是透過班級來與學生互動，如何經營這個自己最主要的工作對象或場域，教師必然應當妥善思考。

部分教師偏好將關注焦點放在教學上，懷抱滿腔熱血，期盼能把自己任教學科相關的一身絕學傳輸給學生。然而，若想要能將最多的時間心力用於教學，教師反而必須先願意花點時間心力好好經營班級，使班級穩定有序，學生認同喜愛教師，因而願意跟隨學習。否則教室混亂失序，師生同儕關係惡劣，前述期盼最終只會淪為一場空夢。

現代資訊科技高度發達，教師引以為自豪的教學其實很容易被替代。解僱絕大多數的教師，讓所有學生透過網路視訊，受教於各該學科領域最頂尖的教師小組或者 AI 機器人，獲取最高品質的教學，技術上並不困難，長期成本更是極為低廉。但是迄今仍未採取這樣的模式，其中重要的原因之一，就是因為教育相當重視人與人之間有溫度的互動，這種有溫度的互動是網路科技、AI 機器人所較難取代的，因此教師仍然有存在於學校的價值與必要。而學校教育中，展現或促進人與人之間有溫度互動最主要的管道就是班級經營，因此教師若總是逃避班級經營的職責，不願積極承擔，不啻否決了自己在學校教育中存在的價值與必要。

教師教育生涯的成就或挫敗，鮮少取決於教學層面，教師不太會以

自己曾有多少學生考上頂尖、理想的學校，來看待自己教育工作的成就（那些考上理想學校的學生，通常都認為是他們自己很優秀，而不是老師教得好）；相對的，會更深刻影響教師教育成就感的，更多時候是源自班級經營的良窳。教師班級經營得當，親師生相處融洽，即使學生學業成就不是那麼理想，往往還是能感覺教育生涯很有意義；相對的，若帶班失能、親師生關係緊張，即使學生個個優異、學業成就斐然，但教師多半還是會倍感挫折倦怠，甚至離職求去。

經常有機會與中小學校長互動，諸多校長均曾不約而同的表達一種觀點，他們認為教師教學功力可以允許漸進鍛鍊，但是一個班級的學生交付到教師手上，教師必須要能立即上手，立即就能妥為經營管理，否則令人困擾的爭議衝突極可能馬上層出不窮。因此，如果要進用教師，他們往往更優先關注教師班級經營的能力。

過往社會集體較為保守的環境氛圍，某種程度間接幫助著教師管理班級，教師似乎不太需要花費太多心思關注班級經營。但隨著時代的演進，教育環境以及人們的思維產生改變，學生與家長的權利意識抬頭，教師也不再擁有往昔的權威地位，因此必須更加關注並具備扎實的班級經營知能，方能面對種種挑戰。在師資培育職前教育的各種學科中，班級經營是我「強烈建議」師資生必修的課程。事實上，班級經營更應該是教師教育生涯一輩子的重要功課，即使在職階段也應該不斷研習精進。針對中小學教師進修研習需求或意願所做的調查，班級經營相關主題總是高居優先順位，由此可見一斑。

有些教師認為，那些班級經營績效良好的教師，是因為他們先天具有一些優勢的個人特質，或者任教的情境或對象相對較好，而自己沒有同樣的個人特質、環境或運氣，因此無能為力。班級經營的成敗良窳受到眾多因素交互作用影響，是綜合教師智慧、努力，乘以個人特質、環境、運氣的結果，個人特質、環境或運氣確實也是影響因素之一，但

並不是全部。教師應該努力的，就是儘量縮小個人特質、環境、運氣等不可控因素所帶來的不確定影響，相對的儘量放大智慧、努力等可控因素正向影響的比重。而要提升班級經營的智慧與努力，就要開啟教師的意識，激發教師的意願，以及厚植教師的知識技能，這些意識、意願與知能都可以透過後天而學習，因此更關鍵的應該是教師是否有心，若有心，絕大多數教師都有機會透過學習而在班級經營上獲致成功與良善的結果。

對於班級經營意識、意願與知能的學習，教師雖然可以到教學現場之後經由實務歷練再慢慢累積，但更好的做法應該是在師資職前培育階段就能奠定扎實的基礎，後續再不斷精進成長，以逐步臻於完善的境界。對於職前教育階段的師資生，我經常鼓勵他們要有一種企圖心，期許自己未來即使初出茅廬，但是班級經營就能從 80 分開始，即使只是菜鳥，但是班級經營就可以超越許多資深教師，展現出更適當的理念與更積極的作為。而對於任教多年的教師，我則鼓勵他們要有一種企圖心，期許自己的班級經營能夠更上一層樓，從現在已然優秀的 A 層次，進一步進階到更傑出的 A+ 境界。

本書從概念、策略、實務等三個面向，分別透過各 36 篇、總共 108 篇的文字，與讀者討論班級經營。第一部分「概念 36 講」，探討班級經營的重要內涵、基礎，以及應為與不為，引導教師對班級經營能有正確合宜的見解與廣泛周延的視野。雖然班級經營的實務性質很強，但是「道為體、術為用」，觀念還是最重要。觀念正確，才會有合宜的實務；觀念錯誤，即使運用精巧的實務也是枉然，甚至弊害更深。本部分另外參考 P. R. Burden 在 2003 年的分類，依據教師控制程度的高中低，分別介紹班級經營重要的理論模式，並提出評析與啟發。教師對這些理論模式有所了解，將「站在巨人的肩膀上」，讓自己的班級經營能更快速的看得又高又遠。

第二部分「策略36計」，是本書最不同於其他班級經營書籍之處，仿效中國古代謀略學著名的三十六計而研擬，並依據管理學常用的計畫、組織、溝通、領導、評鑑之架構加以分類。每一計，也就是每一項策略，都使用四加四的文字作為標題，提示教師經營班級時可以思考採用的策略。

　　第三部分「實務36事」，針對經營人際關係、建立班級結構、獎懲與讚美責備、秩序維持與管教、應對化解衝突事件，以及發展班級特色等班級經營實務層面主要關注的事項與相關子題，提出具體的方法、技巧，以及運作時應把握的原則或者應注意的事項。

　　本書以總共108篇短篇文字形式呈現，可以符合現代人閱讀偏向輕薄短小的習慣，不過整體架構仍能完整涵蓋一般班級經營學門探討的範疇。因此可以隨機選讀單篇，亦可作為班級經營學期性的教材使用。無論是在職教師或師資生，都可以從本書中獲得一些智慧傳承與啟發。

　　本書對於班級經營的討論範疇兼及國小、國中或高中，閱讀對象並未做教育階段的明確區隔。不同教育階段的班級經營必然有重點上的不同，但是可以相通共用的觀念、策略或方法更多，教師掌握其精髓之後，再依據自身的教育情境做選擇與調適，即可因應實際需求。此外，本書著重引介一些觀念與策略點子，儘量使用一些舉例來輔助說明，惟限於篇幅，無法提供更具體的表格、工具或範例，供教師直接複製使用，但我相信教師應該都有能力依循概念並參考舉例，設計發展出實際所需的表格、工具或者經營事項的內涵。

　　除了歸納彙整班級經營老生常談的基本概念，以奠定紮實的經營基礎之外，本書也意圖引導教師在基本的班級管理之外，能進一步有更進階、更精緻、更創新的經營思考與行動，能夠試著突破某些傳統慣性思維，並且去做一些一般教師未必會做、但卻有意義的班級經營措施，讓班級經營不再只是消極性的祈求順利安度、不會出事而已，而是能更積

極的締造師生教育歷程的高峰經驗，讓這段教育歷程成為師生生命故事中經常會憶起的美好時光。

　　感謝長期以來在各式各樣課程或其他互動機會中，與本人一起研討班級經營議題的教育先進與同學，彼此的交流互動、見解激盪，對於本人思慮的周密、本書內涵的充實，有著極大的幫助。感謝好友民杰的促成，也特別感謝五南圖書出版公司黃文瓊副總編輯，以及編輯出版同仁的協助，讓本書得以整理面世，在此特申謝忱。

賴光真 謹識

目錄

V

概念 36 講

班級經營的
重要內涵

第 1 講　班級這個特殊的社會團體

　　班級不完全等同於教室。教室偏向是一種地、空間、場所、建築體的概念，而班級則偏向是指一個由教學者與學習者共同組成的社會團體。班級這個社會團體的性質頗為特殊，教師必須理解這些特性並獲得班級經營的啟示。

成員多元複雜且異質

　　班級的核心成員包含教師與學生，人數通常多達三、四十人，若將周邊的學生家長（監護權人）及其他教育人員納入，則利害關係人常多達百人之譜。不同身分的成員彼此之間，以及相同身分的不同成員彼此之間，在年齡、世代、性別、種族、社經地位等客觀面，乃至於諸如價值觀念、目標期待、處事風格、經驗能力、人格特質等主觀面，都存在相當程度的差異，因此班級不會一心一德，而是百心百德。此外，不僅是學生，包含教師與家長在內，在思想、觀念與行動上經常都不完全成熟，有諸多非理性或不理性之處。如此一群人數眾多、彼此歧異而又不完全成熟的個體聚集在班級這個社會團體中，其多元複雜與異質可以想見，如何求同存異，乃是教師必然要面對的一大考驗。

互動頻繁緊密

　　同樣是社會團體，有些團體的成員關係相對鬆散，未必有密切互動。但是中小學的班級成員經常朝夕相處，共同從事教學活動及班級事務，互動頻繁而緊密。除了內部成員的互動之外，班級的集體或者其中

的個體也不斷與班級之外諸如其他班級、其他個人、學校、家庭、社
區、社會等系統，有直接間接的互動，例如班級必須參與學校規定的事
務或舉辦的活動，學生會與其他班級的師長、同學、家人、社區人士有
所接觸。這些內部外部、直接間接、頻繁緊密的互動，部分是相互激
勵、支持或合作，部分是彼此壓迫、攻訐或競爭，偶而也可能陷入冷漠
疏離的狀態，帶來教學或生活經驗的豐富多樣性，但也增加人際或群際
摩擦衝突的可能性，教師必須思考如何讓互動儘量導向正面發展。

非自願組合

在多數情況下，教師無法選擇學生，學生無法選擇教師與同學，因
此班級這個社會團體是非自願性的組合。

教師經營班級經常會以家庭、社群、生命共同體等來思考或期許，
此種集體意識、團隊精神並無不當，也值得追求。但是鑒於班級是非自
願性的組合，因此也不宜過度強調，更不能以高壓脅迫方式，形成集體
暴力，勉強個人認同班級或參與班級活動，壓抑個人自主自由空間，歧
視有不同想法或做法的學生。例如：二、三位學生不想參加班級假日旅
遊活動，班級師生不究其因，即以不合群予以嚴詞抨擊，如此反而製造
班級內部的衝突與撕裂，與教師凝聚班級向心的本意背道而馳。

師生均應適當尊重學生不同於班級集體意識的個人思考與行為。若
要強化班級集體意識，應該儘量呈現團隊的美好面，使用邀請的方式吸
引學生認同並參與班級團體。必要時，還要探知學生不融入或不參與的
原因，給予理解包容，或者協助其解決困難。

具有個性

如同個人一般，班級也有其個性，所謂的班級個性即所謂的「班
風」。有經驗的教師都會發覺，自己不同學年所帶領或任教的班級，有

著不盡相同的班風；即使同一期間所帶領或任教的不同班級，班風也可能有著極大的差異。例如：有些班級活潑好動，有些安靜保守，有些則顯得死氣沉沉等。基於此，教師經營班級時必須認識不同班級的個性風格，並因應不同班風微調帶班或任教的策略。

擁有歷史

組成一段時期之後的班級，過往那段時間的經驗或事件即成為該班的歷史，班級承載的這些歷史記憶將會影響班級現在的種種運作。例如：某班學生課堂上對教師總是冷漠以對，不願有絲毫互動。追溯其歷史原因，有可能該班過往其實活潑多話，課堂經常提問、回應教師，僅因一次被某位教師嚴厲斥責，學生激憤反彈，在意見領袖提議下，開始轉以極端冷漠的態度來對待所有課堂、所有教師。這就是班級歷史事件影響班級現況的典型事例。

基於此，中途接任班級成為「繼任」教師者（即以往俗稱的「後母」教師），最好透過適當管道，對該班過往的歷史能有一定的了解；或者，當班級經營面臨問題困境時，應該探究是否與班級過往的歷史有所關聯。

有常規、有變數

在制度化的學校教育情境中，班級運作有一定的時程表、例行性的規範，師生照表操課、照章行事，就可以讓班務順利運作。但班級偶而也會遭遇非預期性的狀況，例如臨時受派任務、發生衝突意外、遭到抱怨投訴等，教師或師生必須臨機應變。

對於班級運作的常規與變數，教師均應有適當的思考與對應作為。對於常規，首重引導學生了解並願意遵循，知道每一週、每一天、哪個時段，哪些人應該帶著什麼東西，到哪裡，用什麼樣的方式，去做什麼

事，以及做到什麼樣的水準等，儘量做到自動化。對於變數，除了要具備臨機應變的能耐，也還是可以預作準備，例如建立班級危機事件應變機制，或者模擬預想特殊緊急狀況發生時，自己應該如何或者應該如何帶領學生共同應變處置。

兼重任務與關係

　　班級是一個兼重任務與關係的學習社群。班級不宜像是工廠或企業那樣單純偏重任務績效的產出，也不應像是只重視人際互動、「你好、我好、大家好」的社交俱樂部。學生來到學校有其嚴肅的求學任務（即使部分學生不做如是想），另外也必須在與他人的互動中，一方面滿足心理層面、愛與隸屬的需求，另方面也獲得人際技能的學習成長。

　　基於此，教師經營班級時，應該兼顧任務與關係兩個層面，在其間取得適當的平衡。能關懷成員的心理層面，維繫良好的人際關係，同時也帶領學生有效率的學習，提升學習成就。

第 2 講　班級經營捨我其誰

教育的主體是學生，而班級經營是整體教育的一環，自然也應以學生為主體。但若論及班級經營的「主要發動者」，則教師不可逃避的必須扮演主動的角色以及擔負積極的責任。

教師是班級經營的主要發動者

班級經營牽涉到的成員，除了學生與教師之外，還包含家長、教師同事、學校行政人員、社區成員等，十分多元廣泛。這些成員是教師班級經營的利害關係人、共同參與者，但不會是主要發動者。教師應體認自己對班級經營的關鍵性角色與地位，積極主動承擔職責，不宜寄望他人會代行職責。

國小或國中階段的教師通常比較不會輕忽自己是班級經營主要發動者的角色地位，但是較高教育層級的教師，例如部分高中階段的教師，認為學生應該學習、也有能力自主自治，教師不宜仍像國中小教師那般緊迫盯人，高度介入班級相關事務，因此對班級經營相對消極被動。賦予較高教育層級的學生較多自主自治權責本屬適當，但若過度放手、從不過問，也並非所宜。輕則師生關係冷淡疏離，學生日後大概想不起來自己的高中教師是誰；重則學生未必樂意或有能力自主自治，導致班級出現無政府般的失序失能狀態，教師臨時驚覺才緊急介入，卻也手忙腳亂，甚至錯失時機，不但未能讓學生學到自主自治，反而因為各項事務無法順利完成，致使學生抱怨、校方責難，當非教師所樂見。因此，無論哪一個教育層級的教師均應正視自己乃是班級經營的主要發動者，班

級經營捨我其誰，全程積極關注並適當參與，方能避免被迫面對窘境。

在極少數的情境中，會有學生跳出來代替缺乏作為的教師管理班級，但這樣的事例鳳毛麟角，可遇不可求。更要注意的是，學生挺身而出代替教師管理班級，未必是對教師的一種尊重與協助，反而是鄙夷、不齒教師消極無作為之後的補償或對抗行為，教師不但不能因此而感到欣喜，反而應該更加戒慎恐懼。

班級導師 vs. 科任教師

學校教師通常概分為導師與科任教師兩類。導師對於自己的導師班固然應負擔較多、較重要的班級經營職責，非導師身分的教師（包含擔任導師者到不是自己導師班的其他班級授課時）也應擔負其任教時段內該班級的經營管理責任。

少數科任教師未能理解，或者刻意推卸逃避自己班級經營的職責，例如面對混亂失序的課堂，竟然要求導師前來整頓秩序，自己才願意上課，令人倍感詫異與荒謬。相對的，部分導師也熱心過頭、逾越分際，未經同意即在科任教師授課時段出現於教室，甚至介入班級的管理，顯然有越俎代庖、干涉科任教師班級經營職權之嫌。如果導師與科任教師能建立班級經營的協同合作關係，彼此互助經營管理班級，那確實是最好的狀況。若未建立此種協同合作關係，那麼就應該各自擔負起本身應盡的班級經營職責，同時也尊重對方的職權。

雖然導師與科任教師均各自應有適當的班級經營作為，但是對於特定一個班級而言，導師與科任教師或多或少仍有主輔之別。科任教師展現班級經營作為時，最好能顧及導師的主要角色地位，不要過度掩蓋導師的光采；相對的，導師也應儘量開放胸襟，若科任教師對自己導師班級的學生有積極的班級經營作為，應該慶幸學生獲得其他教師的關愛，正向看待之，避免大吃飛醋。

協助代課教師帶班

導師或科任教師偶因公私事務無法到班，而由其他教師前來代課，代課教師在其代課期間也應該善盡其班級經營職責。

惟代課教師缺乏對班級背景的認識，同時也不宜過度「顛覆」既定常規，因此原教師最好能提供必要的交代與協助。除了交代授課進度之外，教師應該備妥並提供代課教師若干班級經營參考資源，諸如：作息時間表、學生名單、幹部名單、座位表、班級規約與獎懲、班級勞務分派、特殊需求學生注意事項，或者進一步提供通訊聯絡方式、緊急應變機制計畫、協同班級經營教師名單等，以利代課教師順利銜接，穩當的代行課程教學以及班級經營事務，必要時亦能獲得適當的支援。

第3講 宏觀班級經營的重要範疇

班級經營應思考的重要範疇可以借用人、事、時、地、物等層面來解析，而每一個範疇均應儘量用宏觀的視野來思考，以期能完整觀照，不致疏漏，並且獲致較多的資源或者開發較多的可能性。

人：全員參與

班級經營牽涉眾多的利害關係人，除了教師（包括班級導師與科任教師）、學生之外，還包括家長、其他師生、社區人士等。這些利害關係人與教師班級經營的關係有親疏遠近、核心周邊、直接間接之別，而且有時候是教師經營班級的助力資源，有時候卻也是問題來源，但無論如何，教師在思考、規劃及運作班級時都必須納入考慮。教師經營班級不宜僅僅關注狹義的少數對象，也不宜一個人閉門造車、孤軍奮鬥，應該盡可能讓利害關係人成為正向的人力資源。因此，從最廣義的角度來說，班級經營是一種必須「全員參與」的工作。

既然訴求全員參與，教師平時即應經常考慮到各種利害關係人，知悉可能的人力資源，與他們保持聯繫或合宜的互動關係，必要時能夠願意尋求並獲得他們的合作或協助，以利班務的運作或問題的解決。

事：鉅細靡遺，動靜兼顧

班級經營必須處理林林總總、繁複多元的事務，除了支持課程教學運作，激勵學生學習動機，配合學校行政處理各項事宜以及參與活動（例如代收費用、宣達政策、參與學藝體育等各類競賽等）之外，其他

諸如：常規結構建立（班規訂定、幹部選任、座位安排等）、勞務分派、秩序維護管理、行為管教獎懲、人際經營、危機應變、衝突調處、環境空間布置、設備設施取得與維護，乃至於班級文化的塑造或特色事項的推動等，幾乎所有與班級或學生有關的大大小小、動態靜態事務，都是班級經營的事務範疇。因此，班級經營是一種「鉅細靡遺、動靜兼顧」的工作。

教師應該認知這些大大小小、動態靜態的事務都是教師分內的職責，不輕忽、不逃避、不推諉，才能樂而為之；並且還要能妥善規劃、準備與執行，以期嚴謹完善、有條不紊的順利運作班務。

時：全歷程的工作

從鉅觀的層面來看，班級經營不是從開學那一天才開始，除了學期期間的每一個上學日，甚至是假日，均應有班級經營作為之外，更必須往前延伸、向後擴展。往前延伸，意指從知悉擔任導師或任教班級之時，即開始規劃與準備；向後擴展，意指在學期結束之後，例如寒暑假期間，仍持續經營班級，或者反省檢討自己班級經營的得失。

從微觀的層面來看，班級經營也不是踏進學校、踏進教室的那一刻才開始。每一個上學日的全部時間，包含課前、課中、課間、到課後，都應該關照班級之外，上學前、放學後也都持續是教師班級經營的時間範疇。例如上學前要關注習慣性遲到的學生，放學後要與家長聯繫討論其子女的教育事宜，或者協助處理學生校外重大事件等。因此，班級經營是一個「全歷程」的工作。

教師認知班級經營工作的時間範圍之後，應適當安排自己的作息以及做好時間管理，但這並不意味教師必須如同 24 小時營業的超商般隨時待命。教師在已然投注相當時間經營班級、開放相當時段歡迎學生與家長聯繫互動的前提下，仍可誠懇的向利害關係人提出訴求，取得諒

解，以保有自己或者留給家庭的適當時間。

地：全方位的工作

　　班級經營以課堂教室為主要空間，但是從更宏觀的角度來看，它牽涉的空間應該是廣及學生可能涉足的校內外所有場域。具體言之，班級經營應顧及的空間範疇應該是以班級為主要核心，往上及於學校，往旁及於學校其他場域（例如校園各角落、其他班級教室）、家庭、社區或更廣的社會大環境，往下則及於每一位個別的學生。因此，班級經營是一個「全方位」的工作，教師班級經營的觸角應該能夠兼顧這些場域。

物：工欲善其事，必先利其器

　　班級經營需要若干實質的設施設備或物品以輔助運作，包含教室建築硬體空間，門窗、玻璃、窗簾、空調、黑白板、布告欄、辦公／課桌椅、置物櫃、掃除用具、垃圾／資源回收桶等家具物品，以及諸如電視、電腦、投影機、布幕、音響等科技設備器材等。這些空間設施與設備器材攸關教室的採光、通風、寧靜、衛生、安全、整潔美觀以及教學效率，雖然主其事者是學校總務部門，但教師必要時也必須聯繫反映，尋求資源提供或修繕。

　　此外，教師教學或班務運作所需的文具或工具，班級經營所需的自編表單、問卷、文件，或者是有意經營的班級網頁、線上社群等，也應預先準備或建置妥當。因此，就物的範疇來看，班級經營應考慮到「工欲善其事，必先利其器」。

第 **4** 講　縱觀班級經營的重要作為

　　班級經營應展現的重要作為可以借用經營管理學常用的計畫、組織、溝通、領導（執行）、評鑑等歷程架構來解析，教師縱貫而完整的運作這些事項，將能提升班級經營的成效。

計畫

　　班級經營事務千頭萬緒，而且可能遭遇若干變數，所幸大部分事務還是有一定的可預測性，為了後續能按部就班的執行，最好能事先適當的計畫。

　　在學期／學年開始之前，教師可以參考學校行事曆與學校活動，再加上自己帶班特有的想法，預先擬訂班級經營學期或學年計畫，這些計畫將使教師能有較宏觀的視野，能用更系統周密的步驟，來執行班級經營事務。

　　除了學期或學年計畫之外，還應針對班級經營事項預作腹案構思。例如班級訴求的精神願景、班級規約制訂的程序與內涵、自治幹部選任的程序與方式、勞務分派、教室布置、班級識別體系、班級特色事項等。這些事項中，或許開學後要與學生討論之後再做執行，甚至交由學生主導，但教師仍應預先有所構思，形成腹案，以期在學生沒有想法或思慮不周時，能夠提供他們作為參考，或者給予適當的導正。

組織

　　班級經營的組織作為，包含人員及結構兩種層面。在人員層面，主

要是要將諸如學生、家長等做成適當的安置安排，例如選任班級幹部、編排學生學習或生活小組，推選家長代表，或者鼓勵家長組成班親會並選出各職位代表等，使得成員能有適當的歸屬，專長得以充分發揮。在結構層面，則主要是形成或告知學校／班級運作的時程表、制訂班級規約、分派團體勞務等，讓學生均能知悉每一週、每一天、哪個時段，哪些人應該帶著什麼東西，到哪裡，用什麼樣的方式，去做什麼事，以及做到什麼水準的自動化境界。

除了常規事務的組織之外，最好也能針對非常規性的緊急或意外事故建立危機應變組織，師生適當編組並分派任務。一旦發生緊急性的危機意外事故，師生可以鎮靜且有序的應變處置，讓傷害降到最低程度。

溝通

為了傳遞資訊、表達想法、協調行動、化解衝突爭議，或者集思廣益，教師經常必須主動或被動的與學生、家長、教師同事、學校行政部門或社區人士等進行溝通。為提升溝通的效率，必須掌握多元有效的溝通技巧。

多元有效的溝通技巧包括：能把握溝通時機，事前充分準備，配合對方特性，運用適當的溝通模式或技巧，透過適當的媒介與管道（口頭語言、書面文字、電子資訊、肢體動作），以合宜的頻率（一次或多次）與強度，拿捏簡潔詳盡程度，清晰且直接的傳遞訊息重點，必要時懂得採用間接迂迴方式（例如說故事）來傳達訊息。此外，還要能傾聽並觀察，來來回回接收回饋反應，聽懂弦外之音、言外之意，即時澄清疑點誤解，以確保溝通的效率。

領導（執行）

建立一定的計畫、制度與規範後，教師應引導成員，或與成員共同

落實執行班級經營計畫的各項事務，並能妥善因應臨時變數，使班務運作穩當順暢，讓學生能有最佳的學習與成長。

要能有效領導成員執行班級經營事務，教師必須選擇適當的領導模式，發揮各種來源的影響力。領導模式可能是集權專制、開明專制、諮商民主、充分授權等，教師視情境選擇其中一種模式為領導的主要風格；至於影響力則可兼顧法職權、獎賞權、懲罰權、專家權、參照權等，讓自己綜整獲得最大的影響力，以利班級事務的推動。

評鑑

以目前的教育生態而言，不太可能透過正式的外部機制來評鑑教師班級經營的得失，而受限於教育場域權力的不平等、利害關係的敏感以及文化的保守封閉，其他人也未必會針對教師班級經營的得失提供回饋訊息。然而，教師的班級經營未必皆能適切合宜，有時不知不覺已然偏離了教育的本質或任教的初衷，因此教師應抱持謙遜的態度、自我批判的精神，經常性的以非正式評鑑方式，自我評析省思班級經營的理念與作為。

所謂的經常性，意指在學期的任何時間點，或者學期告一段落之後，都可以形成性的或總結性的監控省思。至於非正式評鑑方式，意指可以取得現成的班級經營檢核表來自我檢核，或者僅需沉思反省，觀察留意周遭各種訊息，甚至只需觀察學生有無笑容，都可以用來檢視班級經營的得失。若透過這些回饋訊息檢視發現自己確實有著不合理的信念、不當的舉措，隱然埋下了問題的導火線，或者已經產生了非所欲的結果，在釐清問題所在與癥結之後，應儘速調整修正。若檢視結果發覺理念與作為並無不當，班級運作大體順遂，除賡續維持之外，也可以思考如何提升經營的層次或水準。

班級經營
的基礎

第5講　班級經營的基礎態度

　　要提升班級經營效能，在基礎態度層面，教師必須要具備高度的教育愛、奠定良好的人格修養、發揮抉擇負責的勇氣、具備堅韌的耐性與挫折容忍力、懷抱向上修正的豪氣，以及具有隨時充實進修的意願。

具備高度的教育愛

　　教師熱愛教育工作，並且珍視喜愛所有學生，才能有豐沛的動力與熱情，願意付出時間、智慧與體力心力來好好經營班級，也才能有堅韌的耐心與毅力，面對可能的挑戰與挫敗。而具備高度的教育愛，教師的班級經營也才能超越技術面的匠氣，達到藝術面的化境。

　　教師具備高度的教育愛，通常會視教育為一生志業，而非僅是可以賺大錢的事業、勉強餬口的職業，或者僅是部分時間兼差的副業。不過，即使未將教育當作終身志業，若能抱持「當一天和尚，撞一天鐘，但我會撞得比任何人都更響亮」的態度，只要還在任教，就會敬業樂業、關懷學生、經營班級，抱持此種教育態度的教師即是有教育愛的教師，而且比起若干長留教育界但「每天等下班，每月等發薪，一生等退休」的「三等」教師，要強上許多。

奠定良好的人格修養

　　孟子曰：「以德服人者，中心悅而誠服也。」教師能有受學生或眾人尊敬景仰的德行或人格修養，將可提升影響力，進而在班級經營上獲致良好成效。

對教師而言，值得修而養之的人格品質大致上包括：第一，勤勉
負責，善盡教學管教的本分。第二，溫暖熱心，親和關懷學生各方面發
展。第三，平等尊重，視對方為具有尊嚴的主體。第四，寬闊體諒，包
容他人缺點並給予改善機會。第五，肯定支持，激勵他人發展潛能以獲
致成功。第六，公平正義，維護眾人權益且能照顧特殊需求。第七，真
誠信實，以身作則並謹守承諾。第八，樂觀積極，凡事正面思考並展現
自信活力。第九，理性成熟，待人處事展現智慧圓融。

發揮抉擇負責的勇氣

世間事務經常沒有絕對的是非對錯或優劣得失，在班級經營或教育
上，教師也常陷入諸如下列的選擇困境：把每一個學生帶起來，還是以
團體多數學生利益為重；讓學生免於無謂的失敗傷害，還是讓他們在挫
折中學習成長；處事要果斷明快，還是事緩則圓；帶班要採取任務紀律
取向，還是人本關懷取向；領導風格要偏向專制權威、開明專制、民主
諮商、充分授權，抑或放任無為等。

諸如此類問題，沒有絕對的單一標準答案，每個選項各有利弊得
失，無論做哪一種選擇，都將享受其優點並承擔其缺點。教師最好能夠
集眾家之大成，取長補短。但若選項具有互斥性，無法整合折衷，則最
終仍歸結到「抉擇」與「負責」，經過審慎思考之後，必須發揮抉擇的
智慧，並且為自己抉擇的過程與結果勇敢的負起責任，切莫優柔寡斷，
猶豫游移，舉棋不定，錯失處理的時機；或者父子騎驢，見異思遷，忽
東忽西，莫衷一是，令人備感困惑。

具備堅韌的耐性與挫折容忍力

班級或學生的諸多問題根源甚深，牽涉甚廣，即使教師竭盡智慧與
努力，也未必能在短期內收到成效，甚至將永遠無解。尤有甚者，教師

還可能會遭遇到衝著自己而來的挑戰。

面對各項難題，教師必須展現堅韌的耐性，不求成功一蹴可幾，在尚未用盡各種方法之前，不輕言放棄，打退堂鼓。即使遭到挫敗，也會展現高度的容忍力、復原力，能很快的調整自己，重新站起來，並從挫敗中累積智慧經驗、學習成長，進而尋求轉敗為勝。

懷抱向上修正的豪氣

對於班級經營或教育，教師應該願意設定比一般預期水準更高的目標或境界，並且持續不斷的尋求精進提升。

首先，要展現強烈的企圖心。在不致過度鋒芒畢露、特立獨行、損人利己的前提下，能有成為「跟一般教師不一樣的好老師」的企圖心，讓優秀、傑出成為自己的習慣，即使他人側目冷語也不改其志。尤其要防備並遠離那些消極怠惰、不做不錯、潑冷水、召喚大家一起沉淪的教師，避免受其負面影響。

其次，擁有「好還要更好」的態度。不會只求最低標低空掠過，應付交差，不要出事，平安畫下句點就好；相對的，能有「做個快樂傻瓜」的傻勁，懷抱「多做一點點」的積極心態，力求提升班級經營的質量水準。

第三，若受限於環境因素而無法實踐某些班級經營或教育的理想，能理解原因並且釋懷，但始終保留火種，一旦環境允許，旋即重新復燃，大展身手。

具有隨時充實進修的意願

班級經營內涵複雜，經常面臨若干不易解決的困頓阻滯；而隨著社會快速變遷，新興問題層出不窮，過往諸多理念或作為不復適用，甚或備受質疑或挑戰。因此，教師不能固守先前的教育基礎與經驗，必須透

過各種管道更新理念思維，學習新知新法，以期更合理有效的處理班級經營事務。

　　充實進修班級經營知能的管道十分眾多，進修學位並非主要途徑，更多時候是透過諸如閱讀瀏覽各式資料資訊，參加研習、專業學習社群或成長社團，請教前輩、同事等管道，或者從與學生的教學相長中來獲取增能。此外，由於班級經營明顯的具有科際整合的特性，因此充實進修不必侷限於班級經營單一主題，更應廣泛涉獵，從各式各樣的學門中尋求經營策略或問題解決之道的啟發。

| 第 6 講 | 班級經營的基礎認知 |

要提升班級經營效能，在基礎認知層面，教師必須要認知問題的必然性、教師可能是問題來源、學生是教育主體、凡事相對相生，以及認知周邊環境。

認知問題的必然性

教師必須正確認識教育工作與環境，不應有過分浪漫而不切實際的期待，例如憧憬學校是個快樂天堂，學生都是乖巧天使，同儕相處其樂融融，家長更是積極關心子女教育成長，教師能盡情的把自己所學所長全數授予學生。教育現場實況與此種憧憬相去甚遠，經常充斥各種問題，發生各種矛盾衝突。教師必須能視這些問題或矛盾衝突乃為「平常」（或許未必適合說是「正常」），是必然會發生的，並把面對、處理與解決這些問題或矛盾衝突視為本分職責。

教師若不能認知問題的必然性，一旦發生，通常會感到錯愕、憤怒、厭煩，認為增添自己的麻煩，帶著情緒去處理，甚至刻意閃躲逃避，導致處理程序與結果難達理想。相對的，若教師認知問題的必然性，則相對較能平和、客觀與理性，願意積極面對並處理，因此也獲致較妥善的結果。

班級或學生發生問題或矛盾衝突，雖然讓教師感到困擾，必須費心費力處理，但從另一個角度來看，卻也是另類的教育學習機會，讓學生可以見識未來社會或職場的實況，歷練應對之道。因此，雖然能免則免，但萬一碰到，教師可以轉念並正面看待之。

　　多數教師出身於較佳的家庭與社會環境，從小循規蹈矩、出類拔萃，生活、學業與升學一路順遂。事實上有很多學生並未享有相同的成長條件，反倒承受著教師沒有遇過或想過的困難問題，教師應擴大自己的視野，理解並同理學生某些問題行為產生的脈絡。

　　教師教導的學生未必個個是英才，很多反而是製造問題的奇才。但誠如東吳大學劉前校長源俊所言：「得天下英才而教育之，莫若教育而得天下之英才。」教育最珍貴的是雪中送炭，而非錦上添花，若能拉拔有問題的學生，使其走上正途，教師將是幫學生「改命」的貴人。教師可以試著如是觀想，學習用不一樣的眼光，來看待這些問題學生或學生問題。

認知教師可能是問題來源

　　班級經營面臨的問題可能源自學生、家長或其他利害關係人，但是也不無可能源自教師本身，教師應能警覺。

　　誠如前述，在教學或帶班時，教師若未能理解並同理學生與自己迥然不同的成長背景，把很多事情視為理所當然，並傾向設定較高但未必合理的學習或行為標準，學生表現與教師期待產生落差，此時問題根源更多是來自教師。

　　此外，教師本身未必全然成熟理性，某些教育、教學或班級經營的理念或作為可能錯誤、無效或過時，導致學生出現行為問題。例如：學生課堂士氣低落，可能肇因於教師授課枯燥乏味；學生出言不遜、頂撞教師，可能肇因於教師尖酸刻薄，經常嘲諷貶抑學生。諸如此類事例屢見不鮮，因此教師應該知道，自己往往也是或才是班級經營的「問題製造者」。在一味指責學生之前，要先能反躬自省。

認知學生是教育主體

教育的主體是學生，基於教育倫理，班級經營所有的理念與作為也都應該以學生福祉為主要思考。

部分教師，尤其是一些在學校中被認為是表現績優、在班級管理上被認為是「名師」的教師，其班級經營作為可能實質上是為了建立自身的形象與聲望，而不是真正為了有助學生學習成長。其班級經營是以學生作為工具，透過嚴屬的管束、精微的操控，濫用學生的時間或體力心力，犧牲學生權益，以獲致成效來彰顯自己。雖然班級績效斐然、表現卓著，但是看不到學生有喜悅笑容。這種情形就有點像是「踩著學生的腳來墊高自己」，有違教育倫理。基於此，教師必須經常自省自問：我的班級經營所作所為，究竟是為了成就老師我自己？還是真正指向成就我的學生？

認知凡事相對相生

許多事務往往正負面相對相生。負面事務可能會帶來正面效益，例如衝突事件帶來彼此理解與人際關係更形緊密；反之，正面事務也可能會帶來負面效應。教師經營班級通常從事正面事務，此時即應知覺相對也可能引發負面效應。

舉例來說，舉辦班級烤肉活動原意是促進學生同儕建立和諧友善的關係，但是活動期間也極可能因為勞逸不均，反而導致出現摩擦，徒增嫌隙怨懟。又例如：教師以其他班級當作「假想敵」，藉此凝聚班級向心、激勵學生鬥志，進而有較佳的績效表現，但此舉也可能限縮學生的人際關係範圍，甚至導致惡性競爭與敵視，埋下班際衝突的隱憂。又例如：教師認真努力、高度投入班級經營，班務大小事都積極帶領學生、監督學生，但是也可能因此造成學生習慣他律他治，若教師無法親自在

場督導，學生即陷入無政府狀態。更甚者，教師努力經營師生關係，高度關懷學生，看似是一件好事、美事，但是學生若產生比較心，未來面對缺乏相似作爲的其他教師，新的師生關係可能就難以達到理想。

班級經營事務相對相生的正負面效應，就如同刀的兩刃，不可不愼，教師必須警覺並防範，避免苦心白費、適得其反，或者弄巧成拙、弄假成眞。

了解周邊環境

班級經營是在學校，乃至於更廣的社區脈絡下實施，彼此之間有直接間接的關聯互動，因此教師對這些周邊環境應有所認識，除了掌握資源之外，更要了解校風傳統以及家長／社區人士的價值期望。

教師了解學校、家長或社區的價值觀念與自己之間有哪些相符或歧異之處，始能配合、調整或融入，實施符合學校、家長或社區期望的班級經營作爲；若有歧異之處，也才可以知道如何適當的取捨，必要時預先構思應對之道，避免產生尖銳的衝突對立，使自己的班級經營理念與作爲得以順利推展。

舉例來說，教師擬推動閱讀教育，引導學生系統性的閱讀各式各樣的課外讀物。教師必須先了解學校、家長或社區的文化傳統與價值觀念，對於教師此項經營措施會有怎樣的反應。某些學校、家長或社區較爲開放多元，舉雙手贊成並支持，有些則較爲保守專注，認爲應以精讀教科書爲主，不贊同教師推動課外讀物的閱讀教育。教師最好先對學校、家長或社區的價值觀念有所了解，然後再斟酌是否或者如何推動閱讀教育，以避免貿然實施，造成雙方產生誤解、衝突與傷害。

第 7 講　班級經營的基礎能力

　　要提升班級經營效能，在基礎能力層面，教師必須具備卓越的課程教學能力、豐富多元的通識、敏銳的觀察力、活潑出奇的創意，以及強健的體力與心力。

具備卓越的課程教學能力

　　班級經營得當，班務運作能夠上軌道、自動化，教師可以把較多的時間心力用於教學；相對地，教師若能「把書教好」，往往也可以減除需要花費在秩序管理上的時間心力。

　　部分教師班級經營的問題其實源自其課程教學，例如課程內容無法符應學生程度或發展進路，對著根基不扎實又不準備升學的學生，講授著連其他學校績優學生也倍感艱深難懂的古文或數理定理，或者教學方法單調，照本宣科，氣氛沉悶，作業總是抄抄寫寫，評量考試不脫背誦與紙筆測驗等。誠如電影《侏儸紀公園》片頭的名言「生命會找到他的出口」，學生在課堂上感到無聊無趣，自然也會尋求他們的出口。自顧自的做自己的事，還算客氣，讓教室陷入混亂失序也並不是意外，而其問題根源其實是教師課程教學失當。

　　因此，教師要能具備卓越的課程教學能力，鑽研課程教學與教材教法，每一單元每一堂課有充分的課前準備，並懂得因材施教，調適課程內容，力求與生活經驗或實用結合；此外，能變化教學方法，善用輔助媒體，安排學生參與互動等。讓豐富有趣的課程內容、活潑精彩的教學方法，吸引學生的注意力，獲得學生的認同，從而奠定班級經營、秩序

管理的基礎。

具備豐富多元的通識

師生互動經常會觸及諸多面向，教師最好能具備廣博的通識，以利給予指導或者深化師生互動。例如：除了任教學科之外，教師對其他學科若也能有一定的知能，與學生聊一聊，或者給予學習落後學生適當的輔助，會讓學生刮目相看。

此外，教師若能對學生次級文化、流行時尚、科技產品的最新發展有一定的了解，在平時或課堂空檔能聽得懂、聊得來，甚至合宜的融入課程教學中，對師生互動與教學將有助益。

再者，例如教師具備宗教哲學的通識，能夠在學生徬徨迷惘時給予觀念啟發或引導；具備衛生保健的通識，能給予滿臉青春痘的青少年男女皮膚清潔保養、痘疤照護的指導；掌握危機應變的程序知識，面臨緊急事件能有條不紊的應變或指揮處置等。掌握這些通識，對班級經營、師生互動也有正面的幫助。

因此教師除了專精深化任教學科的專門知識外，也應該廣博涉獵豐富多元的通識。而充實通識的方式應該就是隨時隨地終身學習，對知識資訊始終渴望與好奇。所謂「沒有知識也要有常識，沒有常識也要看電視，沒有看電視至少也要逛夜市」，雖然只是玩笑話，但對於厚植教師的通識卻也有三分道理。

具備敏銳的觀察力

教師要能掌握班級與學生動態，有賴於敏銳的觀察力。觀察力部分牽涉個人的天賦與個性，但仍可透過若干方式來強化或彌補。第一，經常進入並停留在班級活動場域，觀察環境以及與學生互動，即可從例如學生課桌上立可白寫的字、廁所門板上的塗鴉，乃至於與學生閒聊時聽

到的訊息中，獲得有助教師察覺班級與學生動態的線索。

第二，教師一人的時間心力終究有限，且不可能隨時在班級或所有學生身邊，因此要善用一些機制，例如透過學生幹部、全班學生或教師同事等人員，或者透過聯絡簿、週記、問卷等媒介，來延伸自己的訊息觸角。

第三，廣泛吸取新知或他人經驗，腦海中若能累積豐富的背景知識，將比較能警覺潛伏的問題徵候或線索。例如：參加研習因此知曉某些意圖自殺的人會整理身邊物品並分贈他人，當有學生出現類似行為時，就比較能夠敏覺而適時加以關注。

具備活潑出奇的創意

對於日復一日、年復一年的班級經營例行性事務，若能具備並展現活潑出奇的創意，適當的求新求變，將有機會增添趣味以及創造難忘印象。

例如班級幹部的產生，除了傳統的個別選任制之外，可以嘗試實施內閣制或幹部團制度；環境清掃勞務的分派，除了隨機抽籤之外，可以嘗試認養制、工程招標法等。諸如此類，都可以讓班級經營擺脫一成不變的窠臼。

班級經營措施很少是原創性的，更多時候是修改甚至直接沿用他人既有的經驗。但只要是任教班級的學生不曾經歷過這樣的做法，教師第一次用在他們身上，而且能夠產生不錯的效果，就可以視為是班級經營的創意表現。

要具備活潑出奇的創意，教師除了要有不固著的彈性開放心態，也要有那種「我就是要跟別人／以前不一樣」的企圖。在此企圖心上，隨時隨地注意周遭他人的經驗做法，例如從教師同事的教學檔案、日常生活種種現象、影視戲劇節目或廣告中尋求靈感；或者偶而天馬行空的幻

想，將原本不甚相關的事物加以組合，都有助於激發創意。

　　展現創意的同時仍應注意妥當性，避免爲了創意而創意，淪爲搞怪噱頭，反而影響班級經營效率，甚至對學生身心發展有不利影響。例如：看了「滿清十大酷刑」，因而發明多款體罰學生的不當做法，此種創意就有失妥當了。

具備強健的體力與心力

　　即使讓班級經營諸多事務達到常規化、自動化，並將部分權責移轉給學生，不必事必躬親，但積極的教師仍然需要花費相當多的體力與心力，來執行班級經營事務。爲求勝任，教師應有強健的體力與心力作爲支持後盾。否則身心出現疾病，經常必須請假，即使到校也是體力精神不濟，將難以帶好班級。

　　教師在忙碌的教學與帶班之餘，必須照顧好自己，注意營養的攝取、適當的運動、充分的休息與睡眠。此外，透過社會支持、宗教信仰、靜坐冥想等方式，讓心理能夠暫時放下煩惱困頓，好好的休養生息，都是維持體力與心力可以考慮的作爲。

班級經營的
應為與不為

第 8 講　班級經營應符合教育規準

　　班級經營是教育的一環，因此應符合教育相關的規準。談到教育規準，R. S. Peters 提出的「合價值性」、「合認知性」、「合自願性」最被廣泛引述。惟此三大規準偏向歷程面，可以加上結果面的「合成效性」，形成四大規準，一併探討其在班級經營上的意義。

合價值性

　　合價值性可以用「目的要善」來理解。教師班級經營的目的，乃至於其理念與作為，都必須符合道德規範上的善，換言之，都必須是為了引導學生往良善的方向發展。

　　絕大多數教師班級經營的目的、理念與作為應該都是良善的，不會故意引導學生往壞的、惡的方向發展。但是，部分教師致力於班級經營，其目的主要是追求一己的虛榮、名聲或利益，而不是真正為了學生好，以學生的權益為優先；又例如：為了掌控班級，因此以類似培養心腹、眼線、東廠錦衣衛的心態與做法，安排一些學生專門成為自己的耳目，監控舉報學生，或者刻意讓學生陷入分裂，產生矛盾對立，以鞏固自己的核心領導地位等。類似這些目的不夠良善的權謀性理念與作為，不能符合本項規準，必須絕對避免。

合認知性

　　合認知性可以用「內容要真」來理解。教師在班級經營過程中所傳遞的訊息應該儘量是具備充分證據性的「知識」、「真理」，避免僅

是證據不甚充分、教師一己的「信念」，更應避免是證據薄弱或扭曲的「偏見」或「迷信」。

教師若希望學生能適當修整頭髮，最好以頭髮清爽對於健康衛生的益處為內容來說服學生；若假藉民俗傳說、面相命理，稱說長髮遮蓋額頭將招致霉運，以誘使學生修整頭髮，其所言內容缺乏真確的證據性，就不太能符合本項規準。

不過，世間許多事情事實上很難確認什麼是知識真理，很多時候往往僅能談個人的信念或意見。基於此，教師在班級經營歷程還是可以適度的談論信念層次的訊息，前提是教師要告知這僅是個人信念，而非知識真理，學生可以不同意或加以批判。

甚至在特殊的狀況下，使用偏見或迷信層次的訊息以達到暫時性的目的，例如以「舉頭三尺有神明」、「寧可信其有，不可信其無」、「因果循環報應」之類的內容來警惕學生不要為惡，也未嘗不可使用。但是這些權宜做法均僅能適度偶而用之。無論如何，教師最好仍能尋找更具證據性、更適切的知識真理來教育輔導學生。

合自願性

合自願性可以用「方法要美」來理解。教師班級經營所使用的方法應該是學生願意且能夠接受，否則必須勉強學生順從，就不是一種美的方法。

教師若能考量到學生的身心發展成熟度，適度允許學生自由選擇，或者展現創造的熱情，則其班級經營方法就較能符合本規準的訴求。例如某位學生對同學出口成「髒」，若訓令該生手書「我以後不要再對同學罵髒話」一萬遍，這樣的懲戒是一般學生所無法負荷，而且沒得選擇，方法也十分落伍老套，面對這樣的懲戒，學生通常都會不甘不願，甚至心生怨恨。

相對的，若處分該生手書「我以後不要再對同學罵髒話」五十遍，或者寫嘉言美句二十遍，或者寫一封信向同學致歉與省思改過，並且讓學生在這些選項中選擇自己願意接受的處分方式，不但處分方式是學生身心發展程度較能承受，方法有若干創意，更讓學生有一定的選擇自由，學生通常會比較甘願接受這樣的處分，也較能符合本規準的訴求。

合成效性

合成效性此項補充性的規準可以用「結果要好」來理解。其意涵包含兩個連續性的要點：第一，要能產生正面成效；第二，效益與成本間應有適當平衡。

教育實施雖然不宜直接引用經濟學，計算其投入與產出，務求產出大於投入，但是在學校、班級以及師生所擁有的資源均極其有限的情況下，班級經營仍然不能不適度講求成效以及成本效益之間的均衡。如果師生投入許多的時間、心力、體力、物力、財力等資源，卻沒有產生任何的正面效果，甚至產生負面效果，或者雖有若干正面效果，但是與投注的成本有極大的落差，都難以稱為是好的班級經營措施。

例如：教師要求班級學生每天晨昏各跑操場五圈，以鍛鍊強健的體魄。若學生體適能表現提升，課業學習績效也水漲船高，則這項班級活動即能符合本項規準；相對的，若學生體適能表現不但沒有提升，反而因此更加疲累，課堂昏昏欲睡，甚至經常導致運動傷害而請假，課業學習績效一落千丈，則這項班級活動措施即不能符合本項規準。由此觀之，班級經營不是「有做就好」，也不能「只問耕耘，不問收穫」，教師仍應關注其結果是否合乎成效。

規準符合程度的彈性

　　教師應參照教育規準來檢視自己班級經營的理念與作為，致力追求符合各項規準。其中，合價值性絕對必須符合，若有所違反，則有反教育或不道德之嫌。其他合認知性、合自願性、合成效性等規準，要求沒有那麼嚴格，若不能完全符合仍可勉強實施，但也意味著仍有成長空間，教師應繼續尋求改善精進之道。

第9講　不要侵犯隱私權

　　隱私權乃是基本人權的重要一部分，教師班級經營與管理應注意避免侵犯學生的隱私權，甚至即使是學生的良好表現，也應顧及隱私權的尊重或保護。

避免公開學生個人資訊

　　基於個人資料的保護，學生、家長及利害關係人的個人資料或圖文訊息，若未獲得同意，應該避免公開。例如：部分教師製作學生及家長通訊錄，印發給每位學生或家長人手一份，過往視爲慣例，現在就會有洩漏個資之嫌。

　　學生並不因爲違規犯錯而失去其隱私權，例如學生違反規則，在課堂上以手機或紙條傳訊，教師暫時保管，同時稍加檢閱其內容，若僅止於此，還算是合理的管教（其實也未必需要檢閱）；但若將手機或紙條內容宣讀給其他學生聽，或者拆閱學生彌封的信件，在班級網頁、報刊或其他平台將學生學業／行爲表現或者懲戒紀錄加以公告，過去這類行爲受到容忍，但今日則應警覺已有侵犯隱私權之疑慮。

　　不應公開學行表現不良或受到懲戒的學生資訊，比較容易被注意並遵守。至於公開學行表現優異或者受到獎勵的學生資訊，通常比較沒有爭議，但是部分學生或家長也會認爲這仍屬於個人隱私範圍，未必同意這樣的資訊揭露。因此，教師若要公開表現優異或受獎學生的資訊，最好還是先探詢學生及家長的意見，或者一旦有學生或家長表示異議，即應道歉並修正做法。

審慎搜查學生私人領域

　　最容易引發侵犯隱私權爭議的，應該是教師基於安全檢查或失竊案件調查，而搜查特定學生或全班學生的身體、書包、手提包或其他抽屜、置物櫃等私人領域。

　　教師因為前述原因而需要對學生進行搜查，最好確認有必要性，並且獲得授權。例如確定是法律明文規定許可，或者有相當理由及證據顯示學生涉嫌犯罪或攜帶違禁物品，或者是為了避免緊急危害，或者是基於校方要求等。如果確定具有必要性、正當性與合法性，最好還能尋求學生的同意。當徵詢全班學生是否同意時，可以技巧性的詢問「反對的請舉手」，而非「同意的請舉手」，學生基於避嫌或遭受同學異樣眼光，通常不會舉手反對，因此比較能夠讓教師獲得同意進行搜查。此外，如果需要進行搜查，也可以先思考是針對特定個人、少數學生，還是全班學生進行搜查，不同搜查對象範圍各有利弊得失，必須視情境妥為拿捏。進行搜查時最好能夠有第三者陪同，以維護雙方的權益。

　　即使獲得授權進行搜查，仍應講究方法技巧，適當的維護學生隱私權。例如請學生自行將私人領域內的物品拿出來，置於桌面，若有不方便拿出來的物品如女性生理衛生用品，則允許向教師聲明，請教師另行檢視。

　　對於較為重大的竊案，教師不宜單純的以不能侵犯學生隱私權為由，而完全沒有調查、搜查作為，以免被當事學生及其家長控訴教師消極、冷漠。但是，一旦發動調查與搜查，則應注意程序正義以及維護隱私權。搜查雖然應該審慎詳細，但也切勿抱持一定要破案的錯誤觀念，導致搜查行為或態度過當。警察對於社區竊案的破案率通常都很低，沒有相關專業訓練的教師實在不必強求自己可以如柯南一般破案。

獲同意後始檢閱學生進行中的作業

　　學生在其座位上寫習作、畫圖或者從事其他學習任務時，教師走動巡視學生學習情形，往往會想要檢閱學生的作業／作品。

　　教師若以合宜的「窺探」方式了解學生作業概況，通常沒有太大的問題。但若要拿起學生的作業／作品來檢閱，則最好先徵詢學生的同意。若學生拒絕，甚至拒絕老師前述的「窺探」，例如身體趴下遮掩作業／作品，不讓教師觀看，教師應該暫時以「那是學生的隱私」來思考並給予尊重。雖然當下無法檢閱學生的作業／作品，但最後學生終究會繳交給教師，屆時再看亦不遲。若教師認為學生作業／作品乃是公開資料，當下檢閱乃是教師的權利，因此強取學生的作業／作品，將很容易引發師生衝突。

第 10 講 不要侵犯財產權

教師擔任教育工作，原則上與學生財產財務並無關係，但是仍可能因為管教需求，而牽涉學生財產權相關事宜。當涉及財產金錢時，問題會變得十分敏感，教師必須審慎，避免不當侵犯。

避免沒收學生財物未歸還

學生若攜帶槍砲、彈藥、刀械、麻藥、毒品等法令禁止的物品，應透過學校依法移交警察或相關單位處理。其他諸如化學製劑或危險物品、猥褻或暴力之出版物，或者菸酒、檳榔等有礙健康之違禁物品，則依相關法律規定移送權責單位處理，或予以沒收或沒入。

至於一般性的正當財物，例如手機、漫畫等，即使其違規使用，教師得以暫時性的移置與限制，但也僅能以此為限，因此最好改用「暫時保管」取代過往慣用的「沒收」一詞。暫時保管期間，應負妥善管理之責，不得損壞，並且務必要記得，並於適當時間歸還學生，如果有意或無意的永久或長期占有，妨礙學生的使用權，甚至失去所有權，將有侵犯學生財產權、涉犯刑法侵占罪之嫌。

除了要歸還之外，歸還時尚須注意時機點。除了較為特殊的財物，適合通知家長來校領回之外，其他暫時保管的學生私人財物，在不妨害學習或教學時即應歸還。一般而言，最好在教師下課離開時即予以歸還，歸還的同時連帶給予訓誡輔導，並約束後續的相關行為。最晚應該在當天放學前歸還，但是放學前歸還有可能發生教師找不到學生、學生找不到教師的情況，造成學生個人財物留在教師這邊過夜，學生回家後

若向家人投訴，或者家人問及，將可能導致親師之間發生齟齬。

若是通知家長領回，但家長接到學校通知後遲遲未前來領回，且超過通知書所定期限，學校雖然可以不負保管責任，但對財物的處理仍宜謹慎，例如最好移由警察或其他機關處理，不可貿然予以棄置、銷毀、拍賣、占有或做其他不當處置。

避免毀損／銷毀學生物品

教師若將學生原本可用的財物加以毀損，致使不復堪用，即有侵害財產權的疑慮。例如：某位男生始終不肯將制服下襬紮進褲子裡，教師用奇異筆在其制服下襬書寫不雅字眼、畫上烏龜圖案，以迫使學生將制服紮進褲中；或者，將學生把玩、發出噪音的鉛筆盒從二樓窗戶丟到一樓地面，造成鉛筆盒破裂支解。學生或其家長若以該件制服、鉛筆盒已經無法復原、無法再穿著或使用，主張財產權受到侵害，教師往往難以辯護自己的正當性。

學生帶來一些不當的物品，部分教師會直接予以銷毀，例如將香菸揉碎丟棄於垃圾桶，將漫畫或色情書報等撕碎丟到廢紙回收箱。若物品的價值不高，銷毀的做法可能不會引發爭議，但仍最好儘量避免，若要銷毀最好徵得當事學生或家長之同意。而且所謂價值高低，往往是很主觀的認定，某些在教師眼中毫無價值的物品，但是在學生、家長心目中卻有非比尋常的意義，教師依據自己的主觀，簡單的徵詢意見後，即做出無法或不易回復原狀的銷毀，往往冒很大的風險。

為了告誡學生不得再將發回的不當物品帶來學校，例如成人雜誌，可以提醒學生下次若再帶來並被查覺，除暫時保管之外，將通知家長親自來校領回。學生為避免家長知悉自己接觸這些不當物品，這樣的警告通常頗具約束力。

避免以罰款作為懲戒方式

少數教師配合班規制訂有罰款的罰則，以罰款作為管教懲戒方式，此舉除了違反教育部所訂的輔導管教辦法之外，事實上也存在很多問題，應該避免使用。

第一，未被授權。現今教師是否得以收取班費以支付班級零星開支都存在疑義，不少教師已委請班親會代為處理此一事宜，教師「巧立名目」收取罰款，更是缺乏法源依據與授權，甚至有違反刑法「違法徵收罪」的可能。

第二，保管負擔。每日收取學生的罰款，除增加收支記帳的負擔外，保管也有妥適性問題。由教師親自保管，若無班級性的帳戶，而存入個人戶頭，容易被質疑公私款不分、侵吞自肥；交給學生保管，則要擔心萬一遺失、被竊、被挪用或帳目不清，也徒增困擾；交給班親會保管，每日、每週交接款項也平添麻煩。

第三，用途爭議。對於收取的罰款，教師通常不會中飽私囊，但即使用於公務用途也存在問題。例如：拿罰款添購班級掃除用具，但掃除用具應是學校編列經費購買配發，不應從班級罰款中支應；拿罰款當作獎學金，或者購買學用品致贈績優學生，但繳交罰款的學生往往是社經地位較低的學生，而可以獲得獎金獎品的學生往往是社經地位較高的學生，這樣的罰款支用不無「劫貧濟富」之嫌；即使拿罰款來辦理同樂會，購買吃食，全班學生「雨露均霑」，也仍有「劫貧濟眾」的疑慮，家長也未必認同此種吃吃喝喝的支用。

第四，不具教育意義。罰款與學生違規犯錯行為之間通常沒有邏輯關聯性，更值得注意的是，可能讓學生學到違規犯錯可以用錢解決、花錢了事的錯誤觀念。氣燄囂張的學生甚至宣稱要預繳一大筆款項，讓教師慢慢扣，藉此來挑釁教師。

避免處罰學生招待師生吃食

　　少數教師要求違規犯錯的學生購買零食、點心或飲料，或者烹煮食品（例如綠豆湯）招待全班師生，以作爲管教懲戒的手段。可以想見的是，學生爲了購買、烹煮這些吃食，必然需要花費原本不需支出的金錢，間接的也有侵犯學生財產權的疑慮，教師應該避免使用此種處罰方式。

第 11 講　不要侵犯身體權與人格權

　　身體與人格乃是學生最基本的尊嚴與權利，教師班級經營與管教應特別注意不得侵犯學生的身體權與人格權。

不要侵犯身體權

　　侵犯學生身體權最典型的事例即是體罰。雖然教育人員可以非處罰性的引導學生進行合理的體能活動，例如陪同憤怒的學生在操場慢跑，以轉換情境、宣洩壓力，但教師若基於處罰之目的，親自、或責令學生自己、或由第三者，對學生身體施加強制力，例如鞭打身體，命令學生自打或互打耳光，或者責令學生採取特定身體動作，例如交互蹲跳、半蹲、罰跪等，使學生身體受到痛苦，即構成體罰。

　　近年來由於學生與家長權利意識抬頭，加上《教育基本法》明文規定，教育行政主管機關正式宣示零體罰政策，法院也有相關判例，因此教師已鮮少使用體罰，未來亦應持續避免，以免侵犯學生身體權，遭致行政甚至民、刑事的處罰。

　　值得注意的是，禁止體罰後，部分教師並沒有如期望的轉以教育輔導方式來管教學生，反而使用了非傳統體罰、但對身體權侵害不亞於體罰的其他不當管教方式，例如：處罰學生不准吃午飯、上廁所；用板擦塗擦說髒話學生的嘴巴，或命令學生以肥皂水漱口；要互相叫罵的學生彼此為對方刷牙，導致雙方齒齦流血；命令抽菸的學生喝下菸灰或菸絲泡的茶；命令學生短時間內吃下大桶冰淇淋；將亂丟、但沒有人承認的飲料鋁箔包剪成小塊，要每一位學生分一塊嚼食吞肚；化學老師稀釋

實驗室內的鹽酸水，命令遲到的學生喝下。這些行為雖然不是典型的體罰，但是對學生身體健康產生的傷害程度比體罰更加嚴重，更明顯的侵犯學生的身體權，教師必須絕對避免。

即使是合理的處罰，處罰過程中，若學生反映或教師發現當事學生有上廁所、生理日等生理需求，或者身體確實出現不適狀態，教師亦應調整或停止處罰，這也是對學生身體權的一種保護。

不要侵犯人格權

一般的處罰對學生人格或名譽的傷害輕微，通常屬於教師合理管教之範圍；但若涉及誹謗、公然侮辱、恐嚇，則已經觸犯刑法。此外，教師要區辨自己的管教行為是屬於合理的處罰抑或已淪為羞辱。

訓令學生在班級教室後面罰站，相對於訓令其到教室外面、司令臺或操場罰站，前者可以視為處罰，後者就有羞辱的意味，教師此舉可能是想要讓學生被眾人看見其難堪模樣，使其受辱。指出學生的違規事實，並數落他的不是，相對於辱罵學生祖宗八代造孽，致使學生今日為非作歹，前者可以視為處罰，後者則明顯構成羞辱。

少數教師會出現涉及羞辱學生的管教行為，例如：處罰學生脖子上吊掛書寫不雅文字的狗牌；訓令學生在全班面前朗讀色情書刊內容，甚至表演其中情節；處罰學生一腳打赤腳、一腳穿著鞋子步行回家等。諸如此類奇特且過當的管教措施，都明顯可以看出教師踐踏學生尊嚴的羞辱意圖，對於學生的人格或名譽構成故意且嚴重的傷害，雖然辯稱期望藉此遏止再犯，但已然脫離了正當管教的範圍。

受羞辱的學生多半敢怒不敢言，選擇隱忍；但是當事學生或周遭「看不過去」的學生也有可能會發出激烈的反應，無論是自我傷害或者與教師爆發衝突，都不會是教師所樂見。

第 **12** 講　不要侵犯受教權

　　學生到學校的主要目的即是接受教育，因此受教權乃是學生最基本的權益之一。教師實施管教或處罰時應兼顧學生的受教權，若要限制學生的受教權必須十分審慎，並且儘量避免。

處罰仍能兼顧受教學習

　　日本卡通《哆啦 A 夢》中的主角野比大雄經常考零分或者不及格，但他上學遲到、作業沒寫、上課打瞌睡時，老師經常命令他去教室外面的走廊罰站。野比大雄原本成績就很差，加上經常因此而沒辦法參與上課，其成績難有起色，教師罰他去走廊罰站可能也是原因之一。

　　在一般狀況下，教師對學生實施處罰應該仍能兼顧其受教權益，例如要求違規犯錯學生帶著教材前來就特別座，或者帶著教材在原座位或教室後面罰站，一方面接受處罰，另方面還可以同時繼續參與上課，相對就比較不會有侵犯受教權的疑慮。若訓令學生去教室外的走廊罰站，甚至是去更遠的其他地方，例如到庭園、操場、司令臺、校門口，除了有羞辱學生、侵犯其人格名譽的嫌疑外，學生根本無法參與課堂學習，侵犯受教權的事實就更明顯了。

審慎裁處停止受教權利

　　對於嚴重干擾課堂秩序、明顯危害師生教學權益的學生，若其他管教已然無效，則教師可以依據規定，要求學生自行、或者請學務處／輔導室派員協助，將學生帶離現場，前往其他地方從事其他活動或者予以

輔導與管教。此種情況下，暫時停止其受教權利，應屬適當。

另外，學生違規犯錯情節較為重大，經過簽會導師及輔導室意見，並事前進行家訪或與家長面談，再經學生獎懲委員會討論議決，得以將學生交由家長帶回管教，這樣暫時停止學生受教權利，也仍合乎規定。

因此，學生受教權並非完全不能予以限制，但是暫時限制學生受教權的裁處，必須是學生不當行為達到校規規定的特定嚴重程度。若非前述情況，縱使學生無心學習，教師任意驅逐輕微不當行為的學生離開教室，將有妥適性的疑慮。

學生若被學校依獎懲辦法裁處交由家長在家管教，依規定每次以五日為限。帶回管教期間，學校應與學生保持聯繫，繼續予以適當輔導，並評估在家管教的效果。此外，學生恢復上學後，教師還得視需要另行給予補救教學，增添不少負擔，因此停學處分必須審慎實施。

避免拿課程當籌碼

部分教師，特別是小學包班制下的教師，會以學生對特定學科的喜惡，來作為班級經營的籌碼。例如：學生若能循規蹈矩，或者有優良的學行表現，教師將依課表來上體育、電腦、藝能活動學科，甚至可以移撥其他學科來多上幾節這些學科；相對的，學生若調皮搗蛋，或者學行表現不良，教師將取消學生喜歡的學科課堂，改上國語文、數學等學科。然而，學校裡的各種學科是依據課程綱要規範開設的課程，是學生均衡發展、全人教育的一部分，而不是選擇性的、可有可無、可上可不上的內容，教師任意調整，有違教學正常化，甚至剝奪了學生某些課程的學習機會與時間，實屬不宜。

第 **13** 講　不要違背法令

　　教師有時具備最廣義公務人員的身分，必須依法行政；即使不論及此，基於一般人民的身分，也受到各種法律的規範。因此教師的班級經營與管理必須注意不能違背法令，包含不得有刑事、民事以及行政等方面的違法行為。

避免違反法律與規則命令

　　有不少班級經營行為會觸犯民事、刑事相關法律，例如體罰可能觸及傷害罪，辱罵學生可能觸及誹謗罪、公然侮辱罪，收取罰款可能觸及違法徵收罪，沒收學生財物不歸還可能涉及侵占罪。若觸犯這些法律，將面臨刑事起訴、民事求償，另外後續往往還要遭到例如申誡、記過、記大過等行政處分，情節重大者，還可能會被解聘、停聘或不續聘。因此教師應該知悉切身相關的法律，並且避免觸犯。

　　除了法律之外，教育行政機關也頒布有若干法規命令、行政規則，例如《教師輔導與管教學生辦法》規定，處罰學生站立反省（罰站）每次不得超過一堂課，每日累計不得超過兩小時，教師也應遵循。教師若未能遵守而被投訴，也會面臨處分，輕則學校予以告誡，重則依相關學校教師成績考核辦法或規定，受到申誡、記過、記大過或其他懲處。

注意法律優位原則

　　部分教師會透過類似民主立法的程序，與學生或家長討論訂定班級單行的規範，此時必須注意此種單行規範不能牴觸其相關的上位法規。

　　各層級的法律之間有所謂的「優位原則」，憲法的地位優於法律，法律優於法規命令、行政規則等。法律不能牴觸憲法，否則將被宣告爲無效；法規命令、行政規則不能牴觸憲法以及法律，否則也將被宣告爲無效。同理，教育行政部門制訂的法規命令、行政規則，其地位優於個別學校訂定的校級規範，校級規範的地位也優於個別教師、個別班級訂定的規範。因此，班級自訂的單行規範乃是位階頗低的規範，不能牴觸其上位各層級的種種法規，否則也將被宣告爲無效，牴觸部分不會因爲制訂過程歷經類似民主立法的程序，具備「民意基礎」，而獲得合法化的地位。

　　舉例來說，教師若與學生或家長研商，全體無異議通過允許教師對學生實施體罰，並寫入班級規約中，教師若因此即實施體罰，極有可能陷自己於險境。一旦爭議發生，當事學生或家長往往會宣稱當初討論決議的過程存在權力不平等情事，利害關係人當時不敢提出異議，或者當時也只是多數決而非全體無異議通過。但是更關鍵的還是此項班級層級的單行規範，已然違反其上位法令關於教師不能使用體罰作爲管教懲戒手段的規定，勢必被宣告無效，教師難以藉由此項班級單行規範係經民主同意而辯護自保。

第 14 講　不要脫離邏輯與逾越需求

教師班級經營或管教所使用手段的「種類」與「強度」，必須對應教育目的與實際需求，彼此有一定的邏輯關聯性與相稱性。

不要脫離邏輯

就管教手段的「種類」而言，必須能與教育目的有著邏輯關聯性，有助於教育目的之達成，不應脫離，更不應背離。若能有邏輯關聯，比較能產生教育輔導或矯正效果，否則容易僅淪為處罰。

學生亂丟垃圾，教師令其撿拾教室或校園垃圾，具有邏輯關聯性；若處以罰款、跑操場、抄寫「我不要亂丟垃圾」，則有「脫離」邏輯關聯之嫌。

更甚者，部分教師的管教處罰行為出現「背離」邏輯的現象。例如：學生課堂上躁動，不是訓練他學習忍耐靜坐，而是令其去搖呼拉圈；學生出口成「髒」，不是要他修口德，而是叫他面對鏡子中的自己不斷重複剛剛說的髒話；學生同儕發生爭鬥，不是要他們學習調解衝突、握手言和，反而要他們用充氣的 500 公斤大榔頭玩具輪流擊打對方，宣洩怒氣。

使用前述手段，雖然可以理解教師係意圖運用饜足法原理（例如愛動就讓你動個夠、愛打就讓你們打個夠）來達到管教目的，但是就邏輯關聯性而言，這些手段與原本的教育輔導或矯正目的矛盾衝突，並不十分妥當。

要針對每一種管教情境都找到具有邏輯關聯性的手段並非容易，即使如此，教師仍應盡可能的尋覓。教師若朝向教育輔導的概念來思考，就比較容易找到；若心心念念想的是給予處罰，則容易脫離或背離。

不要逾越需求

就管教手段的「強度」而言，必須要與教育輔導或矯正的實際需求，或者與學生違規犯錯的情節輕重相稱。強度不足，收不到效果，但若強度超越需求，則會產生爭議，甚至造成傷害或引發反效果。

法律學有一項重要原則稱為「比例原則」，說明比例原則最有名的一句話就是「不要用大砲打小鳥」。要打下枝頭小鳥，只要使用彈弓、弓箭、迴力鏢、獵槍等即可達到目的；如果硬拖出一門加農大砲，雖然也能將牠轟下來，但是眾人無不認為手段太強，超過需求，質疑其正當性或必要性。

教師的班級經營或管教也必須注意比例原則。學生課堂干擾秩序，教師訓令他在教室後面罰站 20 分鐘，或許即已足夠；若處罰他從上午到下午放學連續罰站 7 小時，則手段強度即已逾越需求。學生不做生字新詞寫兩遍的回家作業，教師處罰他加重兩倍至四遍的作業分量，或許仍可接受；若處罰他加重到 50 倍的作業分量，就明顯逾越需求。當手段強度逾越需求時，往往就有構成不當管教的疑慮。

適度以滿意水準取代最高標準

延伸「不要逾越需求」的概念，教師可以重新思考自己在班級經營上所設定的期望水準。

雖然鼓勵教師抱持向上修正的豪氣，對於班級經營設定較高的目標，追求較佳的績效，但是教師仍然可以區辨哪些事務值得追求「最高標準」，哪些事務不必強求，僅需設定可以接受的「滿意水準」即可。

對某些不必要的事項，教師若逾越了實際需求時，過度追求完美，往往無意間奴役了學生，也奴役了自己。

例如：對於環境清掃工作，若沒有必要，或者師生並無共識，教師只要要求責任區域不顯得髒亂，能讓生活或往來其間的師生感到整齊清潔爲已足，未必需要追求在整潔競賽中獲勝，更不必要求學生每天花費大量時間清潔打掃，甚至要求學生犧牲休息玩樂時間，於課間巡視掃區並持續維護整潔，導致學生苦不堪言，教師自身也倍感負擔沉重。

在某些事項上抱持「最高標準」，對其他事項則抱持「滿意水準」，有鬆有緊，展現亮點又不致不堪負荷，師生的學校生活應該可以更愜意。

第 15 講 不要殃及無辜

　　教師的班級經營管教作為必須針對特定的當事人來實施，避免波及牽連其他無辜的對象；進一步言之，也不宜讓無關的學生平白獲益。

避免連坐處分

　　殃及無辜的班級經營或管教措施最典型的就是連坐處分。因為單一或少數學生違規犯錯，而連帶處罰其他無關的學生。例如：少數學生未能善盡清掃責任，教師訓令全班學生罰站；某位學生發出噪音、干擾秩序，處罰全班學生晚下課五分鐘；某位學生課堂打瞌睡，旋即停止教學，全班隨堂小考。

　　連坐處分主要是意圖使用團體制約、社會壓力來幫助教師管理班級，雖然可以收到某種效果，但是學生同班共學通常是非自願的，彼此之間並沒有本然的、法定的相互監督義務，強加連帶責任給同班學生，其正當性備受質疑。

　　教師只要設身處地的換位思考，並信守「以你希望被人對待的方式來對待他人」此項金科玉律，應該就很能體認連坐處分的不當。例如：教育當局因為本校某位教師行為不檢，因此連坐全校教師申誡一次；或者自己的子女因為同班其他同學違規犯錯而被連坐罰站、扣分。教師若會對前述連坐感到憤恨，那麼自己又豈可連坐處分而引發無辜學生及其家長的憤恨。

　　實施管教或懲戒時，應該明確區辨對象學生是哪個人、哪些人，抑或是班級全體。若屬於個人或少數個人的行為，即應僅針對這個或這些

學生實施管教懲戒，切勿連坐，殃及無辜。即使事涉全班，往往也應該細究不同學生各自不同的情節輕重，而給予有差別的公正處置，否則對全班施以同樣的處罰，仍屬不當。

延伸連坐的概念，教師在其他面向上也應多區辨個人、部分或全體。例如：課堂上少數幾位學生大聲講話、干擾秩序，教師若說「『各位同學』安靜下來……」，這樣的說法會讓某些無此行為但極其敏感的學生產生反感；若改說「『有一些同學』還在大聲聊天，安靜下來……」，將相對符合實況且適切合宜。

注意分組學習的連坐

部分教師採用分組合作學習模式，並鼓勵小組建立團隊意識與責任，因此會對小組使用連坐處分。然而，學生小組往往也是非自願組成，即使是自願組成，也未必適合凡事都把小組成員綁在一起，視為生命共同體。因此，教師在小組內部實施連坐，殃及組內無辜的學生，仍屬不當。教師應謹記，小組應該是用來促進同儕間相互提攜、共同成長，而不宜用來連帶受罰。

此外，在分組合作學習中，學習表現或成果往往以組為單位來計給，學習表現較為優異的學生受到組內其他組員的「牽連」，導致個人學習表現低於潛能實力，這種情況某種程度也是殃及無辜。因此，實施分組合作學習的教師，應該注意安排能有效評量個別學生學習績效的機制，並且針對團體績效部分進行組內同儕互評，依據參與度與貢獻度，給予適當的差異化處理。

避免處罰小老師

部分教師安排學習績優的學生協助輔導較落後的同學。擔任輔導的學生若輔導有功，應該給予獎勵酬賞；但若輔導效果不彰，或者拒絕擔

任輔導，教師不宜對該生有任何的處罰，甚至給予負面評價（例如批評該生自私、沒有同學愛）。

教學的職責歸屬於教師，掛頭銜、領薪水的人乃是教師，學生無論成績優異與否，都是繳交學費來學校接受教育，不會因為績優就改變其本質角色，必須承擔協助教師教導其他同學的責任。教師可以鼓勵績優學生發揮同學愛，協助拉拔學習落後的同學，但是對學生而言，這並非本分事務。學生願意參與，是美事一椿；若不願參與，也不能勉強。教師頂多只能商請拜託，不宜處罰或給予負評，否則不無殃及無辜之嫌。

避免學生平白獲益

關於連坐法的討論通常提醒教師避免使學生無辜受罰；相對的，教師也要思考到班級經營或管教應該避免使無關學生平白獲益。例如：處罰違規犯錯的學生請全班吃糖果、喝飲料、喝綠豆湯，代替他人打掃，或者將罰款作為獎學金獎勵績優同學等，除了侵害財產權的疑慮外，也有讓無關學生平白獲益之嫌。雖然平白獲益不像無辜受罰那樣敏感、那樣容易引發眾怒，但是讓學生無功而受祿，也並非理想的教育，甚至會讓學生有舉發他人以使自己獲益的錯誤學習。

此外，部分教師仿效公眾人物「向全體國人道歉」、「向社會大眾道歉」，要求違規犯錯的學生向全班同學道歉。雖然無涉讓學生平白獲益，但若學生的違規犯錯其實無損、無關於班級或其他同學時，此種做法只是無實質意義、莫名其妙的噱頭，教師也應避免。

第 16 講　不要產生副作用

　　教師的班級經營作為要考慮到避免產生不良的副作用，導致預期的正面效益被打折扣或抵銷，甚至衍生其他問題，或為教師增添無謂的沉重負擔。

避免「收之東隅，失之桑榆」

　　教師的班級經營作為應避免為求解決一個問題、達到一個目標，卻製造了另一個新的、甚至更嚴重的問題，造成達到的目的無法超越損害，或者取得適當的平衡。例如：為了激發學生的競爭鬥志，獲取更佳的學習或行為表現，教師在班級中實施分組競賽，分組競賽確實提升了學生的表現水準，但卻也造成學生之間陷入分裂，彼此敵視，甚至埋下衝突的隱憂。

　　又例如：曾聽聞有教師為警示女生避免未婚懷孕，或者嚇阻某個男生騷擾戲弄女同學，因此播放女性分娩過程的影帶給學生觀看，由於畫面真實、震撼且「不甚好看」，因此頗能收到效果，但是卻也可能造成男女學生對生育、交友、婚姻或異性產生恐懼陰影，反而造成更大更深遠的負面效應。

注意潛在課程或不當暗示

　　教師的班級經營作為應注意是否無意間傳遞了非預期的錯誤訊息，讓學生有不當潛在課程的學習。例如：教師在學期初選任班級幹部時，為求儘速完成，以便處理其他眾多班務，因此隨口提出「選一位男生擔

55

任班長，一位女生擔任副班長」，言者無心，聽者有意，這樣隨口的建議就有可能被質疑傳遞不當的性別意識型態，讓學生有「男尊女卑」的錯誤學習。

另外，曾聽聞有教師因為學生難以管教，因此刻意與社區黑道老大有所往來，並讓學生知道老師背後有此靠山，不敢隨便造次；或者，教師本身就表現出一副流氓太妹般的樣貌或行徑，以暴戾肅殺之氣來震懾學生。這些做法雖然本意是幫助自己管理班級學生，也或許「績效卓著」，但是無意間對學生傳遞一種訊息，就是加入黑道幫派或者與他們有所往來，乃是合宜的且必要的（因為連教師都這麼做了）。未來學生加入黑道幫派，進而入獄或傷亡，教師乃是背後重要的推手，那真是情何以堪。

避免讓正向事務被負面看待

教師有時候會以要求學生從事一些正向事務，來作為懲罰矯正的手段，例如要求學生背誦詩詞、抄寫課文，或者清潔打掃環境等。這些原本應該正向看待的事項，如今被拿來當作懲罰，導致學生日後用負面的態度來看待，因而加以拒斥。

基於此種疑慮，教師應注意下列要點。第一，儘量找到能與學生不當行為有直接邏輯對應關係的處分手段；第二，告知或引導學生認知，要求學生從事這些正向事務並不是著重懲罰，而是矯正，是引導學生做對的事；第三，懲罰的強度要合宜，若過度強烈將更容易促發學生負面看待。若能如此，當教師不得已仍要使用正向事務作為懲罰矯正手段時，或許有機會降低學生未來用負面態度看待正向事務的可能性。

避免作繭自縛

　　教師的時間與心力有限，必須注意班級經營的規則制訂或活動設計應力求簡明易行，不要太過複雜繁瑣，操作費時費力，甚至落得自找麻煩、進退維谷的窘境。例如：教師設計了繁複的班規，制訂了多式每日班級生活紀錄表，隨時登載記錄學生行爲表現、大小考成績，並且定期通知家長。雖然認眞有餘，但卻也耽誤課堂教學與生活作息，到最後往往不堪負荷，或者不了了之。

　　又例如：基於學生最喜歡的課是「下課」，最喜歡求的學是「放學」，因此教師在放學後留置違規犯錯的學生，督導其完成課業，給予教育輔導，或者單純的剝奪其自由時間以作爲懲戒。留置學生往往頗有管教效果，但是教師必須同時留校，此外學生因爲留校而沒有在正常時間與其他同學一起放學返家，該生在校內以及離校返家路途上的人身安全、交通安全等，教師都得承擔較大的責任。萬一學生發生意外，雖然肇事責任不是教師，但眾人經常將矛頭指向教師，指稱教師留置學生是罪魁禍首、始作俑者，讓教師感到無比歉疚與冤屈。

第 17 講　不要如法炮製

教師從各種管道見聞的班級經營個案經驗或策略做法，必須衡量自己所處的情境與條件，適當的取捨或調整，不宜盲目套用。

注意「差之毫釐，失之千里」

就如同藥物，對於某人有效，對有類似病症的另一人可能就不適合。同理，某甲教師在彼時彼地運用有效的班級經營策略方法，某乙教師在此時此地逕予沿用，可能就會無效，甚至適得其反。

某位身材嬌小的女老師，在課堂上與教室後排一位人高馬大的男學生發生齟齬，你來我往，越吵越凶，後來該生掄起椅子，作勢要砸老師，女老師不但沒有閃避，反而杏眼圓睜，一手插腰、一手指著學生，高聲挑釁：「有本事，你就給我砸過來呀！」學生被老師的言語態度震懾，氣勢頓失，頹然將椅子放下，此時只見女老師抓起講桌上的雞毛撣子衝上前去要鞭打男生，男生見狀便繞著教室跑給老師追，局面逆轉，教師大獲全勝……。若聽聞當事教師分享這樣的經驗，一位身材魁梧的男性教師面臨類似情境時盲目的如法炮製，結局可能截然不同，不但椅子真的飛過來，把教師砸得頭破血流，事後追究事件責任，教師還被質疑在師生衝突情境中，竟然會有出言挑釁、激怒學生此般不專業的行為表現。類似的情境，使用同樣的策略，卻有截然不同的結果，關鍵可能就僅僅出在教師的性別、塊頭不一樣這般微小的因素而已。微小的變數，就造成效果大相逕庭，更何況是情境差異甚大的個案之間。

　　教師雖然應該從研習進修、文獻閱讀、網路瀏覽、同事分享討論或其他多元管道，廣泛吸收他人的經驗，但同時也要謹記情境的個殊性，警覺他人的情境、背景與條件不可能與自己完全相符，不能漠視情境變數而直接套用。教師從他人經驗的分享中，不能只是吸取其實務做法，更應該是抽取其原理原則，再結合自己面臨的實際情境來適當的調整或取捨。

慎思「從來就不合理」的措施

　　教師的班級經營理念與作為常常無意間會複製自己過去受教育的經驗，也就是會受到過往某個或某些教師的影響。若是複製正向合宜的理念與作為，那當然很好；若能從曾經歷的負向錯誤經驗，警惕自己不再重蹈覆轍，那也很不錯。必須警覺的是，未經慎思即沿用過往教師某些不當的理念與作為則會發生問題。

　　直接沿用過往教師的理念與作為將會出現問題，一方面是今昔情境有所不同，另方面更值得注意的是，那些過往的理念與作為「從來就不合理」，只是當時因為各種主客觀的因素，幸運的被隱忍，沒有被提出來質疑或批判。因為這些理念與作為從來就不合理、不正當，因此自然不宜沿用。今日若仍不經思考的貿然沿用，極可能遭到質疑及挑戰。

　　基於此，教師的班級經營應與時俱進，警覺質疑過往策略做法的合理性，放棄不合理的理念與作為。不能抱持「我就是這樣長大的」觀念，故步自封，以自己學生時代的經驗，來教育或管教當代的學生、應對現在的利害關係人。

第 18 講　不要失去師生分際

　　教師與班級學生互動，雖然應該親近，但仍要注意與學生保持應有的分際，避免逾越界線，或者表現出有失師格的言行舉止。

避免師生戀愛

　　常被提到的師生分際議題之一即是師生戀。無論是師生之間相互的或單向的愛戀，基於教育倫理與法令規範，教師均應避免與在學期間的學生有戀愛或曖昧的關係。

　　除了師生戀愛之外，教師也應注意避免處於與學生有發生性侵害或性騷擾疑慮的情境。教師儘量避免與學生在封閉的空間中獨處，若仍有必要，則應做適當的安排。例如：男性教師課後留置女學生個別晤談，會談地點應該選在能夠兼顧隱私但又開放的空間，例如在教師辦公室的會客角落，並且最好能商請一位願意協助的女老師，在會談的時段待在她的辦公座位上忙自己的事，使得會談時段該空間不是僅有當事師生兩人獨處，如此即可減少性侵害或性騷擾的爭議。

避免屈尊俯就

　　部分教師為了親近學生，表現出不符合教師身分的言行舉止，例如：與學生勾肩搭背，在校外彼此敬菸、嚼檳榔，甚至還和學生一樣滿口穢言，以示大家都是稱兄道弟的哥兒們；或者某些已有年紀的教師，刻意穿著年輕人時尚流行的衣著服飾，做年輕人的裝扮，以示認同學生次級文化，與學生打成一片等。

這類屈尊俯就的做法，有違教師應有的職業倫理與形象，或許可以獲得部分學生的認同，但卻也可能有更多學生看在眼裡卻鄙視在心裡，私底下嘲諷有加，徒然招來不倫不類、有失身分的罵名，不可不慎。

從「亦師亦友」到「親和的教師」

關於師生之間的互動關係，許多教師常掛在嘴邊的「亦師亦友」此一概念，值得再省思。

教師自我期許能夠兼以教師與朋友的身分或角色來與學生互動，乍聽之下頗為「動人」，值得鼓勵或追求。但是亦師亦友是一個欠缺嚴謹思辨、模糊的教育口號，面臨理解上與實踐上的諸多困難。教師在何時應該是師，何時應該是友，往往不易劃定。而且學生的友朋互動關係往往十分狎褻，不是教師適合實踐的，因此教師不太可能成為學生真正的朋友，亦師亦友其實只是教師一廂情願的想法。

探究亦師亦友此概念的本意，應該是鼓勵教師努力作為一位「像朋友一樣的教師」，因此建議改用「親和的教師」這樣的概念來取代。在身分上，教師永遠都是教師，不會是學生的朋友，但是平時無論是教學、帶班或者與學生日常生活互動，教師可以總是保持親和的態度基調，但必要時也仍會以嚴肅的方式「堅定而平和」的待人處事。對於師生互動關係，「親和的教師」會有更務實可行的指引作用。

站在巨人肩膀
上：高度教師
控制取向

第 19 講　行為改變模式

　　B. F. Skinner 行為主義操作制約學派最核心的理論是「增強」，依據增強理論發展出各式各樣的獎懲／消弱策略，是班級經營長久以來慣用的方法，加上其進一步發展的行為塑造或改變技術，均有助於教師建立或維持學生適當行為，以及去除其不當行為。

理論要點

(一) 增強理論

　　增強理論的運用主要可以分析出正增強（positive reinforcement）、負增強（negative reinforcement）、懲罰（punishment）、消弱（extinction）四種策略。

　　正增強是一種典型的獎勵，透過給予學生喜愛的事物，使其感到高興，因而建立或持續適當的行為。例如學生拾金不昧，教師頒發獎狀予以嘉許，學生未來就會保持拾金不昧的善行。

　　負增強是透過移除嫌惡刺激，也就是學生不喜歡的事物，使其感到高興，因而建立或持續適當的行為。例如教師規定沒寫完作業就禁止打球，但若能寫完，教師即移除此項禁令。學生能夠寫完作業，免受禁令限制，到球場開心打球，未來就會儘量按時寫完作業。因此，負增強其實也是一種獎勵。

　　懲罰是施予學生不喜歡的嫌惡刺激，或移除其喜歡的事物，使其感到痛苦，因而避免再次出現不當的行為。例如學生不寫作業，教師就不讓他到球場打球，學生感到難過，未來就不會再次不寫作業。

至於消弱則是不給學生任何正增強、負增強或懲罰，使其無法獲得任何回應，因而漸漸去除不當行為。例如學生在課堂上沒有舉手徵得同意即發言，教師刻意裝作沒有聽見，既不回應他，也不責備他，該生知覺到沒有舉手、徵得同意的發言，並無法獲得原本期待的注意，自討沒趣，進而停止此種不當行為。

正增強、負增強、懲罰、消弱等策略，雖然目的都是建立適當的行為及／或去除不當的行為，但四者其實是頗為不同的策略運用，尤其是負增強與懲罰之間要適當區辨，不宜混為一談。

(二) 行為塑造／行為改變技術

如果要建立的適當行為，或者要去除的不當行為，本身較為困難或複雜，不是僅憑簡單的獎懲或消弱即可達到目標，就要透過行為塑造或行為改變技術，以逐步漸進方式來達成。

行為塑造或改變技術的運用有多元的設計或選擇。簡單一點的例如契約制，師生透過契約商定行為養成或改變目標，若有做到，即給予獎勵。若是複雜一點，則師生先針對想要建立或去除的行為訂定最終目標，然後由易而難研擬出一小段、一小段的漸進計畫，如果學生能達成分段目標即給予獎勵，讓學生感到滿足，以增強後續行為動力。獎勵可以持續給予，但漸漸消退，以降低學生對獎勵的依賴。最後，學生終至能在沒有獎勵的自然常態之下，持續表現適當行為，或者不再出現不當行為。

舉例來說，有位學生動輒離開座位，跑去走廊水槽處用肥皂拚命洗手，一洗就是二、三分鐘，一天下來，洗手次數多達 24 次，疑似有洗手的強迫症。若運用行為改變技術，教師與這位學生商訂日後以每天洗手不超過 5 次為目標，然後與學生擬訂計畫與契約，若第一週該生能將洗手次數控制在每天 20 次以內，教師就給予貼紙一盒，學生確實做

到，教師週末即履約發給，並再與該生訂定下週的行為約定，例如該生能將每天洗手次數控制在 15 次以內……，如此循序漸進，終至能讓該生每天洗手次數降到 5 次左右。

行為改變或塑造技術這種將行為切割成小段，訂定契約，每一小段若完成即給予獎勵增強的做法，也是行為主義增強理論典型的應用。

評析與啟發

人類亙古以來即已經持續使用獎勵、懲罰或消弱等策略，行為主義增強理論的提出，只不過是給予這些古老的策略一種理論基礎而已。應用獎懲策略來達到班級經營目標，相對直接、簡單，而且能收到快速顯著的效果，因此即使經常被批評過度強調教師外控，養成功利心態，未能培育學生內在動力，一旦去除獎懲則行為將無法延續，此外也常被批評強調懲罰與競爭，不利師生關係與同儕關係，不利培育合作觀念與行為等，但是檢視教育實務現場，行為主義取向的班級經營措施無所不在，影響力迄今不衰，並不因認知學派、建構主義學派或人本主義心理學的興起而沒落或銷聲匿跡。顯然這些策略確實對應到人性很根本的層面，因此可以發揮一定的效果，教師仍然可以適當運用。

在班級經營實務運用上，增強理論可以有多元的變化設計。例如：正增強的獎勵即有物質性、非物質性等不同安排。整合正增強與消弱，可以設計「區分增強」，學生有指定的或任何適當的行為，或者不發生不當行為或減少發生頻率，即給予獎勵增強，若出現不當行為則冷漠以消弱之，讓學生感知其間明顯的差異，以期更能達到行為改變的目的。此外，教師期望當學生每次有適當行為均能即時給予增強，但又不方便每次都給予原級增強物，即可實施代幣（token）制度。

除了前述被批評的本質性弱點之外，運用行為主義取向的班級經營策略仍有其他諸多注意事項，例如使用消弱策略，學生可能會變本加

屬，教師必須沉著、耐心，持續堅守原則，繼續漠視，否則將前功盡棄；再者，必須辨識情境是否適用，如果學生不當行為本身即具有增強作用，諸如上學遲到、不交作業、上課常偷看漫畫等，誤用消弱策略，漠視不予關注，將無法改善不當行為。此外，師生關係是否良好，也會相當程度的決定各種獎懲或行為改變技術的運用效果。

運用行為改變技術通常頗為複雜耗時，而且被批評忽略人們的認知層面，因此後來有「認知行為改變」之興起。例如前述的洗手強迫症事例，若經常洗手的原因是學生認為手上布滿致病細菌，此時輔導重點應轉為改變學生的錯誤觀念，例如引述科學權威資訊或常識說法背後的道理（例如「不乾不淨、吃了沒病」或閩南諺語「垃圾食、垃圾大」），告知學生手上的細菌通常不會致病，過度洗手不僅傷手，甚至讓致病性的細菌病毒有機會進入手部或身體，反而導致生病。若學生接受這樣的觀點，改變他的認知，原本的洗手強迫症行為在極短的時間內就獲得改變，不必像傳統行為改變技術那樣耗時漸進的慢慢達成。對於學生不當行為的導正，教師也可以選擇採用認知行為改變技術。

第20講　果斷紀律模式

　　L. J. Canter 和 M. Canter 夫婦的「果斷紀律模式」（assertive discipline），或稱為「果斷訓練模式」，其見解是觀察許多成功的教室管理者歸納而得，強調教師應建立規則並果斷實施，以期建立良好的班級秩序。

理論要點

(一)「果斷反應型」的教師

　　本模式認為教師不應是「優柔寡斷型」，沒有建立行為規則或者缺乏執行能力，害怕得罪學生，總是為學生以及自己找藉口逃避管教；也不應是「怒氣衝天型」，與學生為敵，施以高壓威脅，製造師生間的緊張衝突。教師應該力求成為「果斷反應型」的教師，願意與學生維持積極的互動，但也能夠為了維護師生教學或學習的權利，而堅定且一致的透過規則與獎懲來回應各種狀況。

　　主張教師應能果斷反應，主要是基於他們對教師在教室中的角色抱持三個基本理念：(1) 教師在教室裡必須具有影響力；(2) 果斷的教師才算是具有影響力；(3) 教師的果斷能力可以訓練培養。因此，他們強調要透過訓練，培養教師成為一位果斷反應、能發揮重要影響力的教師。

(二) 規則訂定與執行

　　果斷紀律模式主張透過規則的訂定與執行，並搭配獎懲，來保障教師教學與學生學習的權利。

在規則的訂定方面，教師要相信並期望所有學生都能表現適當行為，實務做法就是制訂一套簡明的規則，表明教師對學生行為的期望或限制，也敘明遵守或違反規則時的獎賞與處罰。

獎懲有「紀律階層」的設計，採累進概念，對學生相同的違規行為逐次加重處罰強度。例如：第一次違規時將名字寫在黑板上，予以警告；第二次違規時名字旁畫一個叉，課後必須留校 15 分鐘；第三次違規時畫兩個叉，留校 30 分鐘；第四次違規時畫三個叉，留校 30 分鐘，並通知家長；第五次違規時送學務處，留校 30 分鐘，並通知家長。

規則訂定之後，教師應將規則內容以及遵守／不遵守的正面、負面後果，清楚告知學生，並確定學生充分了解規則訂定的理由、教師的期望以及行為的後果。規則清楚說明之後，教師即嚴格、澈底、堅定但平和的執行規則。當學生未能遵守規則時，教師重申規則，必要時使用「破唱片法」（broken-record response），反覆強調，務求學生遵守。

本模式強調規則執行的「一致性」，只看學生的行為事實，不管其他背景或理由。例如：沒有按時繳交作業，不管是平時學行優良的學生，或者是平時即經常不繳作業的學生，都一律依規定處罰。教師每天確實記錄每一位學生當天班級規則相關的行為事蹟，並且在當天即執行獎賞和懲罰。

評析與啟發

果斷紀律模式強調教師透過班級規則與獎懲，讓學生清楚知道教師的期望、限制以及行為的後果，並果斷處理常規問題，有助於實踐教師意志，建立良好的教室環境，無怪乎這些接受觀察的教師其班級經營備受肯定。而且，雖然採用果斷紀律模式時，教師地位頗為權威，但是實證研究卻發現師生關係大多正向良好。曾聽聞某位小學生稱許自己的老師「很嚴，但不兇」，果斷紀律模式就是做到「嚴格但不嚴厲」，值得

教師參考。

　　怒氣沖天型的教師固然不容易受到學生歡迎，優柔寡斷、該管卻不敢管的教師也不會受到學生肯定。教師若基於維護師生教與學的權利，建立了師生均認同的規則與獎懲，並且堅定但平和的嚴格執行，信賞必罰，班級規則與獎懲不是基於師生間的恩怨，而是落實執行大家說好了的規矩，違規受罰的學生相對不會有怨言，其他學生同樣也會有公平的感受，因此果斷反應型的教師更能讓學生感到信服。相形之下，優柔寡斷型的教師讓學生覺得教師不敢主張自己合理的權利，甚至因儒弱無為而損及學生的權益，反而會遭到學生批評與鄙視。

　　果斷紀律模式也有其缺點或限制。首先，本模式以教師為中心，強調服從教師權威與意志，勢必偏向外控，無法培養學生由內而外發展自我紀律、道德責任；其次，雖然兼有獎懲，但實務運用通常偏向關注處罰負面行為；第三，強調果斷嚴格的執行班級規則，信賞必罰，教師若因此而經常中斷教學，耗費教學時間處理規則事宜，將會影響教學品質或效率；第四，累進概念的紀律階層設計雖符合管教的想法與需求，但若有多名學生各有不同類型、不同次數的違規行為需要追蹤處理時，教師往往不勝負荷。

　　本模式講究管教的一致性，對所有學生抱持相同的規則，沒有例外，這樣可以讓學生為自己的行為負責，無法找藉口逃避懲罰。然而，不考慮學生身分或許可以接受，但是若完全不考慮學生行為的個殊狀況，例如不管是懶惰抑或前晚身體不適而沒有繳交作業，通通依規定施以處罰，鐵板一塊的做法是否合宜，見仁見智。一般而言，教師管教在訴求公平的同時，應審酌學生不同的動機、原因、所處情境、身心狀態、造成影響、後續態度等而做不同的處置，較合乎一般人的觀念。

　　本模式建議教師使用「破唱片法」，反覆提醒學生班級規則，至於破唱片法使用方式需要釐清。若教師發覺學生違規使用手機，破唱片

法的運用應該是要求該生收起手機，當該生顯得有點遲疑時，教師即再重複「依照班規，請把手機收起來」，學生持續猶豫，即再重複「依照班規，請把手機收起來」……，但是也以三次為限，若重申三次之後仍然不從，即應停止並依班規實施處分。這樣運用破唱片法，堅定平和的落實執行班規，雖然尚稱合宜，但管教局面已略顯緊張。若教師使用質問方式，例如質問學生「你現在在玩什麼？」或者「你說你有沒有玩手機？」學生不肯回答或推拖掩飾，教師重複質問，企圖問到學生承認為止，即使語氣平和，都極可能升高衝突緊張態勢，教師應該避免對破唱片法有這樣的誤解與誤用。

事實上，破唱片法還可以做另一種思考與運用，就是經常重申規則，例如：教師在每堂課開始之初，都會再次提醒學生手機相關規則，督促學生將手機收起來；或者，期初訂定規則時，教師充分說明，其後隔一段時日，教師會重新提醒學生規則內容，三令五申，而非講過之後從此不再提醒。這樣運用破唱片法，應該最不會有升高衝突的疑慮。

站在巨人肩膀
上：中度教師
控制取向

第 21 講　**有效動力經營模式**

J. Kounin 的「有效動力經營模式」，亦稱為「教學管理型理論」，其理論主要是觀察分析教學績優教師之教學錄影帶而歸納獲得，具有實證基礎，對於教學管理與行為管理分別提出一些頗具特色的見解。

理論要點

(一) 教學管理

Kounin 認為良好的教學就是良好的班級經營。教師教學時，應該讓每位學生都知道自己對於學習負有責任，所有學生都能隨時投入學習，教師也要善於促進「團體警覺」，例如先提問再點選學生，讓所有學生都能專注聽取問題並思考。此外，教師要安排具挑戰性與多樣變化的課程與教學，以激發學生興趣，維持注意力，使學生無暇製造問題，並讓其感受到有所進步。

本模式相當強調教師教學程序的流暢，創用若干術語來描述不妥當、不順暢的教學行為，這些教學行為分為兩大類。

第一類稱為「急動」（jerkiness），主要是指教師教學轉換太快，其中包括四種行為：「突然岔入」（thrust），是指教師突然宣布進行某項教學活動，學生沒有心理準備，感到出乎意料、措手不及；「晃蕩」（dangles），是指某個教學活動尚未完成，教師便進入另一項教學活動，後來發覺前項尚未完成，又重新返回先前那項教學活動；「截斷」（truncation），是指教師陷入懸而不決，無法進行被擱置的活動，例如數學教師被某道難題困住了，窘立在黑板邊；「搖擺不定」

（flip-flop），是指學生普遍認為某項教學活動業已完竣，但是教師卻又回頭再次進行教學。

第二類稱為「滯留」（slowdown），主要是指教師浪費時間，其中也包括四種行為：「過度飽和」（satiation），是指教師小題大作，學生可輕易理解的簡單概念，教師卻花費太多時間心力來教學；「刺激導向」（stimulus bound），是指教師本末倒置，太過重視教材枝微末節之處，反而忽略主要的教材內容；「過度滯留」（over dwelling），是指教師耽溺於處理教材或器材而忽略課程，例如教師為了播放網路影音，但是開啟設備與連線耗費太多時間，學生在一旁等待，無所事事；「教學活動分解」（fragmentation），是指教師將簡單、本應一口氣整體完成的教學活動加以切割，使教學變得支離破碎。

(二) 行為管理

教師應該具備並展現「全盤掌控」的能力，並且還要讓學生了解教師可以洞悉一切，可以全盤掌握班級與學生狀況。

既然重視教學順暢，課堂上學生若出現不當行為，教師要具備「同時處理」的能力，通常就是指在不中斷教學的情況下，能不動聲色的中止學生不當行為。例如：課堂上學生把玩玩具，教師一邊持續講述教學，一邊很自然的走到該生身旁，以動作、肢體或眼神示意學生將玩具收起來，或者移走玩具這個分心干擾物，使該生能回到學習任務上。教師沒有停止教學，也沒有對當事學生說任何話，其他學生可能也根本沒有察覺到教師剛剛處置了某位同學的不當行為。

行為管理要展現「有效性」及「時間性」。「有效性」是指能正確確認不當行為對象並判斷情節輕重；至於「時間性」是指能即時管教，不使問題擴散或惡化。此外，也期望管理作為產生漣漪效應（ripple effect）。所謂的漣漪效應，是指教師管教特定學生時，同時能讓周遭

目睹教師管教作為的其他學生也受到影響，例如教師指示不斷竊竊私語的兩位學生罰站，這樣的管教作為會讓班上其他學生收到一種警告訊息，知道自己若出現類似行為，也會遭到同樣的處分，因此引以為戒，不在課堂上任意私語聊天。類似這樣因管教特定學生，而連帶對其他學生發揮影響力，進而有助於教室行為管理的現象，就是連漪效應。

評析與啟發

Kounin 的模式兼顧教學管理與行為管理，特別是提到「良好的教學，就是良好的班級經營」，不是單向的偏重班級經營對於教學的重要性，同時也提醒教師注意課程教學對於班級經營、秩序維持具有不可忽視的影響。

本模式創用的若干新術語雖然不太簡明易懂，但提示教師注意教學流暢性，避免急動或滯留，仍至為重要。教學時，教師很清楚自己教學進度之所在，但是學生不一定跟得上，教師若因為急動或滯留，導致學生不知道教師的教學進度所在或感到迷惑時，就容易失去學習動力，並出現行為問題。因此，教師應檢視自己的教學是否有這些術語所描述的缺失。

即使是談行為管理，Kounin 仍然心心念念教學的主體性與流暢性，力求教師能宛如「背後長眼請」一般，預防性的或即時性的洞悉一切、全盤掌握狀況，降低問題行為發生的機率；即使發生，也訴求能不中斷教學，同步化解不當行為。教師若能有效實踐這些主張，確實可以分配最多時間進行教學。

本模式頗受重視，但也遭受若干批評，首先是指出其偏向教師外控，未能促進學生學習自律；再者，本模式倡議的中止學生不當行為方式，例如身體接近、移置分心物，可能不利師生關係，也沒有提到後續的教育輔導；第三，對於一般性偏差問題的處理或許有效，對於故意的

或嚴重的偏差行為、暴力事件、危機事件等則力有未逮。除此之外，教師要能全盤掌控、洞悉一切，除仰仗平時對學生特質、班級動態有適當的了解之外，課堂上要一方面專注教學，還得眼觀四面、耳聽八方，實務上並不容易做到。

更值得討論的是，其見解之間隱然有矛盾之處。本模式一方面主張在不中斷教學的情況下，不動聲色的中止學生不當行為，言下之意就是不要影響其他學生，但另方面卻又期望發揮漣漪效應，讓目睹教師管教措施的周遭其他學生亦能受到影響。若解讀為僅是讓當事學生周邊少數學生知覺並受到影響，而非全班學生均知覺教師的管教作為，則勉強可以兼顧這兩項見解。不然，這兩項見解之間存在著某種矛盾。

除 Kounin 的定義之外，漣漪效應有另一種解釋，是指教師管教特定學生時，因為態度或手段不當，導致非當事人的其他學生內心憤恨或者實際出現對抗教師的行為。例如：教師管教竊竊私語的兩位學生時，以難聽的字眼厲聲指責他們，或者嘮嘮叨叨念個不停，或者處罰他們向教師下跪致歉，結果激發周遭其他學生憤怒不滿，甚至跳出來頂撞抨擊教師。這樣的現象即是另一種因管教而產生的負面漣漪效應。此種漣漪效應的現象提醒教師在管教學生時，應特別注意態度與手段的合宜性。

第 22 講　正向班級經營理論

F. Jones 的「正向班級經營理論」（positive classroom management），也稱為「常規模式」，強調透過四項重要工作，建立有利於學生學習的正向教學環境；必要時可以拿時間當作團體獎賞的籌碼，促進學生表現良好行為。

理論要點

(一) 四項工作

Jones 認為學生的不當行為雖然多為情節輕微、低破壞性，但卻會排擠教師大量的教學時間，因此建議透過四項基本工作加以適切規範。

第一，發展班級結構。所謂的班級結構包含兩個層面，其一是「制訂規則」，建立並教導班規以及班級例行事務處理程序；其二是「安排環境」，妥善安排班級內的物理、社會、學習等環境。班規制訂應兼顧「一般性的班規」與「特定的班規」。一般性的班規是指教師對行為或學習表現的期望，著重價值引導；特定的班規是具體的行為規範，例如發言前要舉手、離開座位前要獲得允許，以及什麼時候要做什麼事等。在開學之初，要願意花時間設計課程來教導、解釋班規，並鼓勵學生遵行。透過班規讓學生體認教師的期望，以及了解自己的行為對人我將產生的影響。

第二，限制行動。Jones 也強調教師教學效能，建議教師不要輕易中斷教學，不要任意公開學生的不當行為，而要以鎮靜平和的態度，採取諸如教室走動、身體接近、眼神接觸、面部表情、手勢動作或肢體姿

勢等方式，讓有不當行為的學生知道教師在注意他，進而停止或改善不當行為，重新回到學習任務上。雖然不主張任意中斷教學，但並不絕對堅持，必要時仍然可以發出動作或聲音，例如詢問學生問題、呼喚該生名字，或者短暫停止教學，以期有效處理問題。

第三，責任訓練。教師應教導學生分工合作，並為其本身的學習行為負責。教師亦可透過學生需求、且人人均有機會獲得的「真正的獎勵」，配合普利馬克原則（Premack principle）以及喜愛的活動時間（preferred activity time, PAT）來促進學生表現適當行為。

第四，提供支持系統。班級經營不應只是教師的責任，家長及行政人員也必須共同承擔。進一步還要建立因應或制裁暴力或嚴重破壞行為的組織與流程，此一支持系統包括班級、學校及警政司法等三個層次的力量。

(二) 喜愛的活動時間

喜愛的活動時間是將時間以及時間的分配視為增強物資源的一種「團體績效」獎勵機制。當班級團體有優良表現時，教師即撥出部分時間讓學生可以從事自己喜愛的事務，例如閱讀課外讀物、玩玩具、使用3C 產品等。透過讓學生擁有控制時間資源的權利與責任，以養成學生自律、負責的習慣。

評析與啟發

本模式提出的四項基本工作，提供教師思考與規劃班級經營相關措施頗為完整的參考架構。特別是建立班級結構的提示，教師若能適切的制訂規則、安排環境，讓學生知道教師的期望，學生相當程度的自律、負責，並且使得班級管理與運作能夠例行化、自動化，自然可大幅減輕教師的負擔。

本模式對於輕微的與嚴重的問題行為處理均有所思考。對於較為嚴重的問題行為，主張視情節彈性決定是否停止教學，更符合實務。必要時還可以獲得學校、社區、警政等力量的支援解決，提供教師較為全面且有力的依靠，這是其他模式較少思考或提及的見解。對於輕微的課堂不當行為，同樣建議以各種低度介入方式來限制或糾正學生不當行為，對於部分教師太輕易即中斷教學來處理個別的、輕微的行為問題，還是很有提醒價值。

喜愛的活動時間事實上就是應用普利馬克原則的一種設計。普利馬克原則相當於「老祖母原則」，老祖母會要求孫兒吃完晚餐才能吃甜點，因此學生若想要從事他喜歡的事情或活動，就必須先完成他不喜歡做的事情或活動，例如想外出打球，就必須先寫完回家作業。

喜愛的活動時間此一策略有其特殊之處，其一是拿時間當作增強物或籌碼，提供學生時間權利，而非提供實質獎品；其二是通常針對學生團體來實施，而非針對個別學生。不過，在實務上，特別是在具有教學進度壓力的情境中，教師不太容易撥出時間當作團體獎勵籌碼，而且撥出課堂相當比例的時間供學生從事非課業的其他事情或活動，也會讓其他教育人員或家長質疑適當性。

第 23 講　邏輯後果模式

　　R. Dreikurs 的「邏輯後果模式」（logical consequence），又稱爲「民主式教學與班級經營理論」，主要強調教師應以民主方式帶領班級，並透過常規的合理邏輯後果，來控制並鼓勵學生表現適當行爲。一旦遇到學生出現不當行爲，則要辨識學生的行爲目標，以期做出對應的適切管教措施。

理論要點

(一) 民主式班級經營

　　教師應視學生爲必須尊重的獨立個體，因此要以民主取代專制或放任來經營管理班級。基於民主經營的理念，強調制訂班級規則，而制訂的過程要讓學生參與，以期學生表現合作、自律及負責的行爲。

(二) 邏輯後果

　　教師要讓學生知道其不當行爲會對他人帶來負面影響，並且知道不當行爲將面臨必然會有的邏輯後果。所謂邏輯後果，通常是指明訂於班規、校規甚或各種法律中，特定行爲所會面臨的合理處分。例如：學生要知道他在課堂上如果干擾師生教與學，將會造成教師與同學困擾與不快，而他將因此必須面對班規或校規規定的課後留校、通知家長、停學數日等後果。學生若了解其不當行爲的邏輯後果，通常行爲表現就會趨於適當。

(三) 不當行為的四種目標

本模式最值得關注的論點是歸納提出學生不當行為的四種目標。所謂不當行為的目標，可以理解為不當行為的動機或錯誤認知。Dreikurs認為不當行為都肇因於學生有某種錯誤的認知，或者追求錯誤的目標，於是有了不當行為的動機。這四種錯誤目標包括：獲取注意、爭取權力、尋求報復、顯現無能。

1. 獲取注意

學生誤以為要獲得大家的注意，在團體中才能有一席之地。當學生發現他未能獲得注意時，便表現出諸如插嘴、囉嗦、愛現、炫耀、扮小丑、批評別人之類的行為，甚至被處罰也在所不惜。此種行為就像是現在流行說的「刷存在感」。

2. 爭取權力

學生誤以為握有權力、可以掌控主宰人事物或情境，才能證明自己在團體中的重要性與價值性。為了爭取權力，學生會表現出辯駁、抗拒、倔強、說謊、不在乎、發脾氣、攻擊之類的行為。

3. 尋求報復

學生誤以為回擊他人才能在團體中找到自己的地位。為了回擊他人，學生會表現出諸如傷害他人、偷竊之類的行為。

4. 顯現無能

學生誤以為顯現出無法勝任的樣子，就可以逃避被關注，或者逃避任何可能的失敗，藉此反向的維護自我價值、保全顏面。為了拿無能當擋箭牌，學生會表現出諸如假裝愚蠢、怠惰、害羞、愛哭、拒絕互動、不愛表現、無精打采之類的行為。

教師必須辨認學生不當行為的目標或動機究竟為何，方能對症下藥，做出適當的處理行動，合理滿足他們的動機或需求，也才能改變其

不當行爲。例如：學生的錯誤目標是尋求權力，就應該提供選擇、讓學生做主。必要時，教師可以引導學生認知自己不當行爲的錯誤目標，將有利於學生修正不當行爲。

(四) 用鼓勵取代讚美

Dreikurs 不認爲讚美是最好的方式，他主張教師應該多用鼓勵來取代讚美。讚美著重的是結果，在學生有良好表現時才給予，例如某位學生數學成績大幅進步，教師說「你的數學成績進步很多，眞是優秀」，這乃是讚美。學生若習慣於依賴讚美，當讚美減少時，自我評價或動力可能會降低。至於鼓勵則著重過程，無論行爲表現如何，隨時都可以給予，例如教師對數學成績大幅進步的學生或其他學生說「好好努力，你的數學成績會有所進步」，這就是鼓勵。鼓勵將有助於維持學生內在動機，促使其持續努力尋求更佳的表現。

評析與啟發

本模式強調教師要讓學生了解其不當行爲必然對應會有的邏輯後果，藉此預防不當行爲的發生，此種做法頗能符合當今法治教育的精神。

獲取注意、爭取權力、尋求報復、顯現無能等四項不當行爲目標的歸納，提醒教師在採取管教行動之前，應先探究了解學生的行爲動機或原因，以利對症下藥，甚至在後續輔導時也可以引導學生自省自覺，修正自己的行爲，頗具有參考價值。這四項不當行爲目標的見解，後續被許多學者沿用，儼然具有理論基礎的地位。

不過，行爲管教時要實際運用此一理論見解也具有難度。第一，教師並不易立即或正確判別學生不當行爲的眞實目標或動機爲何，就算是後續輔導時，學生也未必會承認他們眞實的目標或動機；第二，即使能

找出學生不當行為的眞實目標或動機，也未必能對應提出合宜的處分。例如：學生反對教師分派的合理作業，發言向老師提出異議，教師辨識出其不當行為的目標或動機是爭取權力，但是教師應否讓該生參與決定課後作業的內容或分量，不無爭議。又例如：學生故意發出怪聲以期吸引師生注意，本模式認爲應該給予關注，與行爲主義主張應策略性的忽視有所不同，誰是誰非，見仁見智。

　　指出讚美存在的問題，對教師而言是一項值得省思的提醒。對於習慣責備、懲罰的教師而言，能轉爲以讚美代替責備，以獎勵代替懲罰，往往已經是一大進步，但本模式進一步指出讚美其實仍有缺點，建議教師更進一步改用鼓勵來與學生互動，具有更上一層樓的提示作用。不過，在我們的文化中，似乎沒有太多證據顯示讚美會有本模式所擔憂的負面效應，因此應該仍然可以適當使用。進一步的思考是，若建議教師同時兼用讚美與鼓勵，在學生努力的過程中給予鼓勵，對學生的良好結果給予讚美，同時也給予鼓勵，激勵其未來持續有優良表現，如此似乎會比單純建議以鼓勵取代讚美，更爲務實且有效。

第24講　尊嚴管理理論

R. L. Curwin 和 A. N. Mendler 提出「尊嚴管理理論」（discipline with dignity），認爲班級管理的重點不在策略與技巧，而是教師要願意改變或放棄過去無效的班級經營做法，建立以學生爲中心、溫馨關懷，強調學生尊嚴與福祉的民主教育氣氛與環境。

理論要點

(一) 三個先備要素

尊嚴管理理論認爲班級經營必須奠基在尊嚴、希望、健全的班級環境等三個先備要素上。其中，尊嚴是核心概念，強調教師要以尊重的態度對待學生：能認識學生，叫得出學生的姓名；以溫馨關懷的語言與態度問候學生，傾聽學生說話；以適當的碰觸或非語言訊息接觸接近學生；願意參與學生課餘的校園活動；相信學生的努力與潛力，多給予成就滿足，減少學習挫折；以「公平但非一致」的方式對待個別學生；以當事學生聽得到爲限的輕聲細語，私下規勸學生，不強調漣漪效應；使用自我解嘲式的幽默，避免拿學生作爲取笑對象。

(二) 以責任取代服從

促使學生能以責任作爲驅策自己行爲的動因。而要建立學生的責任感，應以價值觀念爲基礎，而非賞罰。此外，要讓學生參與並選擇，具體言之，就是讓學生能夠參與資訊及備選方案的蒐集，檢視規則及處分，然後學習選擇對人對己最有利的途徑。

(三) 規則

視班級規則為一種社會契約，包含規則本身以及相應的合理後果。教師除了應該讓學生參與規則制訂之外，要讓學生知道規則的意義，亦即了解規則所陳述的期待／不期待的行為，並且讓學生知道規則制訂的理由與效益，亦即了解規則為何存在、與自己的關聯，以及可以帶來的好處。教師本身也要以身作則，親自示範或實踐班級規則中要求或期望學生表現的適當行為。

(四) 處分

若學生未能遵守規則，本理論主張採取「處分」的概念來取代「懲罰」。處分方式廣泛包括提醒規則、提出警告、擬訂改善計畫以及行為演練等。處分方式必須與規則或行為有直接或邏輯性的關係，或者是自然後果，並且具有教育意義，能讓學生學到適當的行為。因為要達到前述這些目標，處分就不能以短暫速效的方式來壓抑學生的不當行為，必須著眼於長期性的改善學生行為，教導學生自律與養成良好行為，以免學生一犯再犯，也避免教師必須反覆處理相同的問題。

(五) 三層面管理模式

本理論提出預防、行動、解決等三層面的管理模式。預防層面著眼於紀律問題發生之前，行動層面著眼於紀律問題發生時，至於解決層面則是著重事後與學生重新訂定行為改善契約。對於暴力攻擊行為，教師要傳達零容忍的強烈訊息，宣示絕不寬容。

評析與啟發

尊嚴管理理論強調以尊重學生、維護學生尊嚴的方式對待學生，此一核心訴求所提及的各種行為事項，基本上都是教師應有的專業倫理表現，教師應努力實踐。

除了尊嚴之外，三個先備要素中的「希望」，主張教師應該協助學生相信只要努力就可以有希望獲得成功經驗，恢復其對自己、對學校的希望，這點值得更深入的討論。

學生出現不當行為，追溯其問題根源，經常與教育價值觀念及希望感有關。受到種種因素的影響，部分學生對於教育、學校、自己已經失去希望感，不認為到學校好好學習、接受教育可以讓他們未來有什麼改變，因此放棄學習，輕則消極抗拒，嚴重者則尋求以不當管道來宣洩過剩精力。因此，重建學生對教育、對學校、對自己的希望感，乃是當務之急。

《老師，你會不會回來》書中的王政忠老師，決心回到爽文國中之後努力經營，終至讓該校有脫胎換骨的改變，學生開始可以考取地區明星高中，在其他學藝方面也有優異表現，其關鍵之一在於他有效改變了學生對於教育的希望感，讓該校學生從認定自己天生注定承繼父祖輩一般從事基層勞動，如今轉變成會期待透過更好的教育成就，以提升社經地位，改變人生品質。

同樣的概念應該進一步推廣到學習扶助這項措施。長久以來，許多熱心擔任攜手計畫、學習扶助的教師、師資生或志願者，往往遭遇不領情的學生臭臉相待。這些學習扶助的對象學生多半都是長久以來學業成就低落、不愛念書的學生，照理來說，不愛念書應該在中午就讓他們放學，但是學校卻反而把他們留在學校更長的時間，這些學生豈會不怨不恨。面對這些有怨有恨的學生，擔任學習扶助的教師若只想到教材教法的設計，卻沒有先花點心思與這些學生建立較為良善的關係，並進一步透過輔導或閒聊，引導他們探討教育的價值，重建對教育、對自己的希望感，那麼再怎麼精心設計的教材教法都終將是白費。

對於規則，尊嚴管理理論認為除了要讓學生清楚知道內容之外，還要讓學生知道規則訂定的理由與效益，這點是多數教師較少做到之處。

教師能讓學生知悉規則訂定的理由，特別是知覺到規則除了限制之外，同時也會爲自己帶來更大的效益，那麼接受並實踐規則的可能性自然會大幅提高。

　　本理論提倡以處分代替處罰，也很值得省思。所謂的「處分」往往已經被狹義化的等同於「處罰」、「懲戒」，但是廣義的處分其實就是處理、處置的概念，除了包含處罰、懲戒，也包含非處罰懲戒性的其他多元做法。以處分代替處罰的建議，提示教師更廣泛的思考多元方法，特別是採取具有邏輯關聯、具有教育意義的處理方式，取代單純的處罰懲戒，以達到長期性改善學生行爲的目標。

第 25 講　深思型紀律理論

F. Gathercoal 的「深思型紀律理論」（judicious discipline），或稱為「司法慎思型紀律理論」，綜合美國憲法《權利法案》，加上「有效的教育方式」以及「教育專業倫理」提出見解，主張營造民主式的班級與教育環境，並審慎深入的思考建立規則以及處分學生的方式。

理論要點

(一) 深思班級規則

專制式的教育偏向強調責任觀與控制觀，認為權利是學生有表現良好時才由教師給予的獎勵。Gathercoal 參考美國憲法《權利法案》，歸納出自由、平等、正義三項權利，認為民主式的教育應該認定這些權利是憲法保障、每位學生本即擁有的權利，學生可以自由享有，但同時必須尊重與不妨礙他人的權利與福祉。

為了保障人我的權利，則需要師生共同參與制訂規則。但是規則項目越少越好，與其訂定繁雜的班規，不如把握「你可以做任何你想做的事，除非這些事影響他人權利」這樣的大原則。基於此，Gathercoal 提出師生應保障或不應被破壞的四種權益：「對健康與安全的威脅」、「財產的損失與破壞」、「教育目的的正當性」以及「教育過程的嚴重干擾與破壞」，並透過班規來保障這四種權利。

(二) 深思處分

教師應審慎深入思考處分的意義與方式。處分學生應避免抱持與學生為敵的想法、建立教師權威的意圖，避免採取負面規訓措施，或以牙還牙的報復式懲罰。取而代之的，應該思考處分如何改變學生的目標或態度、幫助學生從錯誤中重新站起來學習成長。因此，處分必須考慮兩個問題，第一是「學生應該做些什麼」（例如道歉或賠償等）以期解決問題，第二則是「能讓學生學到些什麼」。

處分方式的選擇要考慮兩個重要面向，首先要與學生違規行為「相當」，也就是要有邏輯因果關係，其次要與學生／學校的需要與權益「並行不悖」。

Gathercoal 認為處分要考慮學生的個別差異，因應學生在情感需求和學習需求的不同，給予學生不同的處分，而非講求公平一致，使用同樣的方式處分所有的學生。

至於處分的程序，在實施處分時不是立即興師問罪或訓斥，而應該先「謹慎詢問」，詢問學生「發生了什麼事」、「想不想談談」、「有沒有什麼是老師可以幫忙的」等。學生若不願意回應教師的詢問，通常是仍殘留有情緒，教師應該先處理其情緒問題，例如對學生說：「我了解你現在不想談這件事，但我們可以想一想，待會兒再談。」等學生情緒穩定之後再行詢問。

(三) 聲明與實踐教育專業倫理

教師應該聲明自己堅守的教育專業倫理，例如聲明自己會以學生為中心、以幫助學生為榮，會鼓勵學生、建立學生自尊心，不侮辱貶低學生、不連坐處分等。而且不僅止於聲明，更要力行實踐其所聲明的教育專業倫理，言行一致，以身作則，表現出合宜的道德標準與專業的行為舉止。

(四) 重視班會

　　要建立民主式的班級就應該重視班會。班會是一個民主的公共論壇，可以讓學生有機會練習並培養公民素養，解決班級衝突事件，建立理想和良好的關係，同時也創造豐富的學習環境。鑒於對於班會的重視，Gathercoal 對於班會運作的要素，諸如召集人、時間、地點、座位安排、記錄、目標設定、教師角色等，都提出了見解。

評析與啟發

　　深思型紀律理論關於紀律與處分的見解，帶給教師值得重新省思的新刺激。令人印象最深刻的是主張班規條目力求減少，並在「你可以做任何你想做的事，除非這些事影響他人權利」的大原則下制訂能維護四種權利的班規。基於此，班規可以以簡馭繁，簡化爲僅僅四個條目。

　　例如：「你可以做任何的事，但不可以威脅自己或他人的健康與安全。」因此學生不可以吸菸吸毒或飲酒、不可以自殘、不可以在走廊上奔跑、不可以玩弄尖銳的文具或實驗藥品、不可以攜帶刀械槍枝等。

　　「你可以做任何的事，但不可以損害與破壞自己或他人的財產。」因此學生不可以撕毀自己的簿本、不可以偷竊、不可以破壞公物，實驗課程結束必須負責任的將器具收拾妥當等。

　　「你可以做任何的事，但不可以違背教育目的之正當性。」因此學生不可以不做或遲繳作業、不可以抄襲、不可以逃學或輟學等。

　　「你可以做任何的事，但不可以嚴重干擾與破壞教育過程。」因此學生不可以在課堂上喧囂躁動，干擾教師教學、妨礙同學學習等。

　　這樣的規範方式，先肯定學生有充分的自由權利，只在人我權利維護的事項上受到合理的約束，有助於使班級管理不再是師生間權力的對抗，而是彼此權利的維護，觀念上與感受上都相當不同。

　　此種思維模式明顯的植基在英美法系、不成文法的法律習慣上，相對於我們習慣的大陸法系、成文法的法律習慣，成文法難以鉅細靡遺的規範所有狀況，而深思型紀律理論建議的規則制訂方式，當班級發生事件時，即以這四條班規的某一條或某幾條檢視之，簡約四條的班規原則反而更有機會周延規範與處理班級幾乎所有的事務。而師生依班規檢視並處理事件的過程，也能發揮法治教育的功能。不過，要適應並能運用此種風格的法律思維，師生都還得經歷一番的學習與練習。

　　照顧個別差異的理念廣被接受，但論及處分時似乎更常講究公平一致。若要給予不同學生不同標準的處分，學生或家長是否能理解並認同，不致產生質疑、抱怨或反彈，教師必須審慎觀察、徵詢，或者事先懇切的向利害關係人解釋說明自己的想法與做法。

　　本理論重視班會對民主教育、公民素養的重要性。然而，國內各級學校教育對於班會的實施多半不盡理想。班會經常流於形式，甚至被借用來補課、考試或者處理其他事務，十分可惜。教師若認為培育學生民主精神與公民素養是重要的教育內涵，應該重新省思並發揮班會的角色與功能。

第 26 講　積極的正向管理理論

　　J. Nelsen、L. Lott 和 S. Glenn 提出「積極的正向管理理論」，或稱「正向常規理論」，部分承繼了 Dreikurs 的見解，同時分析指出教師應教導的重要七件事、有利或不利師生互動的表現，並期望透過班會引導學生學習諸多知能與態度。

理論要點

(一) 重要七件事

　　本理論提出兩類七項的內容，認爲教師應致力教導學生。第一類是「自我增能的覺識」，包括：覺知個人能力、覺知基本關係的重要性、覺知在生活中個人力量的影響；第二類是「必要的技能」，包括：自我內省的技能、人際互動的技能、體系化的技能（超越僅是避免懲罰，而能負責誠信、彈性適應的面對生活中的限制與結果）、判斷的技能（透過練習作決定而培養）等。

(二) 增進物 vs. 障礙物

　　在師生互動方面，本理論提出「增進物 vs. 障礙物」的概念。「增進物」是教師能尊重與鼓勵學生的一些行爲表現，「障礙物」則是缺乏尊重與鼓勵的行爲表現。分爲五類狀況，兩兩一組，具體表現與意涵如下表。

	增進物		障礙物	
	表現	意涵	表現	意涵
1	檢視	經由檢視以了解學生的能力、成熟度等	假設	未詢問便假設學生的所知所感
2	探索	讓學生從經驗中獲得學習	解救、解釋	代替學生做好每一件事情
3	激發、鼓勵	讓學生參與規劃與解決問題，培養自我導引能力	指示	指示學生做事，造成學生的依賴性
4	褒揚	讚賞學生的成熟或潛能	期望	設定標準，未能達到將受批評
5	尊重	了解學生與成人在感知事物上存在差異	成人中心	要求學生像成人一般思考和行動

(三) 重視班會

本理論強調班會的重要性，認為班會可以教導學生思考，解決多數不當的行為問題。具體而言，班會可以發揮八項功能：(1) 加強班級凝聚力，形成一個休戚與共的團體；(2) 練習讚美與欣賞；(3) 設定議程；(4) 培養溝通技巧；(5) 明白每個人有不同想法的權利；(6) 辨識行為的四個理由（參照 Dreikurs 的不當行為四個錯誤目標）；(7) 練習角色扮演與腦力激盪；(8) 發展非懲罰式的解決方案。

評析與啟發

本理論提出兩類七項教師應致力教導學生的內容，似乎也可以概分為對己、對人、對情境等三面向。覺知個人能力、自我內省的技能兩項屬於對己；覺知基本關係的重要性、人際互動的技能屬於對人；而覺知在生活中個人力量的影響、體系化的技能、判斷的技能三項則屬於對情

境。若教師能夠引導學生內省並覺知自己，就能成就一位自我概念良好的學生；引導學生知道基本人際關係的重要，並且具備所需互動知能，與師生同儕和諧相處，建立正向關係，就能成就一位樂群合群的學生；引導學生知道自己對周遭人事物具有一定的影響力，從而能夠正確判斷情境，用合宜的態度與行動來因應處理，並承擔其成果，就能成就一位明智且負責的學生。

關於師生互動障礙物與增進物的見解十分特別，提示教師應該儘量使用增進物提到的表現方式來與學生互動，避免使用相對的障礙物表現方式。以其中的「檢視 vs. 假設」舉例來說，教師對於自己班級學生道德判斷的認知層次，應該是經過一番實際檢視之後再做成定論，如果只是主觀的想定這群學生應該是處於相對功利取向，因此管教措施或者道德教育做法就是從相對功利取向出發，無論猜測是否正確，都並非合宜。特別是若自己主觀的想定，與學生實際的所知所感有所出入，勢必對於師生互動會有負面的影響。

本理論也重視班會的價值，同樣認為班會可以提供多元的教育功能。比較特別的是本理論提到在班會中可以引導學生辨識不當行為背後的理由，將 Dreikurs 的見解從教師層面的管教運用，進一步擴展到學生層面，有助於學生體察自己或他人行為的目標，促進理解、修正與自律。值得注意的是，教師若利用班會來引導學生做這方面的思考或練習，最好能夠使用其他的或模擬的案例，否則若以機會教育之名，使用本班學生若干時日之前發生且處理告一段落的案例進行討論，對當事學生而言，不免有一種翻舊帳、遭到公審的難堪感受，有違正向管教的基本精神。

站在巨人肩膀
上：低度教師
控制取向

第 27 講　團體動力模式

F. Redl 和 W. W. Wattenberg 提出「團體動力模式」（group dynamics），關注班級團體對學生行為產生的影響，並提出若干衝突處理步驟以及學生行為的影響技術，以處理學生日常行為問題。

理論要點

(一) 團體行為與角色

本模式認為團體與個人交互影響，個人會影響團體，但團體更會影響個人。人們在團體中，與單獨只有一個人時，所表現的行為會有所不同。而學生在班級中係以團體方式生活，因此教師更應關注團體脈絡下創造出來的心理動力，以及其對學生行為動力、行為特質及教室活動可能產生的影響。

班級團體中，不同學生會擔任不同的角色，因而具有不同的行為特徵或影響力，例如少數學生具有領導者的角色，而其他學生可能分別是班級中的小丑、烈士、教唆者等。對於學生在班級中扮演的角色，教師應加以了解。

(二) 班級衝突處理

班級如果發生衝突，本模式主張使用「診斷性思考」來處理。診斷性思考的處理包含：(1) 適當的懷疑或預感；(2) 蒐集事實；(3) 運用潛在因素／隱藏因素；(4) 採取具體行動；(5) 保持彈性調適等五個步驟。

　　舉例來說，學生通報班上的胖虎和大雄打架，教師第一直覺認為可能是胖虎欺負大雄；教師找來兩人，詢問並觀察蒐集兩人衝突的相關事實，例如雙方是否受傷、衣物破損，以及為何發生打架衝突等；教師再進一步探詢是否隱藏一些隱情，例如打架背後的原因，深入正確的理解事件真實的背景或動機；接著，教師依據所得資訊進行判斷，對衝突事件給予適當的處理，例如要求大雄為他嘲笑胖虎妹妹而道歉，要求胖虎為他動手打人而道歉；教師後續追蹤關注大雄與胖虎之間的互動，如果兩人言歸舊好那就沒事，若持續衝突則要有後續的調解處理。

(三) 影響技術

　　學生多半願意表現合作行為，但經常仍需要教師協助控制他們的行動。本模式主張教師運用四種具有影響力的技巧，來控制班級團體中的學生。

1. 協助學生自我控制

　　使用例如皺眉、搖頭、眼神接觸、身體接近等非語言信號，提醒學生控制自己的不當行為。若學生有良好行為，則透過適當的拍肩、摸頭、口頭鼓勵、對學生所作所為表示興趣等方式，來支持學生持續表現良好行為。必要時，可以使用幽默但非嘲諷的方式來傳達管教訊息。若學生想透過不當行為引起注意，應該刻意忽視，不予理會。凡此種種，目的均在於協助學生自我控制其行為。

2. 利用情境協助學生獲得控制

　　使用情境的一些要素來協助達到控制的目的。例如：學生因為沒有鉛筆而發愣，因為沒聽懂學習單上要寫些什麼而頻頻張望窺探，教師協助學生商借鉛筆，或者給予再說明，即可幫助學生排除問題，恢復控制。又例如：學生被窗外他班活動所吸引，教師便將窗戶關閉；如果學生干擾課堂師生教學，則暫時將其隔離，等該生願意遵守規矩時，再讓

他回到教室或座位。此外，教師制訂、告知並且適時重申班級規則或作息表，讓學生知所遵循，也是協助學生獲得控制的方式之一。

3. 評估了解行為的原因或後果

讓學生清楚預見其不當行為將引發怎樣的後果，一旦做了不當行為必須承擔怎樣的責任、付出怎樣的代價，讓學生好好思考與抉擇。

4. 利用苦樂原則

學生表現良好行為，即獎勵增強之，但若表現不當行為，為了幫助其改善，也不排除處罰。讓學生體會良好行為的樂，以及不當行為的苦，進而能表現出適當行為。

評析與啟發

團體動力模式最有價值之處，是提醒教師從團體的角度來思考班級中學生的行為，認知到團體中的學生行為，與個別學生的行為，將有所不同。這點認知很重要，舉例來說，男生只有自己一個人時，不敢對女生說一些輕薄的話；但若是一群男生聚在一起，就很有可能對路過的女生口無遮攔。主要原因就是人多時，膽子就會變大，智商相對降低，並且產生責任分擔的想法，因此就會做出不同於只有一個人時的行為。基於此，教師應該更經常性的從團體脈絡來思考學生的想法與行為。

「社會關係圖」的研究探討，讓教師了解班級學生有明星、小團體、孤鳥等不盡相同的角色地位，團體動力模式同樣告訴教師類似的現象，例如《哆啦A夢》卡通中，小杉就有領導者的角色，胖虎偶而也會有領導者的角色，小夫經常展現出教唆者角色，大雄則偶而扮演小丑角色。教師對學生在班上的角色類型應設法探知，方能理解學生之間的互動關係與行為特徵。

針對班級衝突處理所倡議應用的五步驟診斷性思考，程序看似複雜繁瑣，但實質上符合一般衝突處理邏輯。這五個步驟建議教師廣泛蒐集

直覺的、表層的、深層的資訊，據以採取適當行動，並且追蹤觀察衝突處理之後效，頗爲嚴謹。

至於本模式提出的四種影響技術，其實可以歸納爲「控制」、「後果」兩類，第一、二項可以分別視爲「初階的控制」、「進階的控制」，第三、四項則可以視爲「後果的預見」、「後果的經驗」。由此觀之，此四種影響技術關照的面向頗爲廣泛周延，教師可以善加參用。

而影響技術中的「利用苦樂原則」，最好是針對同一件行爲，讓學生有機會先體會到表現不當行爲時的苦，其後再體會到表現適當行爲時的樂，藉由對照比較，感受差異，更有機會促進適當行爲。

第 28 講　一致性管理與合作式紀律理論

　　H. J. Freiberg 提出「一致性管理與合作式紀律理論」，強調教育人員管教的協調一致，以及師生共同參與班級的經營與管理，進而營造一個愛心關懷並以學生為中心的學習環境。

理論要點

(一) 一致性

　　本理論強調的「一致性」，是期望從班級到整體學校或學區，所有教育人員對於管理的期望、行動，以及對學生傳遞的訊息，都能力求相同、協調與連續，並且都能共同對學生傳遞「責任」與「自律」這樣的訊息。

　　為了達到管理的一致性，學校對該校學生的管理方案應該獲得校內 70% 以上大多數教師的同意方才採行。決定採行的管理方案後，還要舉辦密集式的教職員發展方案或研習工作坊，以利全體教職員均能正確認知並知所配合。

(二) 合作式紀律

　　本理論反對使用獎懲來形塑學生行為，主張採取漸進式的紀律管理。教師初期維持一定的紀律管理，其後漸進讓學生有更多自我管理的空間，藉此協助學生發展責任與自律。

　　要讓學生發展責任與自律的能力，參與班級經營與領導是重要的途徑。本理論提出「合作式紀律」的想法，學生成為教師的夥伴或利害關

係人，師生共同分享領導的角色與責任，參與班級經營的計畫與執行，合作訂定班規並經營管理班級，藉此期望能讓學生從被動旁觀、缺乏實質參與的「過客」，變成班級內積極主動、實質參與的「公民」。

(三) 班級經營五大主題

第一，防患未然。班級經營會出狀況通常是未能做好問題防範，因此強調事前預防重於事後處理。事前預防最重要的就是制訂班級規則，而班規的制訂應該儘量積極正面，並且隨時檢視修正。

第二，愛心關懷。教師不僅要了解學生，更重要的是要以愛心關懷學生。此外，教師進一步還要讓學生能夠感受或知道教師對他們的愛心關懷。

第三，合作共事。呼應「合作式紀律」有關師生共同分享領導角色與責任的想法，提出「一分鐘管理人」概念，讓每位學生分擔班級日常例行事務。學生協助的班級管理事項可以由教師派定，也可以讓學生自己申請，經教師檢視或面談後安排，讓學生能適性、適才、適所。「一分鐘管理人」不僅可以使學生對班級更有歸屬感，也讓教師每天可以多出一些時間從事教學。

第四，組織有序。透過讓學生有機會參與班級經營，使得班級更有組織，井然有序，藉此增加教學時間。

第五，凝聚班級共同體意識。強調家長和社區人士應該參與學校活動或協助教師經營班級，串連起家長、社區人士與學校、班級之間的關係，成為班級的共同體；也安排學生多多接觸校外人士，從中獲得正面而有教育意義的學習經驗。此外，教師每週均應與學生家長或監護人聯絡，使其知悉子女在校的正面表現。

評析與啟發

　　家庭成員之間若管教態度不一致，往往會造成管教子女的困擾；同樣的，學校教職員之間如果管教理念不一、做法有異，也會造成學生管教上的困難。那些管教較為嚴格的教師通常會面臨質疑挑戰，或者師生關係不佳。為避免教師陷入此種困境，對於重要的管教措施，學校整體或者至少某個單位的教師（例如同一學群、科別、年級……）最好能夠達成共識，並且付諸全面一致的實施。例如：對於學生使用手機，如果部分教師允許、部分教師禁止、部分教師不置可否，此時手機管理上就容易面臨衝突困境。若全校、全科系，或者全學年的教師能夠有一致的規範與做法，學生比較無法怨怪少數特定的教師，教師管教就會相對容易。

　　一致性的理念很迷人，但是要達到一致性卻也不容易。即使不討論舉辦研習或工作坊所費不貲的成本，單就達成共識而言就面臨困難。在思想多元開放的社會氛圍中，對於學生管理的理念或具體作為，教師之間或教職員之間未必如想像中那樣容易達成共識。此外，全校或整個單位都採取同樣的管理措施是否合宜，也是見仁見智。

　　讓學生參與班級經營與領導，期望讓學生從過客變成公民，是本理論的一大亮點。目前有部分教師實施「全班都是『長』」制度，即類似是「一分鐘管理人」的運用。班級幹部即使擴充編制，例如加上副風紀、副學藝、副衛生，通常還是有限。若能實施「全班都是『長』」，依據需求並發揮創意，增列諸如窗戶長、門戶長、鑰匙長、水電長、蒸飯長等職稱，每一職稱配置一個或多個名額，即可讓每位學生均分配有特定的班級事務。有些班級事務工作量很小，每天只需要用小小的心力、短短的時間來處理，但是因為有這樣的參與，就比較有機會讓學生感受到自己是班級的一分子，對於班級有所認同，而且能感受到自己有

能力完成工作，對班級福祉能有貢獻，如此將有利於建立溫暖、支持、安定、有序的班級情境，改善學生的學業成就與行為表現，防患未然。

本理論提到要能讓學生感知到教師的關懷，若能做到，可以讓教師的愛心關懷作為發揮更大、更顯著的實效，並增進師生關係。教師可以適當且有技巧的具體透露自己為學生所做的努力或付出，或者因照顧學生而犧牲的機會或利益。若教師對這樣的自我敘說感到難以啟齒，可以透過教師互助方式，彼此在對方學生面前，稱說對方教師對該班學生的好，這樣除了不尷尬之外，甚至比教師自己陳述更具有說服力。

第29講 現實治療模式

　　W. Glasser 的「現實治療模式」（reality therapy），特徵是不同於精神分析學派注重過去生活史，轉而著重在當下現實面的情境，尋求問題解決的方法。此模式對於班級經營的貢獻主要在於其先後提出的控制理論與選擇理論。

理論要點

(一) 控制理論

　　Glasser 稍早提出控制理論，所謂的控制並非指教師控制學生，而是認為學生是理性的人，他們能控制自己的行為，而且也只有他自己能控制自己的行為。基於此，他強調建立學生的責任感，當學生發生問題行為時，教師除積極關注之外，將要求學生自我確認問題行為，並做出因果關係的判斷（不是做道德判斷），進而要求學生提出新的適當行為，並對此做出承諾。承諾之後，提醒學生不得以任何藉口逃避自己承諾的改善責任。

　　舉例來說，某位學生課堂上經常衝動發言，干擾了教師教學的順暢以及同學的學習，導致受到同學的排斥，備受人際關係不佳之困擾。教師積極關懷這位學生的處境，在晤談時先請該生自己說出他遭遇到的問題，例如被同學討厭排斥，感到孤立寂寞；教師進一步請他說出同學會討厭排斥他的原因，該生省思之後說出是因為他課堂上經常忍不住發言的衝動，提出想法或問題，干擾了教師與同學的教學；接著，教師請他

說出要解決這個問題，他應該表現怎樣的不同行為，該生想了想之後說他未來要控制發言的衝動，把想說的話寫在紙上，不再任意於課堂中提出；接著，教師請該生正式承諾自己從下一個課堂開始就這樣去做，學生承諾之後，教師告知會持續關注他是否落實實踐他控制發言衝動的承諾，並鼓勵他不要忘記，也不要找藉口又故態復萌。

(二) 選擇理論

Glasser 後來轉向倡導選擇理論，主張行為來自於選擇，而學生乃是有選擇能力的人。他認為人們都有生存、歸屬、權力、自由、樂趣等五種需求，若能滿足此五種需求，自然就會選擇表現適當良好的行為。基於此，Glasser 主張教師應營造合理滿足學生需求的學習環境，建立並提供鼓勵、支持與協助的氣氛，並堅定不放棄的、無條件的積極關注學生，使學生能與環境有良好的互動，去除挫折感，獲得自我實現與快樂的經驗，從而減少不當行為之發生。

若針對前項的例子，教師平時即著重營造一個溫暖包容的教室氣氛與環境，讓每一位學生都能被其他師生同儕所接納，認同喜愛這個班級，而且也有充分的自由與機會可以參與，班級經常充滿愉悅的互動。在這樣的情境下，師生會選擇以較寬容的心看待該生經常發言的行為，必要時則幫助該生節制發言的衝動，而該生也會敏覺並尊重教師與其他同學教與學的權益，進而選擇節制自己的發言。整個班級和諧良好，每一位師生都可以獲得快樂滿足。

評析與啟發

Glasser 先後提出的控制理論與選擇理論，對班級經營均有重要的啟發。就控制理論而言，提示教師應該引導學生為自己負責，發展出自律與責任感，不再仰賴教師的外控。其他學者，諸如 C. Rogers 的「當

事人中心治療」也有類似的主張。目前教育界仍偏向教師中心，教師經常主導學生不當行為的解決與改善，形似代替學生負責，控制理論提出的觀點值得教師再思考與調整。

至於選擇理論主張合理滿足學生的基本需求，學生自然而然會選擇表現良好的行為，展現出人性本善的思考。這樣的人本精神，教師對應的必須具備高度的教育愛，能夠無條件的積極關注學生，這對許多非以人本主義為思考的教師而言，仍有諸多挑戰或困難。

Glasser 指出應滿足學生的生存、歸屬、權力、自由及樂趣等五種需求，此見解讓人聯想到 A. Maslow 的需求層次論，需求層次分為七階，唯有先適當的滿足底層的基本需求，才會往上追求更高層次的成長需求。儘管彼此論述內容不盡相同，但都提示教師應正視學生有著某些基本需求的事實，並且協助學生合理滿足之。

有人「修訂」了 Maslow 的需求層次論，在最基本的生理需求底下，加上了 Wi-Fi 需求，更進一步有人在 Wi-Fi 需求底下再加上了 Battery 需求（意指沒有電池或電源，手機、電腦或網路也無用武之地），雖屬戲謔之作，但卻也有相當的道理。現在許多人飯可以不吃、覺可以不睡，但是不能不使用 3C 產品，不能不上網，如果無法使用 3C 產品或上網就渾身不自在。因此，我們不能否認 Wi-Fi 需求的存在，即使不將它增列在生理需求底下，至少也要納入生理需求（改稱「身心基本需求」）；若以 Glasser 所提五種需求觀之，更明顯的可以看出，Wi-Fi 需求牽涉到「歸屬」、「樂趣」需求。因此，父母、師長應承認並適當的滿足子女、學生使用 3C 的基本需求。

在滿足這些基本需求的同時，重點是要教導 Plato 所說的「節制」（temperance）之德。繼 IQ、EQ 之後，未來或許 TQ（temperance quotient，節制智商）將是決定一個人生涯成就高低更重要的關鍵。因此，允許使用或玩樂之同時，輔導學生每天在適當時間、玩樂一兩小時

即可獲得滿足，將其餘時間心力轉向其他更重要的事務上，而非時時刻刻、心心念念著 3C，每天非得使用玩樂十幾個小時不可，無心無力再做其他更該做的事務，這將是班級經營與學生輔導的新重點。

第 30 講　教師效能模式

　　T. Gordon 提出「教師效能訓練模式」（teacher effectiveness training），簡稱「教師效能模式」，強調教師效能及教學效能，主張教師必須有良好的教學實務，能改善教室環境，並適當調整對個別學生的課程教學策略。不過，對於班級經營而言，本模式更可觀之處，在於他對溝通所提出的一些見解。

理論要點

(一)「我－訊息」溝通

　　本模式重視師生之間的溝通對話，Gordon 提出了 12 個溝通的絆腳石，諸如嘲諷、羞辱、指使、命令、訓誡、辯論、提醒、威脅……等，教師應該避免，並轉以積極傾聽、酬答回應、敲叩誘引等來替代。

　　對課堂管教訊息的傳達，主張採取「我－訊息」（I-message）的溝通方式。「我－訊息」係以「我」為出發，分為「行為事實」、「影響（後果）」、「感受」三步驟陳述，首先客觀描述學生的實際行為事實，其次陳述該行為產生的具體影響或後果，最後陳述教師對該行為或影響的感受。例如：某位學生在課堂上不停的用筆敲打桌面、發出噪音，教師對該生說：「我聽到你不斷用筆敲桌子，發出叩叩叩很大的聲響（行為事實），聲音干擾了我講課，也妨害了其他同學聽課（產生的影響或後果），這讓我感到很困擾（教師的感受）。」

　　「我－訊息」通常使用在學生發生不當行為時，教師用以傳遞管教訊息。不過，必要時，教師亦可應用預防性的「我－訊息」，針對學

生可能出現但尚未發生或尚不嚴重的不當行為，傳遞出預防性的管教訊息，例如教師對學生說：「我如果被告知你明天再次遲到（預期會發生的行為），依校規我將必須聯繫你的家長，討論你連續遲到這件事（產生的影響或後果），我並不想打那樣的電話，但卻是不得不打，我感到很為難（教師的感受）。」

(二) 衝突的雙贏解決

若遇有衝突，應追求「雙贏解決」（no-lose method），並使用六個步驟的程序來嘗試解決衝突。此六步驟依序為：(1) 確認問題癥結；(2) 師生腦力激盪想出可能的解決辦法；(3) 評估解決的辦法；(4) 選擇最佳辦法；(5) 實施選定的方法；(6) 實施後的評估。

(三) 釐清問題的歸屬

本模式認為當學生出現不當行為或發生衝突時，要先釐清問題的歸屬，以及可接受或不可接受。若無法釐清，將會有礙師生間的溝通。

所謂問題的歸屬，意思其實是指學生行為問題造成的影響對象。若問題歸屬、影響的是學生自己，屬於尚可接受，教師應採取「輔助技術」作為對策；若問題沒有特定歸屬、沒有影響任何人，屬於可以接受，教師應採取「預防技術」作為對策；若問題歸屬、影響的是教師，屬於不可接受，教師應採取「面對技術」作為對策。

若要引導學生改善行為問題，Gordon 引用 C. Rogers「當事人中心治療」的理念，認為學生有義務解決或改善自己的不當行為，教師避免使用「指導式的語言」（directive statements）指導學生如何解決或改變。教師只要建立接納與支持的環境，營造和諧關懷的氣氛，以「積極傾聽」的方式、「擬情了解」的態度，從旁協助學生自知問題行為及問題所在，表達內心感受，並自己思考判斷，以解決或改變其行為問題。

(四) 初級情緒

對於學生的不當行為，教師可以適當的表達自己的情緒。不過，情緒表達應以「初級情緒」為依據，向學生發出訊息，而非表達「次級情緒」，發洩自己的怒氣。

評析與啟發

「我－訊息」的溝通技巧相當受到矚目與討論。教師管教學生歷來習慣使用「你－訊息」模式，其溝通情境大概就是教師有如茶壺，一手叉著腰，一手指點著學生，口中叫嚷著「你……你……你……」，這種指謫學生的方式相當具有攻擊性，極可能升高衝突態勢。若改以「我－訊息」模式來傳遞管教訊息，說明客觀的行為事實，以及這些行為對教師、當事學生或其他學生產生的不良影響，或者將承擔的後果，最後再說說教師的感受，其論述出發點與焦點都放在教師身上，語氣相對和緩、不具攻擊性，應該是較佳的溝通模式。而且對學生而言，「我－訊息」也可以讓學生知悉自己的行為影響了他人，提高學生的同理心，並且引發後續的合作行為。只是「我－訊息」的溝通模式與多數教師現有的語言習慣不同，要能熟悉使用仍需較多刻意的練習。

「我－訊息」溝通模式除「行為」、「影響（後果）」、「感受」等三步驟之外，L. Canter 和 M. Canter 主張再加上第四步驟，就是提出給予對方的「建議」，也就是提出教師期望學生表現的合作行為。延續前述敲桌子的舉例，就是再加上「請放下你的筆，或把筆收起來，專心聽我講課，謝謝。」如此，教師管教訊息的傳達將更趨完整。

教師效能模式除立基於 Rogers 的理論之外，兼有前述 Glasser 控制理論與選擇理論的影子，展現出人本取向的教育態度，這對爭取學生合作、避免衝突、解決師生問題，以及發展學生的同理心，都有相當的幫助。

　　衝突雙贏解決建議使用的六步驟程序，基本上就是腦力激盪法以及問題解決法的綜合運用，具有一定的邏輯性，教師理解與運用應無太大的困難。

　　至於教師應表達初級情緒，避免表達次級情緒的見解，值得教師關注。例如聽到學生拿筆敲打桌面、發出噪音，初級情緒應該是覺得很煩，因此教師帶點厭煩的直接表達「我聽到你用筆一直敲桌子，叩叩叩的聲音干擾了我的講課，我覺得很煩。」這樣直率的表達初級情緒，也許還比較好，至少比較真誠，而且也是描述事實，表達一般人都會有的生氣感受。至於次級情緒，可能就是轉為惱怒，教師表達出「你用筆一直叩叩叩的敲桌子，是怎樣？欠揍嗎？」相對就容易引發衝突。如果教師進一步再包裝、再轉化，轉為「三級情緒」（Gordon 並未提出這樣的概念），不帶表情、幽幽的說「我們班不知道是不是有人前輩子當和尚還當得不夠，所以現在在底下還忙著叩叩叩的敲木魚……」，語氣雖然聽似和緩，沒有直接點名指謫學生，但是通常會讓人有更負面的感受。三級情緒有點類似「罵人不帶髒字」、「拐彎抹角罵人」，其實更非良策，教師應該避免。

第 31 講　轉換分析模式

　　E. Berne 和 T. Harris 的「轉換分析模式」（transactional analysis），又稱「人際處理分析的班級經營理論」，重視探究早期生活經驗，期望有意識的改變潛意識驅動的行為；另外，主張教師引導學生分析自己與他人的自我心態，能取替了解人際之間的角色，或者能知悉自己所作所為的位置，從而控制或促進自己的行為。

理論要點

(一) 早期生活經驗

　　受精神分析學派影響，本模式認為人們的行為模式源自早期的生活觀察與人際互動經驗，生活觀察與互動經驗儲存在腦中，進入潛意識，而後續生活中遇到類似情境，受到潛意識的驅使，就會展現出特定的行為。例如：某位女生從小成長的歷程，父母總是對她說「臭男生」，並要她不要跟男生玩，在學校也偶而會被男同學戲弄，這些生活經驗深植腦海，使她潛意識的厭惡男生，在後來的成長歷程中，只要與男生接觸，就不知不覺顯露出厭惡排斥，導致被同學用不當的語詞批評。

　　這些受潛意識驅使的行為，可以透過有意識的思考，在表現出來之前加以改變。教師輔導學生時，先了解學生早期的生活經驗，察覺其行為受到潛意識影響的所在，再引導學生有意識的思考，例如引導前述女生理性思考並不是所有男生都會戲弄她，或者理解男生的戲弄行為可能是他們想親近女生，並無惡意，藉此來改變女生原本受潛意識驅動的厭惡排斥態度，從而改善人際關係。

(二) 三種自我心態

依據人際之間的心理地位，本模式區分成人、父母、兒童三種自我心態。成人自我心態的特徵是理性，父母自我心態的特徵是喜歡控制、指示他人行動，兒童自我心態的特徵則是自我中心、情緒反應、依循個人喜好、不願受人控制。

區分這三種自我心態的目的，是引導人們分析確認自己與他人屬於哪一種自我心態，並且避免雙方以不相容的自我心態互動，例如一方是父母自我心態，另一方是兒童自我心態，一個喜歡控制、指示他人行動，一個偏偏不願受人控制，那麼雙方勢必產生矛盾衝突。

為了協助學生了解他人的行為或想法，可以安排角色扮演遊戲，藉由角色取替而獲得理解；此外，可以引導學生學習角色轉換，例如引導學生從兒童或父母自我心態，往成人自我心態的方向調整，以期能展現較適當的行為。

(三) 四個生活位置

本模式以「你－我」、「好－不好」為兩向度，劃分提出如下圖的四個「生活位置」。

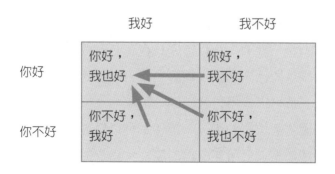

Berne 和 Harris 列舉出諸多學生可能會玩的把戲，劃分四個生活位置的主要目的，是讓學生具體知悉自己所玩的把戲是處在「你好，我不好」、「你不好，我好」或「你不好，我也不好」的某一種位置，覺察所處位置對自己及／或對他人有所不利，有所覺察之後，比較容易產生改變的念頭，放棄玩不必要的把戲，往「你好，我也好」的位置移動，而教師也從旁協助學生接納自己，提高自我價值感。

評析與啟發

轉換分析模式注重過去生活經驗的探究了解，相對於現實治療模式聚焦於當下實際生活情境，各有立論基礎。一般而言，人們的某些行為確實不知不覺受到過去生活經驗的影響，因此探究過去的生活經驗，找到問題根源，據以對症下藥，經常是解決學生問題的必要考量。

成人、父母、兒童三種自我心態並非對應每個人的實際身分，教師未必是成人自我心態，家長未必是父母自我心態，而學生也未必是兒童自我心態。學生有可能是成人、父母、兒童中的任何某一種自我心態，教師或家長亦然。卡通《櫻桃小丸子》中的丸尾雖然是三年級的小學生，但是愛當班長的他，其行為表現就頗有父母自我心態的影子。

班級經營或行為輔導歷程中，教師引導學生省思分析自己的自我心態，體察他人的自我心態，避免以對立的自我心態互動，並儘量朝向成人自我心態調整，教師本身以及家長也有必要做類似的分析轉換。換言之，無論是學生同儕、師生、親師、親子以及其他各種人際互動關係的理解與調處，都可以借用自我心態分析。

至於四個生活位置的劃分，讓學生可以用更具象、視覺化的簡明圖像架構，清楚知悉自己所作所為的屬性，以及對人對己產生的正負面影響，藉此提高對人際情境狀態的認知，進而促進行為的改善。

　　本模式關注人際互動關係，對於班級這個聚集多種角色、人際互動密切的社會團體而言，具有相當多的啟發。不過，要透過角色知覺、角色扮演或角色轉換來達到人際理解與溝通也並非容易。學生、家長乃至於教師都未必有能力設身處地的換位思考，或者適當扮演非日常角色，也未必有能力取替、理解他人的想法與做法。當無法具備這樣的轉換分析能力時，此一模式期望達到的人際理解、自我校正，就會受到限制。

第32講 和諧溝通理論

　　H. Ginott 的「和諧溝通理論」（congruent communication）強調透過妥善的溝通，加上適當的引導與稱讚，營造良好的班級氣氛或環境，以取代制約或形塑，幫助學生表現適切行為。

理論要點

(一) 和諧溝通

　　對於訊息溝通，Ginott 提出幾個主張。首先，要能明確的溝通，凡事能夠說清楚、講明白，避免模糊曖昧。其次，要能理性的溝通，特別是對事不對人，並且使用「我—訊息」取代「你—訊息」來傳遞管教訊息。第三，溝通時可以適當使用幽默策略，但教師最好幽自己的默，不要拿學生來開玩笑。此外，Ginott 提醒教師，在溝通時要保留學生顏面，避免刺探隱私，以維護學生的自尊。

(二) 示範或邀請學生合作

　　本理論認為教師可以適當表達自己的惱怒，但是教師生氣本身應該也是對學生的一種身教示範，若學生生氣時，教師會期望他們如何表達，教師自己就要以那樣的方式表達生氣。教師若不希望學生以攻訐、謾罵、批評、譏諷、挖苦、標籤、妄下斷語等非理性方式表達生氣，那麼自己生氣時就不應該使用這些非理性方式來對待學生。

　　Ginott 反對使用懲罰，若施以懲罰，學生往往會認為自己已經為不當行為付出代價，容易就此了結、解除責任感，而不會思考如何改善不

當行為。教師最好採用「示範」或「邀請學生合作」的方式，來引導學生表現適當行為。而即使要訓誡學生的不當行為，語言也應該儘量簡潔扼要。

如果聽到學生說髒話，Ginott 主張教師應予以消極處理並忽視之，不要讓學生說的髒話或說髒話這件事，變成為一個公開議題。

(三) 鑑賞式讚美 vs. 評價式讚美

本理論提醒教師慎防讚美所可能衍生的危險。Ginott 將讚美區分為鑑賞式的讚美（appreciative praise）、評價式的讚美（evaluative praise）。鑑賞式的讚美是針對學生的特定行為或作品給予肯定，例如讚美學生把教室打掃得很乾淨，作業寫得很工整；評價式的稱讚則是針對學生的人格給予評價，例如讚美學生是乖寶寶、好孩子、好學生，或者讚美學生是天才、楷模、榜樣，或者讚美學生很聰明、很懂事、很優秀。Ginott 主張教師應給予鑑賞式的讚美，避免給予評價式的讚美，因為評價式的讚美將讚美與學生人格連結在一起，一旦教師較少或不再讚美學生，該生將會對自我價值產生懷疑或貶抑，而鑑賞式的讚美連結的是特定的行為或作品，相對沒有這樣的疑慮，而且也比較能鼓勵學生未來持續表現優良行為。

評析與啟發

和諧溝通理論提醒教師以明確、理性、和緩、幽默、維護自尊的方式來進行溝通；面對學生的不當行為，教師應想到自己的生氣方式就是一種身教示範，最好透過示範或邀請合作等方式來引導學生表現正確行為，這些建議都相當符合教育理念。和諧溝通講究對事不對人的理性溝通，這個老生常談的觀念雖然值得努力實踐，不過事情總是人做的，人與事之間實際上也不容易截然劃分，溝通時仍須多所費心。

　　本理論建議給予鑑賞式的讚美，避免給予評價式的讚美，對教師是一項很特別的提醒。然而，類似前述的人事難分，很多情境下，學生的行為努力、作品表現與人格特質不容易截然劃分，教師給予的讚美，特別是簡潔的讚美，例如好極了、excellent 等，不易區分是鑑賞式或評價式讚美；再者，似乎也沒有證據顯示評價式的讚美會有嚴重的負面效應，教師可以兼用鑑賞式與評價式的讚美，未必需要完全否定評價式讚美的可用性。

　　教師適當展現幽默確實可以緩和溝通互動或管教時的緊張氣氛。不過，我們的社會文化比較不習慣、也不擅長幽默，教師使用幽默策略未必能夠得體。教師除了要避免以學生為對象來展現幽默之外，也要能夠區辨何謂幽默詼諧，何謂嘲諷挖苦，否則區辨不清、拿捏不當，使得某些人感到困窘難堪，幽默不成反招怨，對於人際和諧毫無助益。

　　消極處理並忽視學生說髒話的行為，會被質疑其適當性。若學生說髒話的情節嚴重，例如在課堂上高聲以髒話辱罵教師或同學，自應積極且正式的處置；但若情節不太嚴重，例如只是低聲的脫口而出，教師僅需即時的以非語言方式消極制止，例如使個眼色、皺個眉頭、抿個嘴。若積極公開的追究處理，一則學生通常不會承認，教師不斷逼迫追問，陷入鬥爭僵局，另則會成為公眾話題，影響到原本不知情的其他學生，甚至讓原本已經消失的髒話再次浮出檯面，變本加厲，這應該不會是教師的期望。若教師一定要管教說髒話的學生，其實可以課後再找來當事學生私底下追蹤輔導。

第 33 講　內在紀律理論

B. Coloroso 提出「內在紀律理論」，把家長教育子女而發展獲得的觀點，轉化應用到教師的班級經營。其理論除重視教導內在紀律與責任感之外，也對教師角色、教師語言、衝突解決等議題提出見解。

理論要點

(一) 內在紀律與責任感

教師的重要責任之一就是要教導學生內在紀律與責任感，應該把這項教導視為是一件值得花費時間心力去做的有價值的事。而要建立內在紀律與責任感，教師要讓學生釐清行為問題的權責歸屬，讓學生知道自己對行為擁有主動權，既然擁有主動權，就連帶要擔負起責任，表現適當的行為，若出現行為問題，也要自己負起解決行為問題的責任。

基於對內在紀律與責任感的強調，本理論反對教師使用酬賞、懲罰、威脅或行為改變等操縱式的策略，認為懲罰或威脅策略除了會讓學生感到恐懼，無意間也透露出權責其實是握在教師手中；而且諸如酬賞等策略則會讓學生養成依賴，也可能會傳遞錯誤訊息，讓學生誤以為善行可以購買或交換。

(二) 自然處分與合理處分

如果有必要進一步處理學生的不當行為，主張以「自然的處分」或「合理的處分」來取代懲罰，而其目標都是「教導」學生。所謂自然的處分就類似自然主義者所主張的自然懲罰，在不威脅生命或沒有道德

疑慮的前提下，用真實世界自然而然會發生的結果，取代人為權威，來讓學生承擔其不當行為的後果。舉例來說，換季時學生不肯改穿冬季制服，教師不要以校規或班規議處，就讓學生因為身著單薄的夏季制服而受涼感冒，承擔生病的痛苦，進而學得教訓。

如果自然的處分並不存在或者不適當，還是可以斟酌施以人為處分，但人為處分必須是合理的處分。對於合理的處分，Coloroso 提出 RSVP 之說，分別指處分必須是合理的（reasonable）、簡易的（simple）、重要的（valuable）、實際的（practical）。

(三) 剛毅果斷型教師

本理論將教師角色分為三種類型，教師應該避免成為「保守封閉型」或「意志薄弱型」的教師。保守封閉型教師的特徵是集權控制，嚴苛執行規則，班級氣氛充滿恐懼；而意志薄弱型教師的特徵是規則結構不清，管理方式不一致，常有情緒性的變動。相對的，教師應成為「剛毅果斷型」的教師，其特徵是能協助學生發展自我的獨特性，並訂定班規，教導學生思考及發展內在紀律與責任感。

(四) 注意語詞的破壞性

教師要注意語詞可能存在的破壞性。不應使用攻擊、傷害、羞辱、嘲諷、挪揄、讓人難堪或侷促不安的字眼來責備學生，這些字眼都有相當的破壞性。

此外，也要提防讚美潛藏的破壞性，因為讚美帶有評價意味，使用讚美來評價學生，學生會將行為表現與自身的尊嚴或價值串連在一起，連帶的當學生犯錯或有不良表現，也會連結到自己的尊嚴與價值，對自己產生負面的評價。為了避免此種潛在的破壞性，建議教師改用「欣賞」來取代慣用的讚美。

(五) 衝突解決3R步驟

教師要教導學生避免衝突、解決衝突或行爲問題的能力或要領。本理論提出 3R 模式，讓教師依循模式，再配合實例，教導學生解決衝突或行爲問題的步驟。此 3R 包括：(1) 補救／還原（restitution），學生對不當行爲造成的傷害或損失給予補救或還原；(2) 解決方法（resolution），學生決定某種做法，讓衝突或不當行爲不再發生；(3) 調停／和解（reconciliation），學生尋求彼此諒解，並承諾落實前項所做的決定。在過程中，教師從旁輔導學生提出補救計畫，協助其落實決心；若發現衝突尚未解決，或者學生無法落實其決心，則要更強勢的介入。必要時，還要發展出預防性對策，避免學生私下解決或產生後續紛爭。

評析與啟發

內在紀律理論主張教師放棄酬賞、懲罰、威脅或行爲改變等操縱式策略，改以教導內在紀律與責任感，引導學生知曉行爲責任與對應後果，以期學生表現適當行爲，此種觀點可以說是超越一般主流策略的教育思考。

對於學生的不當行爲，雖然沒有完全禁絕處分，但本理論隱然提出兩階段的處分概念，優先考慮以自然處分來教導學生，必要時才進一步使用第二順位人爲的合理處分。相對於教師多半逕用人爲處罰，而且處罰不能符合合理、簡易、重要、實際等原則，這樣的建議頗有提醒作用與參考價值。

採用自然處分，讓學生承擔自然天理所施予的後果，可以避免人爲處罰可能產生的人際怨恨，不過使用上卻也有諸多限制。首先，會威脅生命或有道德疑慮者就不能使用，例如學生跨坐在五樓圍牆上，或者偷

竊他人財物，教師即不宜以該生此舉自然會「招天譴」，而不即時制止或處分。其次，自然處分往往來得緩慢甚至不會發生，例如前述制服的例子，該生未必會傷風感冒，也就是不會遭致自然處分，無法有效解決該生不願配合規範換穿制服的問題。因此，制訂合理的人為處分仍有相當的必要性。

本理論關於保守封閉型、意志薄弱型、剛毅果斷型三種教師角色的分類與界定，與 Canter 夫婦所稱的怒氣衝天型、優柔寡斷型、果斷反應型，彼此相互呼應，所見略同。

對於讚美，本理論同樣擔憂讚美與人格尊嚴之間連結可能產生的風險，認為讚美即是一種評價，因此主張以欣賞取代之。不過，若認為讚美是一種評價，那麼欣賞是否也帶有評價的意味，值得思辨。原則上，教師若能正面而積極的兼用鑑賞、評價、鼓勵、欣賞來肯定學生的努力、成果或者這個人，應該均可接受。

對於衝突或行為問題的解決，本理論提供一個可依循的 3R 參照架構。舉例來說，有位學生想向同學借筆記本，同學沒有同意，他便伸手強取，結果撕破同學的筆記本。首先，在補救／還原步驟，當事學生必須修復或賠償撕破的筆記；其次，在解決方法步驟，當事學生必須說出未來若要向他人商借東西，自己應該採取的適當方式；最後，在調停／和解步驟，則是透過道歉或其他作為，言歸舊好，並承諾未來會展現合宜行為。教師在一旁輔導學生處理衝突，事後也追蹤了解學生改善情形，以及雙方人際互動的狀態。3R 程序雖然簡明，但能關照到當下與未來，兼顧事情與心情，算是一個滿簡明、完整且合宜的參考架構。

第 34 講　經營學習者中心的班級

C. Everston 和 A. Harris 提出「經營學習者中心的班級」理論，發展出班級組織與管理系統，以建立以學習者為中心的支持性學習環境。

理論要點

(一) 教學管理

強調教學管理對於班級經營的重要，而教師要有良好的教學管理，必須注意四件事：(1) 規劃教學活動；(2) 指定作業；(3) 設定對學習程序及學業成就的期望，並與學生溝通；(4) 排序、調整、監控、回饋學生的學習。

本理論建議教師使用團體策略，讓學生高度參與教學，同時也能減少不當行為。此外，強調有效的教學溝通，特別是教師應該讓學生具體知道何人、何時、如何參與學習活動。

(二) 行為管理：不同形式的介入

對於學生的不當行為應迅速處理，而且要能立即判定不當行為的嚴重程度，並分別採取不同程度的介入，而且其後應持續追蹤處理，以避免不當行為擴散。

不當行為嚴重程度較低時採取「低度介入」，例如身體接近、目光接觸、提供必要協助、提醒適當行為、告知停止不當行為、「我－訊息」溝通等。嚴重程度稍高時採取「適度介入」，例如撤除權利或喜愛活動、隔離學生、調換座位、懲罰、放學後留校等。若嚴重程度很高時

則採取「更廣泛介入」，依據既定的問題處理程序處置，進行衝突調解，召開家長或監護人會議，或者與學生訂定個人行為契約等。

(三) 提前準備，審慎規劃

在學年開始之前即應事前審慎規劃完成新學年的班級經營計畫，以奠定班級經營的基礎。開學第一天就要讓學生知道教師的期望、班級規則以及其他重要事項，以避免學生誤會教師容許或不在意某些不當行為。而擬訂好的班級經營學年計畫，也應持續落實運作。

評析與啟發

本理論透過教學管理幫助學生獲得良好的學業成就，透過行為管理幫助學生展現適當的行為，能有效兼重教學管理以及行為管理。

在行為管理方面，依據不當行為的嚴重程度採取不同程度介入的主張，應該也是一種對症下藥的概念。對症下藥通常是談辨識問題的類型，例如 Dreikurs 關於學生不當行為四種目標或動機的辨識，就偏向探討類型；但是對症下藥應該也要辨識問題的程度，如同輕症卻下了猛藥或者重症卻用藥不足均非所宜一般，處理學生不當行為亦然，小題大作或大題小作也都不妥，因此本理論建議關注嚴重程度此一面向十分具有價值。教師面對學生行為問題時，最好能綜合判斷學生不當行為的動機原因與嚴重程度，據以決定管教的策略類型與強度。然而，單就其中一個面向要做準確判斷已屬不易，要綜合研判兩個面向也將更為困難。

本理論建議提前完成班級經營的規劃，在開學第一天就宣達重要事項，也提醒應迅速回應學生的不當行為，可以看出本理論相當重視班級經營與管教的「及時性」與「即時性」。班級事務若能防患未然、防微杜漸總是較佳的選擇，錯失處理的第一時間，等事態擴大之後再行處理，通常較為費心費力，甚至有些傷害已經難以補救。

第 35 講　學校與班級經營 3C 理論

D. Johnson 和 R. Johnson 提出「學校與班級經營 3C 理論」，三個 C 分別是指合作（cooperation）、衝突解決（conflict resolution）、公民價值（civic values）。

理論要點

(一) 合作

Johnson 和 Johnson 提倡合作學習，必須包含積極的互賴、面對面的互動、個人績效、社會技巧、團體過程等五個要素。合作概念運用到班級經營層面，則主張教師、學生、行政人員、社區成員之間，在態度以及方法技巧應該共同合作，以期達成教育目標。

(二) 衝突解決

本理論認為教導學生預防衝突發生雖然重要，但是衝突仍有可能發生，因此提出一套課程，進一步教導學生有能力解決衝突問題，成為「和平使者」（peacemaker）。

課程分為兩個部分，第一部分教導學生以合作性的態度對自己涉身的衝突問題達成建設性的解決。衝突解決的建議步驟為：(1) 陳述自己的需求；(2) 陳述自己的感受；(3) 陳述自己需求和感受的理由；(4) 歸納並說出自己對於對方需求、感受及其原因的理解；(5) 發展出三個能夠處理此次衝突並讓利益最大化的解決方案；(6) 共同協議選出一個對彼此有利的解決方案，並且握手言和。

課程第二部分的重點則是教導學生如何有效仲裁同儕間的衝突。衝突仲裁的建議步驟為：(1) 結束雙方之敵對狀況；(2) 向衝突雙方尋求對仲裁過程的認同；(3) 仲裁者幫助衝突雙方成功且有效的談判；(4) 將雙方所達成的協議具體化。在調解的過程中，仲裁者必須是志願的，立場中立，謹守原則與掌握技巧，讓每個人都有陳述機會，並約定衝突雙方共同應遵守的規範，例如：同意解決問題、不能彼此咒罵、不能打斷對方說話、盡可能的誠實、必須落實已達成共識的約定等。

(三) 公民價值

教師應建立某些公民價值，例如關懷、尊重、責任等，透過這些共有的公民價值，引導所有班級事務的決定以及解決衝突。而要能夠建立並共同努力追求這些公民價值，則可以考慮透過建立社群、營造社群感的方式來達成。

評析與啟發

本理論在班級經營層面上最令人印象深刻的，應該是設計課程教導學生解決自身衝突、仲裁他人衝突的知能。

衝突管理是教導相對薄弱的懸缺課程，而且僅有的教育中多半著重衝突的預防，較少著墨於教導學生如何調解自身與他人的衝突，更少著墨於教導學生扮演仲裁者，能調解同儕之間的衝突。本理論能夠進一步關注後端這兩種可能情境，可以說是一種超越、補足，也是一種更務實的思考。在衝突事件中，學生有能力調解衝突，對於降低衝突造成的負面影響，以及建立更為安定和諧的班級或校園都會有正面的助益。

衝突調解的兩部分課程，都發展出具體可依循的步驟，而且都展現出客觀中立、追求雙贏的衝突調解思維，同時訴求真正解決衝突，杜絕後續性、私底下的報復，值得教師作為衝突管理相關教育的參考。

第 36 講　超越班級經營

　　A. Kohn 提出「超越班級經營」理論，此理論對於傳統廣爲人們所接受的班級經營四個信念或觀點提出挑戰，主張應有所超越。

理論要點

(一) 超越學生的黑暗面

　　Kohn 認爲教師有必要超越過往只檢視學生黑暗面的習慣，重新檢視學生的本質。他認爲學生的本質應該兼具有正向光明面與負向黑暗面，教師應眞正觀照到學生整體人性。

　　此外，他指出學生擁有自主決定、關聯歸屬、成功勝任等三種人類共同的需求，教師應該協助學生滿足這三種需求。當學生能適當的滿足這三種需求，自然會展現出人性的正向光明面。

(二) 超越傳統與新式班級經營的錯誤負面理論

　　Kohn 除了不認同傳統以行爲主義爲基礎的班級經營理論，對於所謂新式的班級經營理論，他也認爲並未眞正超越其所要取代的傳統班級經營理論。

　　他認爲傳統的班級經營慣用懲罰、威脅、壓制、哄騙等手段，新式班級經營主張使用獎賞或其他所謂的合理處分，但兩者都是立足於負面的理論或信念，例如前項所說的只看到人性的黑暗面。新式的班級經營理論只不過是用更微妙、精緻、仁慈的方法來操縱控制學生，要學生去做一些事，而非「和學生一起做一些事」，與傳統的懲罰手段並沒有本

質上的區別。

(三) 超越懲罰與獎勵

Kohn 認為懲罰與獎勵都只是教師操縱控制學生的不同工具，都只能帶來暫時的順從。如果想要促使學生表現正面的行為，而不只是抑制負面的行為，就必須超越規則、超越獎懲，提出替代性的方案或做法。

他主張的替代性方案是師生合作建立正向的價值或願景，並對這些正向價值或願景表達承諾，再賦予學生自由與責任，激發學生興趣與好奇疑問，由學生自己決定應有的適當行為，進而成為能夠自我引導的終身學習者，或者成為具有道德感及同情心的決策者。

(四) 超越競爭

Kohn 不建議教師使用讓學生彼此競爭的方式來運作班級。他認為，凡是競爭，則必有輸家。甚至他認為，教師訂定班級規則，班級規則無意間也會變成是教師與學生之間的一種競爭。

教師要力求超越競爭的觀念，學校或班級要成為一個社群，用社群來取代競爭。社群的特徵是彼此關懷、尊重、支持及鼓勵，成員可以更有安全感。至於班級的社群感，Kohn 認為可以透過班會、班級活動、班際活動等，或者在平時的教學活動、師生互動之中，努力的建立與維繫。

評析與啟發

Kohn「超越班級經營」理論相當程度的符應人本主義的精神，不過又不完全相同，例如他認為學生的本質兼具有正向光明面與負向黑暗面，顯然不同於人本主義偏向認定的人性本善。相對於人本主義，這個觀點似乎也是另一項超越。

本理論提到的四項超越都頗值得教師省思，特別是指出傳統的、新式的班級經營都是同樣立基於錯誤的、負面的理論基礎上，有著同樣的操控問題，這對教師而言可謂一記當頭棒喝。

許多教師在班級經營管理上，努力的從傳統慣用的懲罰、威脅、壓制、哄騙等手段跨越出來，開始學習使用獎勵、安排誘因等方式來引導學生，正在自喜有所超越時，殊不知依 Kohn 的觀點，這些新思維與策略都還是錯誤的，層次仍是不夠高的。

Kohn 的超越觀點，無疑的是把班級經營定位在頗高的層次，引導教師做更高層次的思考與實踐，此種理想是教師應該積極追求的目標，只是在實踐策略上，教師會支持直接策略還是漸進策略，存在著不同見解。這就像是道德哲學相關的主張，義務論者主張直接訴諸高層次的道德義務，但是目的論或者杜威實驗主義的道德哲學則主張依循「獎懲→畏懼與服從→明瞭行為意義→自制能力」，或者「無律→他律→自律」的程序，最終才達成高層次的目標，班級經營的理想境界要直接到位，抑或逐步漸進，必將面臨見仁見智的爭議。

策略 36 計

計畫

第 1 計 慎始預備，一鳴驚人

「慎始預備，一鳴驚人」策略，提示教師審慎且充分的做好班級經營的事前準備，並在與學生及家長首次接觸時即有最佳的表現，使對方留下深刻的良好印象，踏出成功的第一步。

班級經營不應只從開學的那一天、進入教室的那一刻才開始，必須往前延伸。最廣義的來說，教師平日時時刻刻都要為將來的班級經營做好準備、奠定基礎；若就狹義觀點來看，至少要在學年或學期開始之前，即著手規劃與準備。

在開學前即著手班級經營的規劃與準備，從鉅觀面來看，可以讓教師有較統觀宏觀的視野、縝密精緻的心思、嶄新多元的創意，做成優質的班級經營計畫，開學之後也才比較能超越例行事務的侷限，而有更高層次的經營作為。

從微觀面來看，開學之初諸多繁瑣的班級事務接踵而來，必須立即執行，忙亂之中經常造成疏漏、遺忘或者處理品質欠佳。若能在開學前即適切的準備妥當，教師從容而有效率的處理學期初始的各項事務，甚至還看到教師有提前發動的班級經營作為（例如開學前就寄一封信給學生及其家長），學生與家長都會對教師的卓越能耐與積極熱情感到肯定與放心，從而留下良好的第一印象。

暫且不討論課程教學相關的備課，對於班級經營，教師至少可以或應該從事下列的規劃或準備。第一，擬訂班級經營學期或學年計畫，除了以計畫書文件形式呈現教師班級經營的理念、策略與做法之外，可以進一步編製行事曆，如此將有助於未來逐月、逐週、逐日提醒自己按部

就班的執行班級事務，而學生或家長也可以藉此知悉教師規劃的措施，必要時配合協助。

第二，構思班級經營事務的腹案。許多事務，諸如規約獎懲的制訂、自治幹部的選任、團體勞務的分派、教室布置的規劃、特色事項的選定等，雖然會在開學之後與學生或家長共同討論決定，甚至交給學生主導，但是教師仍然應該對這些事務預為構思，以期在學生沒有意見或想法時，可以即時提出自己的腹案想法，供學生作為參考，或者直接採納教師的建議。

第三，備妥各式表報、資料與平台。開學前、學期初或學期間需要使用到的表報、資料與平台，例如給家長或給學生的信函、基本資料調查表、問卷、座位表、幹部職務說明書，或者班級網頁、線上社群平台等，都應該預先設計、印製或建置完成，以便在需要的時候馬上可以派上用場，一啟用就可以看到豐富多元的內容。

第四，取得並閱覽學生資料。若能預先取得學生資料，應該加以閱覽。資料閱覽一方面著重認識個別學生的個人資料與家庭背景，若能將學生面孔與姓名記憶起來，初次見面即能叫得出學生姓名、說得出其重要背景更佳，可以讓學生感覺受到重視，或者體會到教師的用心；另方面，則著重綜合了解班級群體的概況，以利教師決定班級經營的大方向或策略。若班級並非新組成的班級，可以諮詢該班先前的導師或其他教師，了解班級與個別學生的特性，或者特別需要關照的學生。不過，無論是閱讀書面資料或諮詢，都要避免產生先入為主的偏見，對於學生或班級的真正理解仍應透過日後實際的互動與觀察，再逐漸的確認。

第五，構思第一次見面的各種細節。除了預先透過信函表達歡喜結緣之意，教師與學生、教師與家長第一次正式見面互動，也是重要的關鍵時刻，因此教師應該構思種種細節。第一次的師生見面，教師要構思的事項包括進教室時的表情、打招呼的方式、預備講述的歡迎詞、自我

介紹，對學生的期勉、要求與規範，以及各項班務處理的順序與方式、各個事項分配的時間等。若有意贈送學生見面禮，例如鉛筆、橡皮擦、橡皮筋、OK 繃等，也要預先備妥，並賦予特定的教育意涵。對於第一次與家長正式見面的親師座談，除了部分參採前述師生第一次見面的構思準備事項，並做適當的轉化之外，其他諸如邀請函、議程、各項資料表單等也應提前準備。若妥善構思初次見面的種種細節，而能讓學生或家長對教師留下良好的第一印象，對未來班級經營將有正面的助益。

第 2 計　民主參與，有我一份

　　「民主參與，有我一份」策略，提示教師納入學生、家長或其他利害關係人，以適切可行的方式參與班級經營的計畫與決策。

　　雖然班級經營的主要發動者是教師，但是直接間接可能參與、會受到班級經營決策與作為影響的利害關係人，廣泛包括教師、學生、家長，甚至學校其他教育人員、其他班級學生、社區人士等。教師自己在構思與計畫班級經營相關事務時，除了應該把利害關係人放在心裡，設身處地的兼從他們的角度來思考之外，依照現代民主的理念，也應該讓這些利害關係人有機會參與班級經營相關的計畫與決策。因此，讓利害關係人參與乃是「必要」的。

　　從技術的角度來看，班級經營的計畫與決策通常並非是高度專業的事務，教師之外的其他利害關係人應該都有一定的知識、能力或經驗，可以適度的參與計畫與決策；而且學生或家長的人數雖多，但也不致多到難以參與討論。因此，讓利害關係人參與乃是「可行」的。

　　教師讓利害關係人參與班級經營的計畫與決策，一方面可以因為參與而對教師班級經營的理念與作為有較為充分的認識，減少誤解；另方面也因為參與而有機會將教師的班級經營計畫，從「那是老師你自己一個人訂定的計畫」，轉變成「這是老師和我們一起做成的計畫」，有我一份，未來的認同感、配合實踐的意願度都會大幅提高，不但會減少抗拒或抵制，甚至必要時還會樂於為之辯護，此外也比較能了解要如何配合執行，提升班級經營計畫落實的程度與績效。因此，讓利害關係人參與乃是「有效益」的。

　　教師不太可能、也不需要將班級經營全部的計畫與決策都廣邀全部利害關係人全程參與。實務運作上，通常會依據事務的性質，並參考利害關係人與該事務的親疏遠近、知能成熟程度、意願高低等，來決定適切可行的參與方式。一般而言，學生、家長以及任教本班的科任教師，是教師應優先考慮邀請參與班級經營計畫與決策的對象，至於其他人員則較為次要，甚至不納入參與也無所謂。學生年紀較小時，可以由教師單獨、或教師協同家長共同計畫與決策；當學生年紀漸長，則可以多考慮讓學生參與。當利害關係人有高度參與意願時，教師要廣開大門，滿足其參與需求；但若彼等參與意願低落，教師也不必勉強，若過於勉強，強力邀請，反而會被批評教師缺乏魄力、不願負責。

　　至於參與的程度與方式，通常有下列幾種模式：第一，教師從開始即全程與利害關係人共同商討，再做成計畫與決策；第二，教師先行研擬計畫初稿，然後提交與利害關係人共同商討之後，再做成計畫與決策；第三，教師自行研擬計畫，然後諮詢利害關係人的意見，獲取認可，或者經過適當的修訂之後，做成計畫與決策。通常，第三種做法應該是教師班級經營最常見的開放參與做法，但同時也是開放參與最低底限的做法。

　　讓其他利害關係人參與班級經營的計畫與決策，除了會讓計畫訂定歷程稍顯繁複冗長之外，開放參與的歷程也可能會面臨參與者提出不同的意見，讓教師感到困擾或不快。不過，開放參與本來就不是形式性的要求學生、家長或其他人員為教師自己想定的班級經營計畫盲目背書而已，其目的之一就是要尋求集思廣益。教師要認知自己的思慮未必都能完善、嚴謹、周密，透過開放參與，知覺自己有無疏漏之處，若有疏漏，即時修訂成較為妥慎完善的班級經營計畫，才能讓參與發揮效益。教師若能有這樣的認識，應該就比較能悅納他人的異見。

　　學生、家長或其他利害關係人所提的意見也許並不完全合理，或者未必能體察教師規劃的理念或背景，因此開放參與的同時，教師也有必要給予說明、解釋或澄清。教師對自己班級經營計畫的重要事項，最好都能審慎規劃，並且備妥為何需要如此的「說帖」，一旦他人提出詢問或質疑，可以立即且有條理的提出堅實的論點，有效的說服利害關係人，讓自己原訂的班級經營計畫獲得認同與支持。

第 **3** 計

目標設定，萬眾一心

「目標設定，萬眾一心」策略，提示教師在規劃班級經營時可以選定適當的事項作爲班級目標，引導全班師生共同努力，藉此凝聚班級向心。此外，可以進一步針對特定學生設定個人目標，引導學生發展潛能。

教師綜合考量師生的理念、專長或意願，結合課程教學、學校活動或者其他更廣泛的思考，經過與學生充分討論，必要時徵得家長同意或支持之後，選定一項或少數幾項重點項目，作爲全班師生共同努力的目標，甚至成爲班級發展的特色。

例如：教師本身對運動競賽有所專長，班上學生也普遍對此有濃厚興趣，那麼師生便可以選定體育競賽作爲班級目標。若選定以體育競賽作爲班級目標，教師平日就會撥出部分時間，帶領或鼓勵學生鍛鍊體魄，例如每天晨昏全班師生都跑步三千公尺，鍛鍊核心肌群，各種運動競賽前夕更是會花費比較多的時間心力進行集訓；全班學生各有分工，教師也高度關心，經常蒞臨練習場地鼓勵慰勉，實際競賽時親自督陣；而班級確實也能在這些體育競賽中獲得優勝，競賽之後則舉辦慶功等，那麼在體育競賽中積極獲取優勝佳績這件事，就是全班師生認同且努力以赴的班級目標，也是本班重點推動的特色事項。

可以選定作爲班級目標的事項十分多元多樣，除了體育競賽之外，諸如音樂戲劇、語文學藝、志工服務，甚至學業成績，學校舉行的整潔、秩序、出勤等比賽，只要具有教育意義，師生也都認同喜歡，都可以考慮選作班級目標。

　　班級目標若設定得當，不但在過程中可以凝聚向心，激發革命情感，其間的甘苦與成就喜悅，往往是一種高峰經驗，超越課業學習，成為師生一輩子難忘的、彌足珍貴的共同話題與回憶。如此珍貴的班級經營經驗，教師在制訂班級經營計畫時，自然應該積極納入考量。

　　除了選定班級目標之外，若行有餘力，教師也可以針對個別的學生建立其個人目標，作為其努力的方向，激發其潛能得以獲得開展。

　　班級中部分學生具有某些特殊潛能，但其他學生未必具備，或者對這樣的事項並無興趣，因此無法選定成為班級目標、班級特色事項。雖然如此，教師仍可以考慮與各該學生達成共識，為其設定個人性的努力目標，而教師則撥出部分時間引導學生努力開展。

　　例如：某班選定以運動競賽作為班級目標、特色事項，但是班級中也有學生對於寫作極具興趣與潛能，若教師有所知覺，並且自認有能力給予指導，即可找來學生晤談，與學生訂定寫作的個人努力計畫，例如每週提交兩篇自由撰寫的文章給教師，教師答應會審閱批改並提供豐厚的回饋意見，進一步更鼓勵學生將所寫佳作投稿到報刊雜誌或網路空間，甚至加以彙編出版。

　　此種針對個別學生設定個人目標的做法，將能引導各該學生開發潛能，為其開創一片天地，當事學生銘感五內，也是營造師生良好關係的可行做法之一。

第4計

一箭多鵰，附加價值

「一箭多雕，附加價值」策略，提示教師在規劃班級經營時，設法整合相關的活動或作為，以期在單一一次的活動或作為上就能夠同時達到多項的目標，獲致多重的效果。

教師平日教學忙碌，可能還得負擔行政業務，加上其他枝節零星的公務與私務纏身，其實能用來舉辦活動，或施展某些班級經營作為的時間、空間與心力相當有限。但是，積極一點的教師不會因為繁雜忙碌就捨棄可以有的班級經營作為。而在諸多限制之下要尋求解套，方式之一就是思考如何整併相關的活動或作為，或者讓一件事發揮更多重的效果。

舉例來說，為促進班級人際之間的友好關係，導師打算舉辦一次假日班級旅遊活動。一般教師可能就只想到導師與全班學生一同出去旅遊而已；若擴大思考範圍，既然要辦，那就將辦理規模稍微擴大，在學生不反對的情況下，另外再邀請家長、科任教師這兩類人員參加。原本的師生旅遊活動，僅能創造「導師－學生」間以及「學生－學生」間的交流互動而已；但是另外邀請了家長及科任教師參加，則可以另外再創造出「導師－科任教師」、「導師－家長」、「科任教師－學生」、「科任教師－家長」、「科任教師－科任教師」、「家長－學生（子女）」、「家長－其他學生」、「家長－家長」等多種的人際交流互動機會。如果可能，教師讓自己的家庭成員或好友一同參與，也可以增添更多種的人際交流互動。

　　前述班級旅遊活動的例子，很典型的說明了只要稍微擴大一點辦理規模，往往可以收到加成加倍的效果。而且這些額外增加的人際交流互動經驗，有時候會產生意想不到的效果。例如：因為參加子女的班級旅遊活動，家長之間有交流互動的經驗，基於「見過面三分情」，未來在許多事情的處理上，甚至是衝突的化解上，都會有較為正向的助益。

　　除了「一箭多雕」之外，教師也可以儘量思考並發揮班級經營的「附加價值」。例如：除了聯絡簿、週記之外，無論是導師或科任教師日常都會批改學生的習作、練習簿、考卷，一般教師多半只是純粹的批改，批改完畢就簡單的給一個分數、等第，或者指出應訂正之處，或者給予（甚至只是勾選）制式的評語而已。但是所有教師，特別是科任教師，就可以善用習作、練習簿、考卷等，使它們變成是師生溝通交流的平台，除了批改之外，也在上面對學生寫幾句話，與學生甚至與家長進行對話，讓習作、練習簿、考卷不再只是習作、練習簿、考卷而已，而同時也是師生或親師交流的空間。

　　即使是導師，也可以將聯絡簿或週記稍加調整，例如讓聯絡簿附帶有小日記功能，以訓練學生的寫作能力；將週記指定若干書寫記載事項，以協助教師掌握班級動態或學生資訊，或者輔助推動班級特色事項。諸如此類做法，其基本概念就是把一些本來就要做的事情，因為教師願意多做一點點，就發揮了額外的功能，產生了多元的效益。

第 5 計　錦囊備案，點子滿筐

「錦囊備案，點子滿筐」策略，提示教師針對班級經營的重要事項預先建立適當的錦囊備案，儲備眾多的點子妙計，形成豐富的資料庫，以利隨時應變取用。

在班級經營或教學上要建立錦囊備案、儲備點子妙計，除了展現創意變化，以激發學生的動機、吸引學生的興趣之外，此處更主要的原因是教師經常因為各種原因，例如身體不適、發生臨時要務、秩序失控、天候變化等，導致班級經營或教學未必能如預期般順利實施，此時除了要能發揮機智之外，平時若能預先備妥適當且豐富的應變方案或資源，將更有助於教師有效應變。

教師平常應該預先建立的錦囊備案、儲備的點子妙計，主要包括下列幾種類型。第一，課堂備案。教師在備課時，最好能夠針對每一個單元，預先構思如果學生士氣低迷、昏昏欲睡、精神委靡不振時，可以暫時改變氣氛的笑話、故事或者活動。這些笑話、故事或活動應該儘量與課程相關，例如在國文科韓愈相關的教學單元中，預先備妥韓愈的軼事趣聞，正常教學時沒有講述亦無妨，一旦需要則可以拿出來運用。如果與課程無關，例如是一般的腦筋急轉彎、笑話、故事或團康小遊戲（例如手指遊戲、變魔術等），雖然並非絕對不可行，但是畢竟略遜一籌。此外，也可以階段性的構思並備妥一些教學影片，例如第一次段考學習範圍內各單元相關的影片，一旦課堂期間教師臨時無法上課，即可播放這些影片讓學生觀看，避免每次都只能交代學生寫作業，使應變方案更加多元，學生也會比較有興趣。

第二，天氣備案。凡是舉辦戶外的活動，都應該同時構思萬一遇到下雨、烈日、強風，或者受到其他氣象因素影響時的替代方案，避免只能取消或延期。

第三，讚美、責備或鼓勵語言資料庫。教師讚美、責備或鼓勵學生時所使用的語言通常很貧乏、很制式，缺乏創意，因此教師可以針對各式各樣讚美、責備或鼓勵學生的情境，例如學生成績進步、熱心公務、友愛同學、拾金不昧，或者怠惰退步、爭吵鬥毆、上學遲到、作業遲繳、說謊造謠，或者消極悲觀、遭逢困境等，廣泛蒐集或發揮創意自行編擬可資運用的語言資料庫，俾利需要時選擇取用。必須注意的是，這些蒐集或自編的讚美、責備或鼓勵語言，應該注意妥當性、有效性，尤其避免為求發揮創意而導致語帶尖酸、嘲諷或調侃，有違原本意圖發揮語言藝術的初衷。

第四，道德教育故事資料庫。透過說故事的方式來實施道德教育或行為管教，會比說教或訓誡更容易被接受，但是教師未必能臨時想得到適當的故事以資利用，因此平時可以以各種問題情境或教育需求作為綱要，例如學生作弊、偷竊、詆毀他人等問題情境，或者例如勇敢、守信、負責、友愛等德目，分別蒐集整理二、三則或更多則各該教育層級適用的故事，隨時備用。

第五，代理人制度。安排班級幹部、團體勞務、危機應變等機制時，都應該建立代理人制度，以期在原本主要負責者臨時無法執行任務時，可以有代理人隨時替補，避免開天窗。

值得蒐集建立的應變方案資料庫，並不限於前述的五大類，教師可以檢視實際的情境與需要，自行開發。

蒐集各項錦囊備案、點子妙計之後，首先應針對其中一部分適當的加以改造，以期更符合教師的實際情境或學生特性。其次，應該適當的分類建檔，以期龐雜的資料能具備一定的體系，方便管理與取用。再

者，資料庫應該不斷的更新、充實、汰舊換新。而更重要的是，建立完成資料庫之後要經常翻閱或瀏覽，或者在教學或活動舉辦之前加以複習，記在腦海裡，如此才能發揮臨機應變的作用。因為在緊急應變的情境下，不會容許教師調出書面檔案或電腦資料，經過翻找搜尋後才選定對應方案。

第6計　模擬演練，私下揣摩

「模擬演練，私下揣摩」策略，提示教師比照消防逃生、地震防災、空襲警報一般，對於一些班級經營策略或情境狀況進行必要的模擬演練，或者私底下揣摩想像應變情節，以期熟練操作技巧，增加運作效能，降低驚慌失措，或者發覺困難阻窒之處，以利及早調整修正。

在班級經營中，需要做模擬演練的事項，第一種就是課堂管理的「信號系統」（參閱實務第 24 事）。信號系統若能適當建立，可以減省教師不少訊息傳遞或管理的負擔。不過要能有效運作，發揮傳遞訊息的功能，成為溝通的有效媒介，除了必須充分講解，讓學生了解信號的意義之外，還必須與學生共同做適當的模擬練習，並利用後續實際情境做更進一步的應用練習。初期做模擬練習或應用練習時，通常還是要搭配口頭語言的提示，讓學生能夠知道信號的意義，其後口頭語言提示漸漸退場，最終除了少數信號本身仍須使用簡單口語表達者之外，其他信號都要做到學生不必依賴口頭語言提示，就能夠知曉教師傳遞的信號意義，並知所配合。

第二種應該模擬演練的事項，就是危機緊急事件的應變處理。教師最好能夠建立自己班級的危機處理機制，運用班級幹部，或者最好納入全班學生，分別擔任危機緊急事件應變處理機制的某一種職務，一旦遇有諸如師生衝突、同儕衝突、暴徒攻擊、意外傷亡、火警地震等事件，學生能夠依據狀況與所分配的職務，有些人負責隔開衝突的雙方，有些人負責制止火上澆油的群眾，有些人負責疏散在場人員，有些人負責通報鄰近教室的教師，有些人負責通報導師，有些人負責通報學務處或健

康中心，有些人負責緊急急救處理等。教師若能建立這樣的應變機制，一旦發生危機緊急事件時，通常就可以較爲有效的應變處理，將傷害降到最低。同樣的，若要讓這樣的應變機制充分發揮功能，除了要適當編組、對學生講解職務內容以及執行原則技巧之外，也需要帶領學生模擬演練，以期從演練中體會並熟練適宜的處置流程與方式，降低實際發生時應變處理的驚慌程度。如果模擬演練過程發現有若干處置程序或方法並非妥當，也可以及時調整修正。

雖然班級經營策略或情境狀況最好能夠與學生共同預先模擬演練，但是某些班級經營策略或狀況不適合如此，例如教師自己與學生發生言語衝突或肢體衝突這類的狀況，要與學生進行模擬演練，顯得有些尷尬，甚至會因爲暴露教師預備採取某些處理對策，而減損未來實際應變運用時的效益。在此種限制或考量之下，教師就應該改用私下揣摩的方式，在有空閒或者晚上輾轉難眠的時候，在腦海中鋪陳衝突或緊急事件的情境，然後進行「沙盤推演」，預想自己應該如何適當的應變處置。雖然這樣的私下揣摩，有點像是「紙上談兵」、「光想不練」，但是在緊急危機事件發生時，曾經想過、揣摩過，還是會比從來都不曾想過，會有較佳的應變處理成效。

組織

團體動力，編組互助

第 **7** 計

「團體動力，編組互助」策略，提示教師適當運用團體意識與力量，促進班務的推動；必要時，將班級學生編成適當的分組，讓成員之間彼此互助，增益學校生活的品質，提高班級經營的效能。

教師應善加利用師生談話、配合班級或學校活動、選定班級目標或特色事項、設計班級識別體系等，致力開啟全班學生的團體思維，透過團隊意識，促使學生能有比僅有單獨一人時更佳的行為表現。

除了建立全班層級的團隊意識，發揮班級性的團體動力之外，教師也可以建立小組層級的團體意識與動力。將班級學生編成若干學習小組以進行分組合作學習，現今屢見不鮮。分組合作學習應促進組內學生確實能相互的教與學，而不是僅僅形式上將桌椅拼湊在一塊、同組而坐，實質上仍維持個別向教師學習而已。

至於班級經營層面所談的學生分組，是在課堂學習之外，依據學生居住的鄉鎮村里、上學的路徑或者其他合適的考慮因素等，將學生編成若干「生活分組」。將學生編成生活小組，可以讓學生在課業學習之外多一項同儕彼此關心照顧的管道，也有助於班級經營效能的提升。例如：某位學生上學經常性的遲到，教師可以委請生活小組的組員，每天上學前到該生家門口等候，招呼他一起準時上學。學生基於同儕情誼或社會壓力，就比較有可能準時起床，和同學一塊上學，減少遲到的頻率。

此外，例如某位學生請假未到學校，當天學校臨時交付一份表單，學生必須請家長當晚填妥、次日收齊，繳回給學校承辦單位。在一般狀

況下，該生次日上學才能拿到表單，再帶回家裡請家長填寫，這樣勢必無法準時繳回。若能有生活小組的編組，教師即可委託組員回家時順道將表單轉交給請假的學生，讓該生同樣能在當晚請家長填妥、次日收齊繳回，班務處理的效率不可同日而語。

除了學習小組、生活小組之外，教師亦可針對班級經營的其他需要，選用其他的方式，例如座位的行或排、座號序列、座號尾數、出生月分等，甚至讓學生自行尋覓，將學生編成其他小組。小組編成之後，要讓小組成員相互提攜成長，必要時相互督促約束，小組之間則相互良性競爭，讓學生潛能獲得最大的發揮。

運用團體動力、學生編組以輔助班級經營時，有一些事項必須特別注意。第一，避免連坐。由於班級或分組的組成多半是非自願性的，即使是學生自願組成的小組，但是在大多數的事務上，特別是違規犯錯的懲處上，仍應清楚辨識是團隊集體的行為，還是個別學生個人的行為。若是個別學生個人的行為，則千萬不可以基於生命共同體的迷思，濫用連坐法懲處無辜的同班或同組學生。

第二，避免團體暴力。班級或小組性的團隊意識雖然值得導入並鼓勵，但仍必須注意適當保留並尊重個人的自由意識、自主空間，尤其要避免衍生不當的團體暴力，壓迫較為弱勢或疏離的個人，使學生在班級或小組團體中不但沒有蒙受其利，反而深受其害。

第三，儘量維持班級為一個整體。教師必須注意，分組往往無形中就是一種割裂、區隔，分組往往也無形中帶來競爭，衍生對抗與輸贏心態。這樣的割裂、區隔、競爭、對抗、輸贏，與教師原本期望凝聚班級向心、建立同儕良性關係的初衷，恰好是背道而馳，因此分組一定要謹慎，不要做不必要的分組，儘量把班級視為一個整體，全班就是一組。即使不得不進行分組，也要導向「組內互助成長」，而非捉對廝殺般的「組間競爭對抗」。更進一步言之，即使難免仍會安排組間競爭，也要

記得另外安排更多合作的機會。

　　第四，學生編組最好呈「扁平式的組織」。「扁平式的組織」係相對於「高架式的組織」而言。高架式的組織層級較多，例如在教師之下，有大隊長、中隊長、小隊長、隊員等層級的區分；相反的，扁平式的組織則層級較少，例如在教師之下，就只有組長、組員這兩個層級。學生編組要力求扁平化，主要目的是降低組織結構的複雜度，縮短訊息傳遞的距離，以期獲得較好的效率，避免訊息傳遞產生質變謬誤。

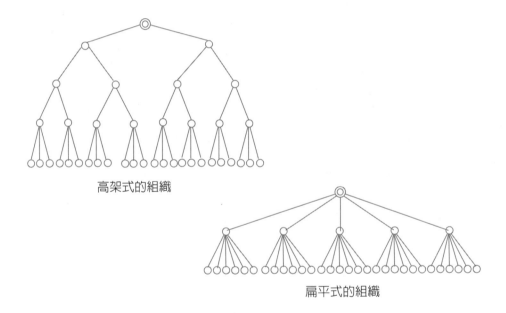

高架式的組織

扁平式的組織

　　第五，學生編組最好是「變形蟲的組織」。在管理學上，所謂「變形蟲的組織」是強調組織的架構不宜僵化，應該隨時因應需求而調整變動。對於班級經營而言，則是建議學生編組能適時的輪動，以擴展學生的社會互動範疇，並避免長期固定編組時容易發生的小團體現象。例如：某個班級喜歡打躲避球，教師因此安排班上學生座號單號為一隊、雙號為一隊，每次都是單號雙號對抗賽。教師很快的就會發現班上氣氛

有點詭異，單號雙號學生之間儼然分裂為兩個陣營，即使非打躲避球的
其他時間，雙方也有意無意的有著對抗的態度或言行。教師若能經常變
動分組方式，有時是單號對抗雙號，有時是第一、二排對抗第三、四
排，有時是第一、三、五組對抗第二、四、六組……，前述的班級撕裂
現象大概就可以避免。

第 8 計

擒賊擒王，掌握要角

「擒賊擒王，掌握要角」策略，提示教師優先掌握班上較具關鍵影響地位的少數學生、意見領袖，或者學生的重要他人，藉由其正向影響力協助提升班級經營效能，或者降低其產生的負面影響。

班級中的學生雖然年齡或其他主要背景都大致相似，但是在團體中實際的地位、權力或影響力卻未必完全平等，部分學生會處於較關鍵重要的領導地位，擁有較大的影響力。對於教師的班級經營，這些學生有可能帶來正向的幫助，成為教師的助力，也有可能帶來負面的影響，阻礙抵銷教師的努力，甚至引發對立衝突，成為教師的阻力。而教師要思考如何將助力最大化、阻力最小化。

在平等對待班級所有學生的前提下，教師可以優先關注並掌握這些具領導地位、權力或影響力的學生。若學生可能帶來負面影響，在接觸之初，可以先下其馬威，挫其銳氣，讓他們搞清楚教師才是班級的「老大」；但是，這樣的方式有其不確定的風險。更好的、而且同時適用於可能帶來正、負面影響的學生領袖的做法是加以「收編」，透過適當的互動、懇談，建立良好的互動關係，積極爭取他們的支持與合作，讓原本即能帶來助力的學生更願意協助教師，也更知道如何適切合宜的協助教師。而那些原本可能帶來阻力的學生，教師有技巧的收編，讓學生被教師的誠意感動，對教師感到服氣，激發其所謂的「義氣感」，願意支持教師、挺教師，收斂其不當行為，不給教師添麻煩，甚至願意跳出來幫助教師整頓、管理或帶領班級。

要執行此一策略，教師自然必須先了解班級內學生間的相對地位以

及權力結構。而要了解學生的相對地位與權力結構，可以透過諮詢、觀察、調查，或者例如社會關係問卷與軟體等管道來得悉。

除了班級中較具有領導地位的學生之外，「擒賊擒王」所稱的「王」，「掌握要角」所稱的「要角」，概念範圍可以更加擴大，擴大到班級學生的「重要他人」。一般而言，重要他人就是個別學生最在意、與其關係最密切、對他最是言聽計從的人物。對小學生而言，重要他人多半是其父母；但是隨著年齡漸增，學生的重要他人會有所轉移，父母未必持續是他的重要他人（甚至可能已經變成是重要「仇」人了），轉而有可能是該生的其他同學、男女朋友、其他親屬（例如外婆、姑姑……）、某位現在的或以前的教師等。

教師應該調查了解學生的「重要他人」是哪個人或哪些人。調查方式可以透過諸如口頭或書面方式直接詢問，或者使用「未完成語句」問卷間接探悉，例如教師在「未完成語句」問卷中設計：「當我有煩惱時，我最想向……」，「如果我得到獎勵，我會想和……」之類的題目。學生在這些題目上經常寫到的這個或這些人物，極可能就是他的重要他人。教師調查了解學生的重要他人之後，要將資料匯入學生基本資料加以記錄，以利必要時參考使用。

學生的重要他人未必都是教師班級經營的助力，少數重要他人也可能帶來負面的影響，教師要設法知悉並預防。但是，對於重要他人，教師通常是以正向資源的角度來看待。教師要與學生的這些重要他人相互認識，也維持適當的良好關係，平時「有事請安，沒事問好」，一旦有需要，教師即可以尋求其協助。例如某位學生與教師之間形成管教輔導的僵局，陷入無解的「死結」，此時教師若能有「成功不必在我」的想法，懂得拐個彎、繞個角，尋得學生的重要他人，告知問題與需求，請他們發揮其對學生的重要影響力，即有機會協助教師更有效率的處理問題、化解困境。

第9計 累積人脈，靠山後盾

　　「累積人脈，靠山後盾」策略，提示教師開發並累積對班級經營有助益的人脈資源，厚植自己背後的支援助力。

　　教師應有獨當一面、獨力帶班的能力，但是卻也不應受到此一訴求過度束縛。教師難免有知能上的侷限，在班級經營上會遇到瓶頸、面臨僵局，情緒上會陷入困頓、低潮，或者遭遇突發重大事故，僅有自己一人難以有效照顧所有層面，甚至有時候自己也牽涉某些衝突當中。面臨諸如前述的困境，教師若能獲得周遭適當的人員陪伴、鼓勵或心理支持，或者及時伸出援手、協助分憂解勞，或者提供專業意見、經驗或策略，指點迷津，或者協助出面仲裁調解，當會有絕處逢生、柳暗花明又一村之感。

　　即使不論這些問題困境，僅就一般性的班級事務運作而言，許多事項也不容易單獨由教師一人即可擔負或完成，例如帶領全班三、四十位學生外出參訪，若有若干適當人員隨行協助，相對於僅有教師一人帶隊，學生的安全就能更加獲得保障。

　　基於此，教師應該打破獨力完成班級經營的迷思，積極開發並累積有助於自己經營班級的人力資源。人力資源可以廣泛考慮，近處從學生、家長、其他教師同事尋覓，遠一點的從學生的重要他人、社區人士、警察機關、專業人員（例如大學教授、社工人員）等尋覓，特別一點的也可以考慮將自己的親友等，都納入自己班級經營人力資源的範圍。

　　除了運用學生、家長以及學生重要他人等人力資源之外，教師同事

應該是各類人力資源中距離最接近，也最應該優先考慮的對象。在教學方面，有所謂的「協同教學」，類似的理念可以引申應用為「協同班級經營」。簡單的說，協同班級經營的概念就是「攜手帶班」。在班級體制仍然維持的情況下，關係密切良好的幾位教師自願性的組成協同班級經營的群組，從過往「你帶好你的班，我帶好我的班」，轉變為「我們一起來帶好我們的班級」，這樣打破班級界線的思考與做法，將可以創造許多的效益與可能性。

例如：有教師臨時無法照顧班級學生，其他教師可以在看顧自己班級的同時，也過來幫忙看管一下另一個班級，該班就比較不會陷入無政府狀態；班級要參加合唱、球類、學藝等競賽，教師可以依據專長，跨班指導學生，就不會陷入自己無力指導的窘境；又例如：班級需要採買特定物品，若能集合多個班級合購，往往可以爭取到較佳的折扣。此外，有教師面臨到班級經營的困境或低潮，其他教師可以提供策略建議與情緒支持，有教師班級經營理念或作為出現了偏差不當，其他教師可以及時提醒導正。甚至，這些教師可以相互在對方學生面前稱許對方教師為學生所做的努力或犧牲奉獻，彼此互助，為對方建立良好的師生關係等。諸如此類作為都可以發揮遠比教師一人單打獨鬥更大的力量，連帶使得協同群組中每一位教師的班級經營締造更高的績效，達到更優質的境界。

若建立協同班級經營的機制，必須注意下列兩點事項。第一，避免運作過當。例如應避免日常太過頻繁的聚集及共同出入，甚至購置並穿著特定的制服，出現幫派化的現象。第二，基於「我為人人，人人為我」之互惠原則，教師期望其他教師成為自己班級經營的靠山後盾、成為自己的資源，那麼自己也要積極成為別人的靠山後盾、成為別人的資源。

除了教師同事之外，教師也可以善用自己的家人親友（配偶、子

女或者男女朋友），來協助自己經營班級。除了平時可以在學生面前適度的談談自己的家庭、家人或朋友，增添若干人情趣味與親切感之外，也可以讓家人親友實質參與和學生的互動。例如：學校在假日舉辦運動會、園遊會、校慶等活動，甚至是平時夜自習、假日自習，在不影響學生活動與學習的前提下，教師可以帶家人親友一起到學校參與活動，一方面可以照顧學生與家人，另方面也讓家人有機會與學生接觸互動，例如學生可以逗弄逗弄老師的小小孩，不但當天可以營造愉快的氣氛，日後往往也可以成為師生之間閒聊的話題。

　　若有能力，家人親友甚至可以協助教師解決若干問題困境。例如：班上某位女生最近疑似適應不良，出現諸多問題行為，但女生始終不肯與男性班導師有太多的交流互動，導致教師陷入管教輔導上的困境。這位男老師若帶自己的妻子到校參加活動，暗暗指出那位最近困擾自己的女學生，並商請她代為溝通輔導。教師的妻子很自然的逛到當事學生身邊，與她攀談，說不定不願與男老師講任何事情的這位女生，卻會願意掏心掏肺的把心底事都講出來，進而有利於問題的了解與解決，顯然家人也是教師班級經營的一大助力。這就像是「師父」無法處理的事務，有時候一旦「師母出馬」，往往就巧妙而順利圓滿的解決了。

溝通

第 10 計　總是為你，利人利己

「總是為你，利人利己」策略，提示教師應該清楚說明班級經營若干規範性或禁制性事項對學生的價值、意義、損益或影響，以提升學生遵循與配合的意願。

教師班級經營的種種措施，基本上都是朝向有利學生而思考、設計或推動，但是利於學生的措施有時候卻會使用規範性、禁制性的方式實施。對於這類措施的推動，教師若未能花費心思或時間做必要的清楚溝通或說明，直接假設學生理所當然都知道相關規定背後的道理或原因，甚至遇到學生質疑，也懶得解釋，逕自以「規定就是這樣」來堵學生的嘴，如此將無法讓學生知悉這些措施是有利於學生或利人利己，進而導致猶豫質疑、意願低落、陽奉陰違，不僅執行績效不彰，甚至引發抗拒衝突。

基於此，教師對班級經營相關的規範性或禁制性事項，務必要具體而清楚的說明其理由，讓學生能理解這些措施並不全然只是意圖管制拘束自己，而更多、更重要的是有利於自己，或者利人利己，可以維護人我的權益。若能如此，學生就比較不會抱持懷疑的態度，也比較不會出現抗拒的行為。

進一步言之，對於這些規範或禁制的事項，教師應能仔細分析其理由，形成若干論點，搭配有力的權威論證，比較遵循與否的巨大差異。若能備妥此般「說帖」，主動或被動的與學生或利害關係人溝通說明，說服力會更強。

　　例如：教師期望學生每天中午都能夠午睡片刻，學生質疑其他班級都沒有這樣的規定，允許學生在不吵鬧的前提下自由活動、做自己的事。此時教師即應能清楚的將自己為何期望學生仍然能夠午睡的理由，結合醫學權威研究，把午睡片刻相對於沒有午睡對學習與身心產生的影響（例如未來成年後罹患心臟疾病的機率、下午時段的學習效率等），分成若干論點，清晰有條理的逐一說明，讓學生意識到這樣規範其實有利於學生的學習效率、身心健康，學生願意遵循教師午睡規範的程度會大幅提高，甚至未來時間一到便自動午睡，不消教師多費唇舌督促，學生甚至會制止那些干擾自己午睡的其他同學。

　　若教師在分析各項規範性或禁制性事項的理由時，發現自己沒有辦法列出足以說服他人，甚至說服自己的堅實有力理由，或者發現其理由其實都只是為了有利於教師自己，而非有利於學生，此時要先檢討這些規範或禁制事項是否真的具有正當性或必要性，是否應該加以廢止。

　　教師參考「總是為你，利人利己」策略，清楚說明班級經營相關事項的規範理由，如果能夠使得原本「消極負面」的事務，轉而呈現出「積極正面」的意義，讓學生把一些原本是「外來的他人要求」，變成是他「內在的自我需求」，或者使學生把原本視為是「不得不勉強接受」的「義務」，變成是他「不願放棄」的「權利」，那麼就成功一大半了。

第 **11** 計

換句話說，由負轉正

「換句話說，由負轉正」策略，提示教師改用一些更適切的語詞語句，以引導師生能有較合宜的觀念與行動；必要時，輔以得體的幽默，減低管教的緊張氣氛，提高師生互動的品質。

人們使用語言來傳達觀念，相對的，人們的觀念與行動也會受到所使用語言的引導與影響。使用不同的語詞語句時，就會產生不盡相同的觀念，產生不盡相同的行動。班級經營事務的語言溝通也是如此，教師應該放棄某些慣用語詞語句，儘量改用一些更適切的語言語句，以引導自己或學生能夠抱持較爲合宜的觀念，進而展現較爲合宜的行動。

舉例來說，過往處置學生所攜帶或使用的某些物品，都習慣使用「沒收」一詞，但是對於不涉及違法的物品，教師應該儘量改用「暫時保管」來替代。使用「沒收」一詞，語氣不但較爲強烈，而且會忘記自己並不具備這些管收物的擁有權與使用權，因此較有可能長期扣留，未能及時返還給學生；相對的，若使用「暫時保管」一詞，聽起來感受較爲和緩，也比較能提醒教師警覺自己僅能暫時管收，在一小段時間之後，就務必要儘速發還學生。同樣的道理，教師使用「站立反省」一詞來取代長期以來慣用的「罰站」，也會有類似的效應。

除了慣用語言的改換之外，教師可以思考與改變的就是教師對學生的責備語言。受到語言意涵演變的影響，現在的人們通常把責備視同爲責罵，意象中就是以較爲嚴厲的態度、難聽的語言來指責他人。然而，考察「責備」等字的原意，「責」乃是「求」之意，「備」乃是「全」之意，因此「責備」乃爲「求其全也」，是求其往完善的方向發展，並

非給予侮辱、詆毀或傷害。若能體察語言的原本深意，教師責備學生時所抱持的觀念，以及實際使用的語言架構，吐露出來的語言內容，就會有很大的差別。例如：教師就會放棄過往嚴厲責罵的習慣，改用諸如三明治溝通技術、「我－訊息」等方式來傳達管教訊息。

教師管教學生時，即使使用比較正面和緩、四平八穩、中規中矩的方式責備學生，通常仍然多少會帶有緊張嚴肅的氣氛。在師生關係還算良好的情況下，教師責備學生可以考慮使用適當的幽默創意。

舉例來說，某位學生上課不專心，老是看著窗外，若教師罵他「你這個不要臉的豬哥，上課不專心，一直看窗外，看著窗外的美眉在流口水嗎？」這是下乘的責罵語句。曾有一位教師提議改用「謝謝你一直幫我們留意窗外，不過，我相信賓拉登不會開飛機來撞我們的教室。」這就是一種上乘的責備語言。因為當時正是 911 事件發生之後不久，使用此種帶有幽默創意的語言責備學生，被責備的學生不會因為教師這樣幽默的責備而感到過度難堪，惱羞成怒，但教師也傳達了管教的訊息，可以有效糾正學生的行為。

第 **12** 計

既往不究，重新做人

「既往不究，重新做人」策略，提示教師應該向所有學生，尤其是「素行不良」的學生，傳達教師不會以既有的標籤來看待他們，一切如同一張白紙，讓有意願的學生可以把握機會重新開始。

某些學生持續表現不良的行為或較低的成就，部分原因是因為他已經被標籤化，長久以來已經被他人公認有著某種惡劣、愚笨的形象。學生感知他人如此看待自己，也開始認為自己就是一根爛香蕉、一顆壞蘋果，不可能有所轉變，因此就如「自我應驗預言」（self-fulfilling prophecy）所說的那樣，持續展現負面不當的行為，去印驗既定的不良形象。

如果要改變這些學生，自然就要設法改變學生對他人如何看待自己的認知。對教師而言，教師不僅不宜貼學生標籤，還要進一步把學生身上已經被貼的標籤加以撕除，並且用積極正向的眼光來重新看待學生。

要落實此項策略，具體的做法包括下列幾項。第一，在預先閱覽學生基本資料，或透過其他管道認識學生時，要摒除先入為主的觀念，不輕易接受別人為學生貼的標籤，所得資訊都要如現象學所說的先「放入括弧中」，暫存而不做成論斷。

第二，在初次接觸學生，乃至於後續的互動期間，要透過公開的講話或私底下的個別晤談，針對所有學生，特別是針對那些被認為「素行不良」的學生，明白而懇切的宣示，對我這個老師而言，學生都如同一張白紙，教師對任何學生均不抱持任何的成見，「過去種種，譬如昨日死；今日種種，譬如今日生」。這樣的宣示，往往可以提供一種契機，

讓部分有心想要改變的學生，感受到有教師願意用全新的眼光來看待自己，自己有翻轉形象的可能，因此設法抓住契機，重新出發。

能致力撕除學生已經被貼的標籤，誠屬難能可貴，不過教師還要進一步對學生抱持積極正向的高度期望。提到對學生抱持積極正向的高度期望，就會聯想到「比馬龍效應」（Pygmalion effect）。比馬龍效應原本出自希臘神話，塞浦路斯國王比馬龍擅長雕刻，雕刻了一座至善至美的象牙少女像柯拉蒂（Galatea），視為夢中情人而熱戀之，日夜祈禱，期望雕像變成真人。愛神受其真摯所感動，遂賦予雕像生命，使兩人結為連理。這神話故事所要表達的，就是熱切的期望將可以使得期望成真，也相當於我國古語所言「精誠所至，金石為開」。

比馬龍效應後來被諸多領域引用。藝文領域最著名的是蕭伯納所寫的戲劇《賣花女》（原名即為比馬龍），以及後來改拍的《窈窕淑女》音樂劇與電影，描述一位語音學家讓一位語音難聽、粗俗不堪的賣花女，後來脫胎換骨，搖身一變，成為一位丰姿綽約淑女的故事。

教育領域最有名的比馬龍效應（或稱羅森塔爾效應），是 R. Rosenthal 和 L. Jacobson 所做的實驗。一群隨機抽取、智商與其他學生無異的學生，實驗者刻意告訴教師這些學生係經精挑細選、智商非常高，請教師努力培育之。教師信以為真，後來這些學生的學習成績確實明顯高過其他學生。這個實驗透露出，若教師對學生抱持高度的正向期望，往往無意中就會給予較多的關注、較多較具挑戰性的教材、較多參與的機會以及積極的回饋，而學生也會從教師的對待行為中感受到教師對自己的期望，影響到學生的自我概念、學習動機與抱負水準等，久而久之，學生行為或成就會逐漸接近教師期望的高標水準。

對於比馬龍效應，作者用另類方式把它詮釋為：教師如果把學生比做是一匹馬，學生漸漸的就會是一匹馬；如果把學生比做是一條龍，學生漸漸的就會是一條龍；相對的，如果把學生比做是一條蟲，學生漸漸

的也就會變成是一條蟲。雖是曲解，但是也頗為符合原有的意涵，且具有教育上的意義。

總之，教師的期望對學生有著重大的影響力，因此教師對於所有的學生都應該抱持積極正向的期望，而對於那些素行不良，但有意改變的學生，在撕除其既有標籤之外，更應輔以給予不同於以往的高度正向期望。

「錦上添花易，雪中送炭難」，但是「浪子回頭金不換」。教育工作若能讓好的變得更好，雖然值得讚揚，但是更大的挑戰與更大的成就在於讓那些不好的改過遷善。教師若能運用本策略，宣示並幫助那些被標籤者改變人生，若學生真的因此而脫胎換骨，教師不啻已成了學生「生命中的貴人」。

第 13 計　多路並進，多管齊下

　　「多路並進，多管齊下」策略，提示教師同時或連續性的善用多元多樣的管道、媒介或方式，對學生、家長或其他利害關係人傳遞重要訊息。

　　善用多元多樣的管道、媒介或方式來傳遞重要訊息，其必要性與效益性至少可以從下列兩個角度來理解：

　　第一，從認知風格（cognitive style）角度來理解。訊息接收者有不同的認知風格，不同的人接收與理解訊息所偏好或偏利的方式有所不同，經常被提到的就是區分為聽覺型、視覺型、體覺型三種，這三種認知風格的人分別習慣透過聽覺管道、視覺管道、動手操作管道來接收訊息，或者偏好接收並理解聽覺形式、視覺形式，或動手操作形式的訊息。每個人都同時可以透過這三種管道、吸收這三種形式的訊息，但是優勢與弱勢仍有差異。如果使用其主要認知風格的管道，或者讓他接收其主要認知風格形式的訊息，其吸收、理解或保留的效率通常比較高。

　　雖然教師最好能針對不同對象分別使用適合其認知風格的管道與形式來傳遞訊息，但是教師處理班級經營事務時，訊息傳遞或溝通的對象多半是群體，是眾多的學生、家長或者其他利害關係人，而無論學生、家長或其他利害關係人都分別有可能是聽覺型、視覺型、體覺型的認知風格，為求重要訊息傳遞能夠同時並分別滿足不同認知風格者，就應該儘量考慮兼用視覺、聽覺、體覺等多元多樣管道、媒介或方式，以收兼籌並顧之效。

第二，從訊息傳遞頻率的角度來理解。重要的訊息不宜只傳遞一次即告了事，否則傳遞完畢之後，人們自然開始遺忘，將會影響訊息的記憶保留，因此必須有反覆多次的傳遞，發揮類似複習的功能，以強化訊息傳遞的效果。然而，在第一次傳遞之後，後續反覆傳遞同一訊息時，如果持續使用相同的管道、媒介或方式，比較容易使人感覺厭煩，若能改用不同管道、媒介或方式，便可以部分解決此一問題。

例如：教師要求學生兩天後務必攜帶一個飲料鋁罐到校，以利藝術課程美勞相關單元能夠順利教學。教師第一次透過口頭方式宣布（聽覺），還把自己期望學生帶來的鋁罐實物，展示給學生看（視覺），或者讓學生傳看鋁罐（視覺）並且摸一摸材料質感（體覺）；宣布完畢，教師在黑板的角落寫上「星期三攜帶一個飲料鋁罐」（視覺），並請學生寫在聯絡簿上（體覺）。接著，叮嚀班上的學藝股長，在次日接近放學的時候，協助教師再次口頭提醒同學記得攜帶（聽覺）。教師下班後，透過 Line 或 FB 發送提醒訊息（視覺）給群組內的家長，拜託家長協助子女備妥鋁罐並於星期三記得帶來學校。若是其他更重大的事項，教師還可以印發通知單（視覺），請學生黏貼或夾在聯絡簿帶回家；必要時，返家後再打電話（聽覺）給特定學生或其家長，給予再次的提醒。類似這樣處理，反覆多次的傳遞頻率，提高了訊息的曝光率、可見度，然而反覆多次傳遞時使用的管道、媒介或方式並不相同，就比較不會使接收訊息者心生厭煩。

第 14 計　廣開視聽，大鳴大放

　　「廣開視聽，大鳴大放」策略，提示教師利用或設計各種管道，讓學生主動或被動的提供班級訊息或問題，以利教師能即時且全盤的掌握班級與學生的動態。

　　教師對於班級與學生的動態必須要能「先知先覺」，不能總是「後知後覺」，更不該「不知不覺」。若總是「後知後覺」，那會很「悲哀」；若總是「不知不覺」，那可就會很「悲慘」了。

　　要做一位能先知先覺、即時而全盤掌握班級與學生動態的教師，首先必須要能「勤跑基層」，也就是必須要能經常進班或者留在班級教室內，直接觀察周遭情境，與學生閒聊晤談，從中察覺線索或蒐集訊息。其次，必須要能有敏察的眼光與心思，能從學生的聯絡簿、週記、日記、作文、網路社群留言，或者課桌椅上的立可白留言、學校圍牆或廁所的塗鴉圖文，或者其他班級師生的流言耳語中，敏感的覺察班級或學生異常動態的線索或徵候，進而展開實質深入的探究了解。

　　然而，教師的時間、心力與體力總是有限，不太可能朝夕待在班級與學生的旁邊，直接而全盤的掌握班級或學生動態。此外，透過前述方式蒐集資訊亦有其侷限，未必能獲悉較為隱密的訊息。因此，教師有必要另外設計適當的訊息蒐集或意見反應管道，來延伸自己的耳目以及觸角。

　　部分教師會歡迎學生隨時來向教師反映班級動態，或者使用「信箱」或「意見箱」等接受學生投書。不過，學生通常會擔心身分曝光，承受不必要的誤會或社會壓力，實際會向教師口頭或投書反映訊息者通

常是鳳毛麟角。

　　比較務實可行的方式應該是設計例行性的班級調查問卷，教師以每個月或每次段考爲一個階段定期實施。調查問卷的內容依據教師的需求自行設計，編寫一些結構式、半開放式或開放式的問題，引導學生反映出教師想要知道的班級訊息，或者主動反映其他未詢及的班級動態。

　　這份例行調查問卷最好做多功能設計，整合進行多種班務相關事項的調查。例如：問卷中可以包含對班規實施狀況的評析檢討，對教師、幹部或班務的建議；要蒐集班級或學生的動態，最好同時請學生反映班級正面性的動態，例如班上值得表揚的善行義舉等，然後再指出自己認爲自己、同學或整體班級需要檢討改進的事項，或者必須舉發以敦促教師注意的人事物。換言之，調查問卷應該避免專門只針對班級負面事項，而能透過多元事項以及正負面兼顧的調查方式，「稀釋」調查問卷意圖發掘班級與學生負面動態與問題徵候的感覺，不會讓學生覺得太過敏感或反感。

　　實施這種例行性的班級調查問卷，好處是使教師的耳目能全面普及化，每一位學生均成爲教師的耳目，不會有特定學生是教師的眼線、被指爲是「抓耙仔」的疑慮，降低學生的社會壓力。

　　對於調查問卷中舉發班級負面人事物此一部分，教師必須給予學生正確的觀念。教師一方面要讓學生知道，眞實的社會往往也需要人們能挺身舉發以維護自身權益或社會的公平正義，而非一味忍耐，或明哲保身、坐視不管；另方面要教導學生，舉發班級負面人事物必須基於善意，必須「哀矜勿喜」，不宜是爲看他人好戲的告狀、報復，更不得蓄意誣陷。而教師對於學生舉發負面人事物，通常也不給予嘉獎。

　　透過調查問卷蒐集到的訊息絕大多數都是間接性的，教師只能視爲「線索」，而非視爲「事實」或「證據」，必須自行進一步了解事實眞相，不可僅憑此線索即直接做成獎勵、懲戒或其他處分。

　　教師要展現出對學生反應訊息的重視，適當的回覆、回應或處理；
此外，要做好必要的保密措施。如此，方能確保學生認為調查問卷的實
施是有用的以及安全的，教師也才能藉此管道持續獲得足供參考的班級
與學生動態訊息。

第 **15** 計 震撼催淚，瓦解頑構

「震撼催淚，瓦解頑構」策略，提示教師必要時可以利用一些具有震撼或催淚效果的情境、故事或者偶發事件，來瓦解部分學生頑強的深層人格結構，以尋求行為改變的契機。

教育輔導通常應以平和的、細水長流的方式實施，但這樣的方式對部分態度意念比較頑強的學生卻不易奏效。若遇有這樣的狀況，就如同所謂「不用霹靂手段，難顯菩薩心腸」，教師可以考慮採用某些具震撼性、催淚性的特殊手段，以達到改變這些學生的目標。

第一，就「震撼」手段而言，教師在必要時可以善用某些具有震撼效果的情境，來傳遞一些平常口頭勸說無法達到的強有力訊息，藉以收到震懾學生心靈、撼動學生認知的效果。

舉例來說，班上有學生無照騎機車，夜半在街頭狂飆，苦口婆心的勸告卻無動於衷，依舊故我。教師可以上網搜尋監視攝影機拍攝到慘不忍睹的嚴重車禍死傷真實影片，播放給學生看，或者帶學生前往創世基金會看看癱瘓臥床、求生不得又欲死不能的植物人，並私底下告訴學生這些植物人有 60% 是車禍造成的。又例如：班上有學生疑似有藥物濫用的情形，一般反毒教育無法奏效，教師可以考慮找一些毒癮發作或勒戒過程痛苦不堪，或者終身得包著尿布慘況的影片，播放給學生看。

這些手段都是讓學生接觸或目睹具有強烈震撼力的情境，以期撼動他們原本頑固的想法、態度或行為，知覺教師平時所談問題的真實性與嚴重性，以爭取改變學生的可能性。因此，這些手段雖然不太符合「合自願性」此項教育規準，但是在其他方式無法奏效時，只要學生身心發

展成熟度還可以承受，徵得學生甚至家長同意，必要時還是可以考慮採用。

第二，就「催淚」手段而言，教師在必要時可以善用某些情境、故事或偶發事件，觸發學生心防潰堤，藉以收到解構學生思維、感化學生心理的效果。

教師可以安排若干特殊情境，例如帶領學生拜訪低收入殘疾人士家庭，學生目睹這些情境，除了深受震撼，常常也還會掉下同情的眼淚。教師也可以針對學生的狀況，講述一些具有感動力的故事，例如哀戚淚訴自己年少時代摯友車禍身亡的往事。比較特殊的做法是抓住偶發事件，例如對一位長期不服管教、冥頑不靈的學生，某天又施以嚴厲管教之後，教師戛然停止教訓，轉而懊悔自責，痛哭流涕，後來師生相擁而泣，讓管教產生了重大的轉變。

催淚手段的運用，除了教師促發學生感觸落淚之外，也可能會是教師先行落淚，透過教師落淚，催化學生跟著落淚，進而鬆動軟化學生心理。教師落淚往往出乎學生意料之外，對於良心未泯的學生而言，衝擊力道難以想像。

對於教師是否適合在學生面前落淚，存在有不同的見解。反對者認為教師應該展現教育專業，在學生面前落淚有損專業形象。但是在不得已的特殊適當時機，教師不自覺的或策略性的落淚，可以收到奇特與巨大的效果，似乎也不必完全排斥。教育應該是「有淚的教育」，有淚若是源自師生彼此關懷、心靈交互觸動，這樣的落淚應有其特殊價值。

催淚手段畢竟是較為特殊的例外做法，因此運用必須十分謹慎，否則不但無法發揮效果，甚至會適得其反。運用時應該注意下列幾個要點。第一，不能經常使用，一旦經常使用，效果勢必遞減，甚至第二次使用即告失效。第二，最好是平常形象不輕易落淚的教師偶而使用，若平時形象就被認為容易落淚的教師運用此一手段，效果通常不顯著。第

三，落淚最好是眞正出自內心，但如果是策略性的運用，那麼「演技」必須十分良好。第四，必須讓學生感知到教師落淚乃是對學生一種「失望性」，或對教師自己一種「自責性」的落淚，千萬不能被當事學生或其他學生詮釋爲「無能性」的落淚，否則眞的會有損教師的專業形象。

第16計 現身說法，善意撒謊

　　「現身說法，善意撒謊」策略，提示教師最好能夠以親身經歷來教育輔導學生，如果並非親身經歷，則應設法儘量拉近與自己的距離，以提高說服力；必要時，善意的編造一些事例亦可適度採行。

　　就說服力強弱而言，訊息傳遞者親身直接的經驗，必然會比其他的間接經驗或說法，具有更強的說服力。舉例來說，教師年少輕狂，自己當年就曾因為逞快飆車而發生車禍，雖然倖存，但是身體留下大面積傷疤，或者迄今走路仍然顛簸瘸拐，教師用發生在自己身上的慘痛經歷來告誡學生，說服效力最高；若是以自己的至親好友或者社會知名人士發生這樣的事故來告誡學生，效果次之；若是用一個與教師或學生都沒什麼關係的陌生第三者，例如是老師隔壁鄰居阿山的姊姊的同學的阿姨的兒子發生這樣的事故來告誡學生，效果又次之；若毫無實例可資舉證，僅以道德規範或法律規定來告誡學生，效果又更次之。

　　雖然現身說法的說服效果最好，但是教師個人的親身經歷畢竟有限，甚至也不容易找到較親近的其他人有相關經歷，可供我們作為事例來說服學生，因此經常仍然有必要使用距離較遠的其他資料，此時則最好能引用較具權威公信力的專家說法、科學研究，或者政府機關的統計數據。

　　如果教師並無相關的親身經驗，但又想透過近似現身說法的方式來強化說服力，在必要且適當的前提下，教師可以考慮編造或改編一些事例，稱說是自己的親身經歷或親身見聞，例如自己其實並無摯友死於飆車車禍，但教師編造一個這樣的故事，藉此來策略性的教育輔導學生。

綜而言之，教師就是要儘量提升所述內容與自己的「貼近性」，以提升其說服力。把「自編的」說成是「聽說的」；把「聽說的」說成是「親眼見到的」；把「親眼見到的」說成是「親身經歷的」。雖然這樣做並不符合「合認知性」此項教育規準，但在善意且迫不得已的情況下，偶而適當的使用仍可勉強接受。

教師撒善意的謊言，編造或改編一些事例來教育輔導學生，畢竟也是一種特殊的策略性做法，因此使用必須審慎，注意其限制，並且講究技巧。就注意其限制而言，第一，基於可信度或法律道德規範，對於某些情況或事例，教師不適合稱說自己或至親好友曾有如此這般的親身經歷，例如教師身體完好，就不宜說自己曾經經歷過死生交關的車禍，更不宜說自己或至親好友曾經殺人越貨或吸毒販毒等。第二，雖然學生通常不會去查證教師所說的經歷，但若太過頻繁的編造，學生會質疑教師為何會有如此「異常豐富」的人生經歷，一旦學生頭上產生問號，說服效果就會降低。

就講究技巧而言，教師編造事例來策略性的教育輔導學生時，第一，應儘量避免是隨興的編造，最好能夠納入教師建立的故事資料庫中，有計畫、有系統性安排。第二，編造的事例情節要多元不同，例如故事的結局能「適當安排」有些人不幸亡故，有的傷殘，有的坐監，有的發瘋，有的變成植物人，有的家道中落、前途黯淡等，避免不經思索的都說當事人最後下場都是死亡，否則學生會懷疑老師是不是「柯南」，所到之處都會死人，或者嘲笑教師「命帶掃把」，專門剋死周遭一堆人。第三，不可前後矛盾，例如對同一種事例，先前說當事人不幸亡故，後來重提時卻又說當事人重傷殘障，前後說法不一，露出馬腳，不但說服力盡失，甚至導致學生對教師其他言行都將抱持懷疑態度，失去本有的信任。

第 17 計 寓言故事，指桑罵槐

「寓言故事，指桑罵槐」策略，提示教師可以透過一些寓言或故事的包裝，傳達希望學生學得的道理；或者在必要時，以不直指對象的方式，間接但強烈的傳遞教師的警示訊息，進而消弭不當行為於未然。

在教育輔導的過程中，使用「說道理」的方式固然重要，但是通常並不討好。不過多數學生應該都喜歡聽故事，因此教師最好用「小故事，大道理」的方式，將期望學生學習、理解或省思的道理，利用寓言或故事當作媒介，適當的加以包裝，然後傳遞給學生。

基於此，建議教師建立的資料庫之一就是故事資料庫。教師若平時即能針對班級經營的各種問題情境或者道德德目，蒐集豐富的寓言或故事，並且經常的瀏覽熟悉，一旦有需要即可信手拈來，對學生講述，再從寓言或故事中引領學生省思若干議題或道理。比起單純的說教，學生應該比較容易接受，甚至歡迎這種講故事的方式，進而能夠達到教師期望的教育輔導目標。

除了要建立故事資料庫之外，教師同時也要掌握講故事的技巧，能夠透過語言、聲音、表情與肢體動作，生動活潑的講述或演繹故事。講故事的技巧是讓教師所蒐集的故事、想要表達的觀點，能夠順利而有效傳遞給學生的臨門一腳，具有相當關鍵的地位。

有些時候，教師對於學生的某些不當行為，不便或無法直接管教矯正，例如事證尚不明確，僅是間接聽聞，或者學生情緒控制欠佳，直接處理可能會引爆衝突，或者有其他必須顧慮的原因。當教師不便或無法直接管教矯正學生時，透過間接但強烈的方式，甚至搭配編造的事例或

情境，傳遞教師的警示訊息，讓有相關嫌疑的學生心生警惕，從而抑制或消弭不當行為，也可以酌情採行。

舉例來說，教師間接聽聞班上疑似有大欺小、強欺弱的情事，但是並沒有直接的證據。若直接以班上確有發生這樣的事情來處理，恐怕會產生一些爭議。此時，教師可以嘗試演一齣指桑罵槐的戲。某天的導師時間，教師故作怒氣沖沖之狀進到教室，進到教室之後便以極其嚴肅，甚至帶點嚴厲的語氣，告訴班上學生：「剛剛我聽到我們學校有個班級，發生大欺小、強欺弱的事情，我這個人這輩子最最最最痛恨的就是大欺小、強欺弱，這個霸凌行為幸好不是發生在我們班上，我們班上最好也不要發生這樣的事情，不然，我絕對絕對不會寬貸霸凌同學的學生！」透過這種方式，教師並沒有直接指責班上特定學生，不致造成師生之間發生衝突，但是另一方面，教師也強烈的傳遞了警告訊息，班上某些學生若確實有類似行為，知道教師如此這般的態度與警告，就會心生警惕，從而收斂自己不當的行為。

第18計 步步腳印，救命仙丹

「步步腳印，救命仙丹」策略，提示教師應該透過適當的媒介將班級經營重要的所言所行，留下具有公信力的紀錄，以備不時之需。

教師將班級經營重要的所言所行留存紀錄，除了可以作為教學檔案，留做日後班級經營的參考，甚至成為日後離職或退休後的美好回憶之外，此處關注的主要是在特殊的情況下，教師能藉由這些紀錄，來證明自己確實克盡職守，並未失職。

有很多情境，即使教師已經善盡職責，也不一定能完全避免負面事件的發生。如果確實已經做了相當程度的努力，但在自己無法控制的情況下，還是不幸發生非所欲的情事，雖然教師不宜表現出急於切割撇清的言行態度，但若能有效證明自己確實恪盡職守，該做的、能做的，都已經做了，那麼應該可以幫助自己減輕責任比例或者免除責任。

舉例來說，基於安全的考量，教師曾經三番兩次告訴學生不要在走廊上奔跑，不要跨坐在高樓圍牆上，但是某些學生還是有可能在教師無法注意的情況下，因為自己或他人奔跑而碰撞受傷，或者從高樓墜落導致傷亡。又例如：學生在週記或言行中吐露了一些灰色思想，流露出鬱鬱的情緒，教師警覺之後與其晤談，談話之後，學生對教師說自己很好，請老師不必擔心，離開之後不久，竟然驚聞學生尋短的憾事。發生這類的不幸，家長、學校或教育行政機關若追究責任，教師此時是否能具體提出具公信力的證據，說明自己確實已經善盡預防的責任，就會變得非常關鍵而重要。

181

　　如果教師只能口頭辯護自己確實有做到該做的事，或者只能找到一些人證，例如學生，來證明自己確實有善盡職責，鑒於口說無憑，船過水無痕，效力通常較為有限。相對的，若教師當初能將重大事項的宣導或處置，留下具公信力的適當紀錄，例如將請勿奔跑、嚴禁跨坐圍牆的宣導事項，請學生寫在聯絡簿上面，印成規範事項貼在教室適當處，在班級的社群平台上貼文，或者將與疑有自殺念頭學生晤談的輔導過程，寫在正式的輔導紀錄上，並請學生簽名與押上日期，能提交出這樣的證據，相對更能證明自己確實已經善盡職責。

　　學生發生不幸的事件，教師雖然感到遺憾甚至自責，但是若自己確實曾善盡職責，而非全然失職、怠惰、毫無作為，面臨他人有失公允的指控時，還是要尋求辯護與自保。教師若能覺察到自己有可能會面臨這種特殊情況，平時就應該選擇一種或多種方式，將班級經營重要的言行資料，適當的留存具公信力的具體證據。如果留存之後，從來都沒有用到，那自然最好；但一旦發生而有需要，這些證據資料不啻就是教師的救命仙丹。

第 19 計　形塑魅力，風行草偃

　　「形塑魅力，風行草偃」策略，提示教師應該盡可能的建立自己具有魅力的形象，發揮魅力來領導班級學生。

　　一些宗教領袖、政治人物或者演藝人員能對群眾具有呼風喚雨、風行草偃般的影響力，其共通點之一就是他們都具有高度的魅力。M. Weber 提到法制型支配（legal domination）、傳統型支配（traditional domination）、卡理斯瑪支配（charismatic domination）等三種支配，其中的卡理斯瑪（charisma）意為「神賜超凡的領袖氣質」，類似於現代新興領導理論中的「魅力型領導」。魅力型領導係指領導者因為具備某些天賦的、超越世俗的人格特質，使得被領導者視其為英雄或非凡人物，從而願意追隨，展現較高的效率以及滿意度。教師從事教育工作，如果也能像前述這些人物善用一些天賦優勢，再加上後天努力經營，建立自己的魅力，勢必也能提升自己的影響力，有助於班級的經營、學生的領導。

　　魅力從何而來？魅力經常出自於外貌的美麗或帥氣。不少調查均發現，學生看重的教師特質中，外型容貌在排行榜中總是居於相當前面的位置，而媒體也經常報導美麗帥氣的教師受學生歡迎、課堂熱鬧爆滿的新聞。美麗或俊帥的教師擁有先天魅力，這是不爭的事實，教師不必對此感到不齒或不屑，而且也應該適度注意自己的容貌服儀，做合宜的修飾打扮，讓外貌形象能為自己酌予加分。不過，教師對容貌服儀的注重應有節有守，合乎教師身分形象，避免太過搞怪媚俗。

　　外型容貌未必能夠大幅修改或修飾，因此而獲得的魅力也相對較

為表淺，教師可以再透過其他面向來建立自己的魅力、影響力。而談論影響力，經常提到法職權、獎賞權、懲罰權、專家權、參照權等五大來源，教師通常因職務之故自然可以具備前三者，因此可以再透過專家權、參照權來進一步建立自己的魅力。

在專家魅力方面，教師對自己主要任教的學科或者其他學科，乃至於生活通識，若能具備專家般的高度專門與專業知識能力，能夠侃侃而談，生動精彩、引人入勝的教學，有效解答學生疑惑，或者展現卓越的成就表現，就可以展現專家魅力。例如：某位數學教師可以深入淺出的講解抽象的數學，讓學生豁然開竅，對於學生提問的數學難題能迅速解答；某位物理教師是指導學生參加科學展覽獲獎的常勝軍；某位國文教師不但國語文知識豐富，還是一位天文迷，對於天文知識如數家珍；某位歷史教師就像是個萬事通，通曉生活中的大小事物，少有問倒、難倒他的事情。諸如此類具備專家能耐的教師，學生往往會視其為偶像，興起折服崇拜之心，教師因此即可建立專家魅力。

在參照魅力方面，所謂的參照可以理解為足以成為他人參考仿照的楷模。參照魅力通常源自於具備有高尚的道德修養，受到他人推崇，因此也是一種人格魅力。教師若能夠具備高度的教育愛、奠定良好的人格修養，讓學生感受到教師具備師者風範，值得敬佩、景仰與認同，甚至引以為學習典範，那麼教師即可建立參照魅力。

類似參照魅力，但略有不同的是教師更可以設法建立親和魅力。教師未必要展現道貌岸然、不苟言笑的夫子形象，教師亦可展現出開朗開放、熱情活潑、幽默風趣，適度理解或融入學生次級文化，願意適當放下身段，接觸、接近學生，與學生一起學習與生活，並且傾聽、接納、關懷學生，願意分享快樂與分擔憂苦。學生若能感受到教師展現此種親和的態度與行為，多會願意接近教師，與教師交流互動，那麼教師即有機會建立一定的親和魅力。

第 20 計 皇天在上，宣誓承諾

「皇天在上，宣誓承諾」策略，提示教師可以適度引入宗教觀念或神祕力量，藉以發揮另類的影響力；此外，可以借助宣誓行為帶來的潛在約束力，提升學生實踐的可能性。

在「皇天在上」方面，雖然人的問題主要還是要用人的方法來解決，但是如果問題難以獲得解決，別無他法可行，並且具有嚴重性或急迫性時，在不違背教育倫理以及不會產生太多副作用的前提下，教師可以考慮引入某些宗教觀念或神祕力量，來協助自己發揮暫時性的效果。

例如：教師告誡學生不要為非作歹、造孽為惡，除了平時的說理之外，必要時可以告訴學生「人在做，天在看」、「舉頭三尺有神明」、「因果循環報應」、「善有善報，惡有惡報，不是不報，時候未到」之類的觀念；又例如：教師平時或在長假之前，想要提醒情竇初開的學生注意男女交往應拿捏的分際，避免偷嘗禁果而未婚懷孕，除了對學生分析利害得失與後果代價之外，必要時也可以考慮導入諸如「嬰靈」之說。若引述前述宗教觀念或神祕力量時，能輔以某些廣為流傳、難以解釋的相關奇聞軼事，將更能強化說服力。

教師導入宗教觀念或神祕力量來輔助自己教育輔導學生，不能符合「合認知性」此項教育規準，也帶有令人疑懼與迷信的成分，因此運用時要特別謹慎，最好語帶保留，避免斬釘截鐵的肯定存在這些超自然現象。比較適宜的說法應該是表達自己目前對這些難以解釋的現象也不知真相究竟為何，但偏向抱持「寧可信其有，不可信其無」的態度，因此戒慎虔誠的看待之，同時也用這種概念來引導學生思考。

在「宣誓承諾」方面，人們通常不會輕易發誓，不過一旦發誓，特別是發重誓、發毒誓，例如說出了「假如我如何如何，出去就會被車子撞死」之類的詛咒，其後多半會特別小心翼翼，或者遵守／不違犯自己發誓詛咒的事項，以免一語成讖。

在班級經營上，教師不宜經常要學生發誓。不過遇有重大的事項，還是不排除在使用其他教育輔導方式之餘，同時兼用這種方法來敦促或約束學生。例如：調解完學生暴力攻擊同儕的事件後，要求施暴的行為學生發誓，承諾自己日後絕對不再以拳頭解決事情，應該尚可接受。

此外，在其他一般班級經營事務上，也可以採取宣誓或者類似的簽署承諾、訂立契約等方式，藉以促進學生動力，或者約束學生不當行為。例如班級幹部選舉出來之後，教師可以請他們宣誓上任；班級規約訂定完成後，請每位學生在班規文件或海報上簽名；與某些學生訂定行為改善計畫時，師生可以進一步簽訂行為契約。

雖然發誓、宣誓、簽署承諾、訂立契約等方式並不能保證學生一定會履行宣誓承諾的內容，但是一般而言，宣誓承諾之後，學生履行的意願、動力與可能性還是會相對較高。即使無法做到或者違反宣誓承諾事項，教師要施以懲戒處分，學生通常也比較甘願接受。

第 21 計

安頓身心，
以靜制動

「安頓身心，以靜制動」策略，提示教師善用各種收心或靜心方式，讓學生身心靈進入安定狀態，然後再進行各項班務處理或教育輔導。

大學有言：「知止而後有定，定而後能靜，靜而後能安，安而後能慮，慮而後能得。」原意是指「知道要達到至善的境界，然後才能志有定向；志有定向，然後才能心不妄動；心不妄動，然後才能安於目前的處境；安於目前的處境，然後才能慮事精詳；慮事精詳，然後才能達到至善的境界。」所言重點在於先能知曉至善之目標，而後能立定志向，並藉由穩靜、安定、深思，終至達到至善目標。如果將其中的「止」、「定」、「靜」、「安」、「慮」、「得」等語詞抽離，並僅就字面賦予新的意涵詮釋，對班級經營與教學輔導也有一番啟發，也就是理解為學生必須依序先能做到「止」、「定」、「靜」、「安」，也就是要能先停止下來，並讓身、心、靈各層面能夠安定與安靜，後續才能有所「慮」、有所「得」。

教師在班務處理或教育輔導的過程，應該透過一些收心或靜心的方式，讓學生的身心靈能先安頓下來。從較為鉅觀的層面來看，例如長短假期收假之後、休閒旅遊或學校大型活動之後；從較為微觀的層面來看，例如體育運動或藝能活動課堂的次節、每堂課上課之初的幾分鐘，或者衝突意外事件發生之後等，在這些時間，學生的身心靈處於比較亢奮、激動、浮躁、不安的狀態，教師不必急著進行班務處理或教學輔導，應該先花點時間引導學生將身心靈安定下來。

　　課堂之初若要安定學生，可以考慮實施「起立敬禮」儀式，實施此儀式的目的未必著重培養學生尊師重道的觀念，更重視藉由這樣一步一步的儀式程序，能夠將班級學生原本紛亂、躁動的狀況加以收束，等到坐下的時候，會比較有利於教師開始授課、學生開始學習。曾有教師要求學生在課堂之初，要有如午睡一般先趴伏在桌上，待教師認為全班均已安頓下來後，宣布上課，學生始從趴伏狀態起身，開始進入學習狀態；但更好的做法應該是要求班級學生在課堂開始之初，由指定人員帶領念誦課文，或者每堂課都安排有簡單的課前學習單，學生必須在課堂之初短短的時間內完成書寫，藉此達到收束情緒與恢復秩序的效果，同時為隨後的課堂教學奠定一定的心向與準備。各種方式各有利弊或訴求，教師可以依據自身的想法或需求來選擇或設計。

　　如果必要，教師可以引導學生靜坐。有些靜坐冥想的操作十分專業，講究很多細節，但是對教師的班級經營而言，只需做到簡單的靜坐即可。引導學生用放鬆舒適的方式坐在椅子上，微閉眼睛，排除雜念，單純的觀照自己的呼吸，用鼻子緩慢的深呼吸，空氣充滿肺部之後，稍停數秒，然後再用嘴巴更緩慢的吐出空氣，依此循環個三、五分鐘，就會有不錯的安頓效果。

　　教師也可以採取類似禱告的方式，引導學生低頭閉目，雙掌合抱於身前，然後教師以和緩的速度、平順的語調，緩緩述說一段安定學生身心靈的話，語言的內容可以是固定的，也可以是隨機構思的，依需求彈性決定。禱告完畢，學生也能進入或恢復安靜與安定。

　　如果學生有肌肉緊繃的現象，則教師可以透過肌肉鬆弛術帶領學生放鬆。簡單的肌肉鬆弛術就是請學生以當時適合的坐姿、站姿或躺姿，將身體各部分的肌肉反覆的收緊再放鬆、收緊再放鬆，藉以達到降低緊張、身心放鬆的效果。身體各部位可以依序收緊再放鬆，例如開始時先

雙手緊握拳頭再放鬆，數回之後，然後依序換成手臂、肩膀、胸部、腹部、臀部、大腿、小腿、腳掌、牙齒等，全身肌肉依序放鬆，將有利於恢復安靜與安定的狀態。

第 22 計　緊湊環扣，刻不容閒

「緊湊環扣，刻不容閒」策略，提示教師應該讓班務或教學運作儘量環環緊扣，避免學生有太多無所事事的空檔時間。

讓學生在學校中擁有喘息的時間，得以調節心情，舒緩緊張，或者讓學生擁有自己的時間，得以學習時間管理以及自主自治，這些原本都是有價值的安排。不過，若學生未能有高度的自治能力，給予太多自由自主的空閒時間，反而會帶來不利的影響。學生問題行為的發生，通常都是出現在學生無所事事的時段。因此，教師應該以週為單位，檢視每週每日班級學生的生活作息時間表，看看除了必要的休息、轉換時間之外，是否會有學生無所事事的不當空檔，若發覺有這樣的空檔，最好能夠安排適當的活動，予以填滿。

目前中小學學生較少有空檔時間，上學日的每一個時段大概都安排有課程或活動，教師要關注的空檔問題，反而更多時候是在課堂中。教師的課堂教學應在學生可以吸收了解的前提下，儘量讓教學活動環環相扣，循序漸進，步調明快，轉換流暢。教師教學要能達到這樣的訴求，必須熟悉課程教學內容，預先規劃、備課或者複習，必要時還要測試所需的教具媒體，製作所需的表單、圖卡或海報；而教學時，則要避免出現諸如 Kounin 所稱的「急動」與「滯留」等各種不當教學行為；教學段落或活動要轉換之時，要明確的指示，讓學生知道多少時間之後，下一步將進入或轉換到何處。若能如此，教學順利流暢，而且學生都能夠知悉所在，跟得上來，就不會茫然無措或分心浮躁，更會因為忙於跟隨教師的教學步調，沒有餘力或心思頑皮搗蛋。

在某些時機，教師若不能到班上課，原則上都應該與其他教師調課，或者請其他教師代課，不宜安排學生自習。若教師臨時無法到教室上課，或者課堂中間臨時離開，則應安排適當的學習任務或活動，讓學生有事可做。安排學習任務或活動，應力求與課程相結合，讓學生忙得不亦樂乎，忙得具有教育意義。如果總是安排考試，學生通常會感到厭惡；如果只是抄抄寫寫，也並非理想。安排學生觀賞影片，要儘量安排學生觀看課程單元或教育相關的影片，若安排學生收看純屬娛樂的影片，可能會遭致非議。學習任務的安排，必須注意分量是否足夠，否則很快就能完成，學生仍有失序的可能。

有時候，教師未必要即時安排考試，只需要預告教師回來之後立即要展開隨堂考試，讓學生利用這個時段複習功課、準備考試，即可讓學生有事可做；甚至教師可以採取負增強原理，告知學生，若教師離開教室期間，班級秩序不佳，教師回來之後即要進行考試，若秩序良好則可免除。學生為了避免考試，通常都會遵守班級紀律。

教師不在場時的學習任務或活動安排，通常由教師決定。但某些情況下，教師無法指派學習任務或活動，因此教師平時即可授權班級幹部，當教師不在而又未指定學習任務或活動時，他們有權利與責任主動指派學習任務或活動，而全體學生都必須視同是教師親自下達的指令，遵照從事並完成。

課堂上若有少數明顯無心學習的學生，教師也要儘量使其能「用力」於課業或課程活動上。例如：不想聽課的學生，教師可以讓他在課堂上先寫家庭作業，或者找些授課學科相關的其他事物讓他們做。基本上，就是要儘量避免讓學生「枯坐」。因為「枯坐」與「頑皮搗蛋」之間的距離，與「投入學習」與「頑皮搗蛋」之間的距離相比，是要近得多了。

第 23 計　第一時間，防微杜漸

「第一時間，防微杜漸」策略，提示教師在班級問題或學生不當行為第一次發生的當下，或者僅僅展露一些潛在徵候時，即必須做適當的處置，以避免日後繼續發生或事態擴大。

教師無需因為一些芝麻綠豆大的小事即反應過度，但也不宜對班級問題或學生不當行為的初次出現而掉以輕心。部分教師會認為這只是第一次發生，或者只是偶而發生，或者情況並不嚴重，考量給予學生改過機會，以及不要流於過分嚴苛，因此決定予以忽視，不做任何的處理。這種想法與做法雖然有其道理與優點，但卻也有風險與缺點。因為教師的忽視或不處理，導致學生認為教師容忍或默許這樣的不當行為，因此後續持續出現，甚至變本加厲。當不當行為發生的頻率越來越高、情節越來越嚴重時，教師再介入處理，勢必要花費更大的力氣，而且造成的傷害已經變大，甚至難以收拾或無法彌補，同時要給予行為人的懲戒程度也將非常的重，處置過程與結果容易引發師生衝突或親師衝突，陷入全盤皆輸的困境。因此，對於班級問題或學生的不當行為，教師還是應儘早在第一時間即給予關注，並適當介入處置。

有兩個「效應」可以用來解釋這樣的見解。第一是「蝴蝶效應」（butterfly effect）。渾沌理論（chaos theory）中的「蝴蝶效應」是1972 年美國氣象學家 E. Lorenz 所提出。起因於預測天氣的電腦模擬，為了節省時間而去除後面過多的小數位數，結果導致預報的不準確。意外發現的啟示是某個系統初期極其微小的差異，因為後續的連鎖反應，最後可能會呈現出始料未及的驚人結果。Lorenz 便以「巴西一隻蝴蝶

拍一下翅膀，會不會引起德州發生颶風？」為題發表論文，後來稱為「蝴蝶效應」。運用到班級經營議題上，學生第一次出現了一個還不算嚴重的不當行為，就像是蝴蝶效應中初始的蝴蝶拍翅；教師若未能好好處理，後續就有可能引發像是颶風風暴一般的嚴重不當行為。

第二是「破窗效應」（broken windows theory），J. Q. Wilson 和 G. L. Kelling 兩位犯罪研究學家在 1982 年指出，某棟房子的一塊窗戶玻璃若被打破，卻又沒有人即時加以修補，不久之後，就會有更多的窗戶玻璃陸陸續續被打破。因為窗戶玻璃破了沒人修理，路人會認為這棟房子或這個地區沒有人關心、沒有人管事，於是便放心大膽的打破更多的窗戶玻璃，甚至從這棟房子開始蔓延到整條街，擴散到鄰近其他地區。運用到班級經營議題上，學生第一次出現了一個還不太嚴重的不當行為，就像是有人打破了第一塊窗戶玻璃，教師若未即時處理，就像是沒有人去修理那塊窗戶玻璃，最後就有可能導致學生誤以為教師不理會、不管事，縱容這樣的行為，以至於會有更多、更嚴重的不當行為持續發生。

在第一時間給予關注並適當介入處置，基於未實際發生或者初犯，或者情節尚不嚴重等，這時候的處分可以不必也應該不會嚴厲。然而，若「小事即能有小處理」，將可以抑制未來持續發生或變本加厲的可能，班級嚴重暴力事件、師生／親師衝突的可能性與程度也可以大幅降低，而且教師未來也不太需要花費巨大的心思與力氣來處理重大事件。

第 24 計 愛心滿懷，排擠奸歹

　　「愛心滿懷，排擠奸歹」策略，提示教師可以引導學生發揮愛心，多多從事一些善行義舉，以期相對排擠為非做歹的可能性。

　　過去常聽到人們說「學琴（音樂）的孩子不會變壞」，或者類似的話語，究竟學琴、學音樂或者學其他某某才藝的孩子是否不會變壞，不得而知。其實這些話語應該只是商業廣告，不必太嚴肅去追究真偽。若真的要讓學生不會變壞，前述那句話改為「愛心滿懷的學生不會變壞」，或許更有機會達到這樣的訴求。

　　充滿愛心而且經常從事善行義舉的學生之所以比較不可能變壞，不會出現不當行為，主要是基於幾點原因：第一，實質時間的排擠。當學生的時間較多比例分配於從事善行義舉時，自然相對減少會用來從事其他無意義或負向不當行為的時間。第二，從事善行義舉的過程，會讓學生擴大視野範圍、見聞經驗，特別是常有機會看到許多陷入苦難困境、需要扶持幫助的人，接觸到某些情境的衝擊震撼，對照反思自己的境遇其實相當優渥、平安順遂，因此改變原本的認知與態度，會更珍惜自己現在擁有的一切，知足惜福。第三，從事善行義舉的過程或結果，通常會受到被服務的對象或者周遭其他人員的肯定與讚揚，學生因此感到成就滿足，證明自己的能力，建立良好的自我概念，得知自己可以展現潛能的場域或方向。綜合這些原因，不僅是實質時間的排擠，更重要的是心理觀念層面的質變，這些充滿愛心、經常從事善行義舉的學生，其價值觀念應該都較為正向、積極與光明，進而其外顯行為表現也就會趨向正向、積極與光明，相對就不太會為非作歹，表現不當行為。

　　參加各式各樣國內外志工服務隊者常有的共同經驗之一，是他們認為每一次的服務能真正帶給被服務對象的其實非常有限，反倒是讓自己有了很多很深刻的體悟，從而會用不一樣的價值觀念來看待自己與周遭的一切。這也呼應前述心理觀念質變的概念，一個愛心滿懷、經常從事善行義舉的學生，不僅僅能夠服務幫助他人，往往獲益最多的會是學生自己。

　　培養學生具備愛心胸懷的方式很多，可以引導學生從事的善行義舉也很多。簡單的方式例如愛心捐款、發票捐贈、認養兒童等；更進階的方式則例如社區服務、社福機構服務、街頭勸募、義賣等。教師可以衡量學生的年齡、能力與意願等來加以選擇。如果能力足夠，讓學生有親臨現場直接服務體驗的機會，會比間接式的行善，更加具有影響力。

　　師生甚至可以把從事愛心服務當作是班級的特色事項，若以愛心服務為班級特色事項，可能需要利用課餘或假日時間，因此必須取得家長的同意或支持；若家長也能編入愛心服務的行列，那就更加理想了。

第25計 恩威並施，剛柔交融

「恩威並施，剛柔交融」策略，提示教師經營班級應該同時採取恩與威、剛與柔等不同取向的策略，交融並用，以分別因應不同情境，統合達到最高的效益。

恩威與剛柔手段並用，是經常聽聞的有力策略建議。例如眾人耳熟能詳的「胡蘿蔔與棍子」此項西諺，要驅策驢子工作，必須兼用胡蘿蔔和棍子，胡蘿蔔是柔性、施恩的做法，棍子則是剛性、施威的做法。又例如歷史上清朝初期對於漢人的治理政策一般都稱為「懷柔高壓」，一方面科舉籠絡、減免稅賦，另方面強制薙髮留辮、大興文字獄，懷柔則是柔性、施恩的做法，而高壓則是剛性、施威的做法。由此可見，無論古今中外，兼籌並顧、靈活應用恩威與剛柔等不同取向的手段，可以說是廣泛共通的管理見解。

現代教育傾向從人本角度出發，強調以柔性的方式，有愛心、有耐心的關懷照顧學生，並且引領他們發揮潛能、學習成長。這樣的思維與做法並無錯誤，只是人是一種很特別的造物，教育是一件很複雜的事務，如果僅僅單一面向的看待或施為，很容易失之偏頗。因此，除了柔性取向之外，教育也不宜完全忽略或者放棄剛性取向。

在班級經營或教育上，剛性取向很容易被想成是嚴酷、苛刻、恐嚇、懲罰甚至虐待。但是，如果能將剛性取向理解為「紀律」概念，則會有相當不一樣的認同。

班級這個社會團體是一個兼重任務與關係的學習社群，班級不是單純的社交俱樂部，學生來到學校有其嚴肅的求學任務，而且班務運作與

197

人際互動非常繁複，因此除了關係層面之外，勢必要重視任務層面，建立並執行一定的紀律規範，促使任務的有效達成，才能眞正爲師生謀取最大的福祉。因此，班級經營雖以柔性關懷爲原則，但同時必須有剛性紀律爲之配合。

如同世間絕大多數的事務，鮮少有某一種選擇或取向是絕對性的優或劣，任何選擇都各有其優點、缺點、限制，有其適用的情境。班級經營採取的策略手段也一樣，柔性取向的手段有其優點、缺點、限制與適用情境，剛性取向的手段亦然。既然如此，兼採兩種取向，並能視情境彈性抉擇，交融運用，或者調適互補，才是班級經營得以趨向完善，統合達到最高效益之道。

第 26 計

欲擒故縱，
懸宕欠債

「欲擒故縱，懸宕欠債」策略，提示教師可以偶而懸宕對學生的處分，或讓學生處於類似「欠債」的狀態，以利約束學生後續的行為表現。

依據行為主義的增強理論，無論是正增強、負增強或懲罰，原則上都應即時施予，以利獎懲能與行為產生「刺激－反應」關係的清楚連結，學生能夠知道自己是因為怎樣的良好行為表現而受到正增強或負增強等獎勵，是因為怎樣的不良行為表現而受到懲罰，從而發揮較大的教育效果。即使是實施代幣制度，即時獎懲的原則也仍應把握，具體言之，雖然推遲學生獲取原級增強物的時間，但是次級增強物，也就是代幣，還是要即時給予。

不過，教師有時候可以策略性的對於初犯、偶犯的學生，乃至於一般學生，懸宕保留其應接受的處分，藉此收到約束學生後續行為表現的效果。懸宕處分之所以能收到約束學生後續行為表現的效果，主要是因為讓學生「欠著」，因此處於類似「欠債」的狀態。一般而言，債權人說話通常可以比較大聲，至於債務人則總是低聲下氣，唯唯諾諾。當教師讓學生暫時欠著某些處分，學生會抱持著還欠老師一些什麼的心理，進而行事作風就會比較低調收斂，換言之，就會比較循規蹈矩。

懸宕處分的方式可以做不同的安排。假設學生違規犯錯，依照規定要接受十個單位的處分，教師可以把十個單位的處分全部記帳保留，也可以先執行例如一半、五個單位，另五個單位則記帳保留。

使用懸宕處分的做法，有幾點注意事項。第一，避免學生誤會教師對於不當行為不施予處分，必須讓學生知道懸宕並非取消，以免對教師

199

信賞必罰的宣示產生質疑。第二，要避免被質疑不公平，例如某些學生違規犯錯，二話不說，立即實施處分，但對某些學生則懸宕處分、給予將功贖罪的機會，就會引發不公平的爭議。第三，必須適時結算那些記帳保留的處分，否則最後往往不了了之。第四，避免過度使用，若特定學生大量記帳保留，將產生「蝨多不癢，債多不愁」心理，反而失去約束學生後續行為表現的效果。

懸宕處分通常會搭配將功贖罪的做法，學生後續如果有所改善，而且有額外的、特別良好的行為表現，則可以抵銷免除記帳保留的處分；若沒有改善或者沒有特別良好的額外行為表現，則擇定時間還是要執行處分。若持續出現不良行為，則除了新的不良行為應有的處分之外，原先記帳保留的處分也要一併補予執行。

除了懸宕處分之外，教師如果在學生遭遇特殊的、重大的事情時，能給予特別的關懷照顧，例如學生家庭遭遇重大變故，或者面臨記過退學等重大處分時，教師伸出援手或者挺身協助，幫助學生順利度過難關或解決棘手問題，學生受到教師的幫助，無形中也好比欠了教師「人情債」。欠下了人情債，除了對教師心懷感激之外，同樣的也比較會願意聽從教師的教育輔導。

不過，讓學生對教師欠人情債，應該是教師關懷照顧學生、為學生解決問題困難，因而意外產生的效果，不宜是教師有意圖、預謀性的作為，不能是為了累積對學生的「債權」而刻意做這些事。否則，有意圖、預謀性的關懷照顧學生，為學生解決問題與困難，將不太能符合「合價值性」教育規準所訴求的「目的要善」，就如所謂的「為善而急人知，善處即是惡根」。教師對於這點，務必要有正確的認識與態度。

第 27 計 全面照顧，個個關懷

　　「全面照顧，個個關懷」策略，提示教師除了與班級學生進行團體式的互動之外，應該經常針對每一個學生進行個別的互動，以期讓學生實質、直接而深刻的感受到教師的關懷。

　　教師的班級經營作為大多數都是以團體形式運作，面對整個班級的學生溝通對話與互動，或者執行班級事務。團體運作有其效率性，往往也就能夠達到教師想要的效果，但是對於個別學生而言，團體形式的運作則相對較難產生實質性、直接性、深刻性的意義。

　　舉例來說，教師針對班級全體學生做團體性的講話，其中部分學生會自外於團體，認為教師是針對班上其他同學講話，與我無關，或者認為我只不過是教師講話對象的「三十分之一」而已，與我關係甚為薄弱，因此就不太會重視，或者不太會有深切的感受。

　　相對的，如果教師能針對每一位學生分別進行個別性的接觸、談話或激勵，此種個別互動模式才能讓學生有更實質、直接而深刻的感受，比較能夠產生所謂的「個人意義」，而其效果必然會明顯大於團體性互動下能對個人產生的效果。

　　某位小學教師在段考之前，想激勵學生努力複習準備，爭取佳績。如果對著全班學生慷慨激昂的發表團體性的講話，效果可能十分有限，教師言者諄諄，學生聽者藐藐。若改用另一種個別互動方式，在考前學生自修複習功課的時段，拿著學生前次段考的成績表，走到每一位學生的座位旁，逐一和各該學生談談上次段考的成績，肯定其某些科目上的良好表現，告知某些科目上可以有成長空間，期勉此次段考能有更好的

佳績，必要時並提示改進或提升成績的準備策略或者應考技巧。比起教師在團體講話時的大聲疾呼，此時的個別互動，教師在個別學生身邊，雖然僅僅是輕聲細語，但其對學生能產生的力量反而會強大數十倍。因為這樣的個別講話，每一位學生都會真真切切的感受到，教師所講的每一句話、每一個叮嚀，都是專門只對我說，拳拳到肉，影響力不是團體性講話所能相提並論。

除了產生「個人意義」之外，教師能夠逐一與個別的學生做個別性的互動，也比較容易真正照顧到每一位學生，讓每一位學生都感受到被老師公平對待。在團體性互動的情況下，或者其他一般時間，教師關注的焦點往往會無意中偏向那些較為優秀的或較為特殊的學生，而忽略了那些較為文靜、沉默的中間學生。但教師若能與個別學生做個別互動，就會比較有機會真正能與每一位學生都有所互動，因而真正關心到所有每一位學生，因此可以說唯有做到「個別化的照顧」，才能真正落實「全面性的照顧」。

教師要與學生個別互動的時機與方式其實也不少。僅就個別談話而言，除了前述例子之外，利用諸如下課時間、午餐、打掃等時機，教師都可以試著與身邊的個別學生做個別性的交談互動。此外，透過既有的聯絡簿、日記、週記，或是利用作業簿、考卷，或者透過私函、便箋、卡片、電子郵件，甚至自創一些與學生個別交流溝通的表單，透過書面書寫方式與個別學生對話，也都是可以積極開發與運用的途徑。

第 28 計 多元獎勵，行行狀元

「多元獎勵，行行狀元」策略，提示教師應該嘗試建立多元的獎勵機制，提供更多的機會讓學生獲得成就感以及滿足感。

常言有道「失敗為成功之母」，但是事實上更多時候是「成功為成功之母」。屢敗屢戰、越挫越勇的人恐怕永遠是鳳毛麟角；人們會願意繼續努力，通常是因為先前的努力獲得了成功。一般人若遭遇到連續性的失敗，就會產生所謂「習得的無助感」，斷喪行為動機，從此不再願意投注努力。對學生而言，若在學校總是承受失敗的經驗，則會抱持負面的自我概念，自暴自棄，放棄學習，而其中部分學生則會將精力轉向其他場域，從事偏差不當的行為，以期在負面的地方尋得他想要的成就滿足。

有鑒於此，現今教育已經逐漸擴增獎勵學生的思考範圍與標的，從較多元廣泛的面向，讓更多學生有更多受獎勵的機會。例如過往僅著重獎勵學業成就，現在轉為兼顧獎勵五育或者多元智慧；過往僅著重獎勵表現最績優的學生，現在轉而兼顧獎勵進步最多的學生；過往強調同儕之間的相對比較，現在則轉而兼重學生與自己的自我比較。種種修正的措施，都是意圖給予學生較多被獎勵的機會，提供較多的成就感與滿足感。

除了學校層級的安排之外，教師也可以在自己的班級有類似的努力，必要時甚至可以依據自己的理念、班級的需要或者發揮創意，創建自己班級的獎勵機制，以彌補學校獎勵制度的不足，或者呼應配合自己特有的班級經營理念與作為。

可能的做法之一，是在自己的班級內實施學校獎勵制度的改良版。例如：學校段考是針對各學科的評量總成績來頒發績優獎狀，教師可以在自己班上另外針對各單一學科評量績優，頒發單科性的績優獎狀。

又例如：可以參考胡鍊輝校長的建議實施「金銀銅牌獎」制度，作為學校頒發進步獎的補充。現行學校進步獎的制度設計，名額有限制，學生之間還是得相互比較，僅有進步成績最多的少數學生可以獲得獎勵，感覺仍然「不夠進步」。教師可以在自己班級內實施另一套進步獎制度，獎勵規則為：本次段考總成績比前次段考進步達60分以上者（僅是舉例，實際的進步分數標準依情境自行決定）頒發金牌獎；進步達40-59分者頒發銀牌獎；進步達20-39分者頒發銅牌獎。學生僅需要跟教師設定的標準比較，不再強調同儕之間的相互比較，而且名額沒有限制，只要達到設定的標準都可以獲獎。這樣即可讓進步獎獎勵的機會更加擴大。

再者，教師也可以結合班級經營事項，創建若干名目來給予學生獎勵。例如：班級若有推行特色事項，比方說每週寫作一篇詩文，教師可以設定，凡是投稿獲得刊登者，即頒發自製獎狀與獎金；班級若要建立班級識別體系CIS，可以仿效標案方式徵求設計圖，經過評審之後，頒發前三名、佳作、入選等獎狀；又例如：仿效奧斯卡金像獎、金馬獎或金鐘獎等，在學期末綜合學生全學期的學行表現，分別頒發學生不同的「最佳某某獎」。

除此之外，教師也可以透過給予學生「封號」或「頭銜」的方式，來作為另類的獎勵。例如：在教學方面，封學科學習表現績優的學生為：國語文權威、數學泰斗、理化專家、史地萬事通、藝術大師、體育小王子等，或者國語文教師可以就學科內涵，封特定學生為：古典文學狀元、現代文學博士、修辭高手等。給予學生這樣的封號或頭銜，雖然可能被認為是一種對人或人格的評價式讚美，但是被封名號的學生通常

會感到欣喜,而且經常會願意做更多持續性的努力,因此教師仍可適當的參採運用。

　　創設獎項來呼應多元獎勵、行行狀元的訴求,雖然值得鼓勵,但是也要注意避免過於浮濫。如果過於浮濫,經常通通有獎,將會稀釋獲獎的榮耀感,反而使得煞費苦心設計的獎勵機制失去了獎賞激勵的效果。

第 29 計　接觸接近，無役不與

「接觸接近，無役不與」策略，提示教師應該樂於親近學生，並且也使學生樂於親近教師，彼此互動；同時教師應積極參與班級或學生的各項活動，陪伴學生生活與學習成長。

教師能夠經常接觸接近學生，與學生共同生活作息，積極參與班級大大小小的活動，做一個名副其實的「老跟班」（老是跟著班級），或者總如一首老歌《我在你左右》，將可以收到多方面的效益。就消極面而言，可以讓學生感覺到「家裡有大人在」，隨時看顧著學生，比較不會發生失序不當的行為。若就積極面而言，可以讓學生感受到教師關注班級、關懷學生，有助於建立良好的師生關係，教師也有機會給予學生適當的督導或激勵，提升學生的學習與行為表現。

相對的，如果教師抱持與學生「老死不相往來」、「你走你的陽關道，我過我的獨木橋」、「井水不犯河水」的隔絕心態，相較於其他班級教師的親和及參與，自己的老師卻完全不同，一副「只想到他自己」的樣態，學生看在眼裡，罵在心裡，高下立見。

基於此，教師應積極主動的「去」接觸與接近學生。可以利用的機會包括：第一，課堂中間休息時段或課堂結束下課後，留在班上，走下講臺，到學生的行間、組間，或者個別學生的座位旁邊，與學生親近互動，聊聊課業學習狀況或閒話家常。第二，早自習、朝會、清掃、午餐、午休、放學等時間，甚至學生晚間留校／假日到校自習等時段，經常進班或到場，陪伴學生一起生活作息或學習。

教師還可以安排或吸引學生主動或被動的「來」接觸、接近教師，

使得師生之間能有比課堂更親近的接觸互動。可行的做法例如：第一，邀約個別學生或學生小組，在空堂、午餐、午休時間前來與老師晤談。第二，除班級幹部或學科小老師之外，邀請不同的學生擔任小幫手，協助自己分擔勞務，例如協同教師一起將沉重的作業、書本或物品搬回辦公室（有時候教師自己一個人其實也勉強搬得動，但基於師生接近的目的，仍可刻意拜託學生協助），教師自己搬一些，學生協助搬一些，在協助過程中，師生交談互動，完成之後給予口頭感謝，或者順手拿些小吃食給學生以示酬謝。第三，製造若干「奇特的吸引因素」，例如在教室的辦公桌上飼養一缸金魚、種植一小盆奇花異草，或者放置特殊的擺飾玩偶等，學生好奇前來圍觀，教師即可藉機與這些學生攀談。第四，歡迎悅納善意接近與接觸自己的學生，不要拒人於千里之外，或者顯露出不耐煩的神態。

　　教師除了積極參與學生的日常生活之外，班級若有重要活動，無論是學校舉辦的運動會、園遊會、班際競賽，或者班級性的表演活動、休閒旅遊活動，那更是不可缺席。如果偶有個別學生在校內外有重要賽事或展演，例如音樂發表會，教師若知悉，也盡可能可以出席。

　　教師參與班級或學生的重要活動，必須注意幾個要點。第一，除了實際活動或競賽的當天應該出席之外，如果有前置性的準備或練習時段，教師就應該開始參與、關注或陪同，偶而攜帶飲料點心慰勞。第二，活動當天除了到場之外，還應該進一步的投入參與，例如學生在大太陽底下奮力參加班際球賽，教師也應該親臨場邊，跟著學生一起為班上球員加油打氣，甚至自己就當起啦啦隊隊長；若雖然到場，卻擔心美白破功，躲在遠遠的大樹綠蔭下乘涼防曬，隔山做壁上觀，相對於其他班級教師聲嘶力竭的鼓舞班級，甘苦與共，教師出席到場的美意將會大打折扣。第三，分享、分擔學生活動歷程與結果的喜怒哀樂，在保持冷靜平和的前提下，適度的陪學生笑、陪學生哭，讓學生感受到教師是有

溫度的人，是和學生站在一起的人。

　　雖然教師應該願意進入學生的世界，接觸與接近學生，並積極參與學生生活作息與活動，不過對於接觸、接近或參與的尺度，也要有所思考。平時的交流互動，除非是要做個別性的交談，不然僅需讓學生看得到教師在場即可，未必需要太過近身，以免讓學生覺得緊迫盯人，形成壓迫感。此外，參與學生的生活作息或活動，有些應該全程參與，不宜中途「閃人」，但是有些則是到場一起活動片刻之後，最好能託詞離開，保留給學生更多自主、自在的空間。去留之間，教師須有合宜的判斷與拿捏。

第 30 計 物質獎賞，心意滿滿

「物質獎賞，心意滿滿」策略，提示教師可以適度提供物質性的獎賞，傳達肯定、鼓勵學生的精神層面心意，以促進學生持續表現正向行為。

從教育的觀點而言，教師應該儘量提供非物質性的獎賞，以避免學生過度依賴物質性的獎賞；或者更進一步，應該引導學生將學習或善行的動機予以內化，能基於道德義務、認同喜好或者效益覺察，而自發性的願意努力學習或表現良好行為，不再依靠任何形式的外在酬賞。前述觀點基本上正確合宜，而且也應該儘量朝此方向發展。但是，中小學階段的學生，乃至於一般成人，要能基於道德義務、認同喜好或者效益覺察，即自發性的願意努力學習或表現良好行為，其實並不容易，因此透過適度的外在獎賞，包含物質性的獎賞，來激發學生的行為動力，仍然有其正當性與必要性。

研究「獎」這個漢字的造字原理非常有趣。字中呈現出獵人在半片木板上（即左邊的「爿」部件）切下一塊獵物的「肉」（即右上方類似「月」的部件），「手」（即右邊中間的「寸」部件）拿著這塊肉賞給他的「獵狗」（即底下的「犬」字部件）吃。顯然，獎這個字的字源就意味著一種物質性的獎賞。如果獵人只是給獵狗「口頭嘉勉」，獵狗必當不會感到滿意。人類的境界當然不同於獵狗，但是無論如何，至少可以承認物質性獎賞是一種非常原始而根本的獎勵方式，教師無須刻意偏廢。

物質性的獎賞與非物質性的獎賞並非絕對的二分，對於物質性的

獎賞未必要抱持負面成見。人們去拜訪久未謀面的親友，通常都會攜帶禮物伴手。禮物是一種媒介性的物質，作用在輔助傳達對對方的問候心意，受贈的一方通常也是感受送禮者的心意，鮮少有人會刻意計算或計較所收禮物的物質面金額。

同樣的道理，物質性獎賞，特別是金錢價格不會太昂貴的物質獎勵，其實只是個媒介，教師是透過這個物質媒介對學生表達精神層面上的肯定，其精神層面的意涵超越物質。例如：教師頒發 20 元一本筆記本給學習評量績優的學生，受獎學生或一般人應該都會認為，教師是用筆記本來表達他對學生努力歷程與結果的肯定，而不會解讀為教師「只」送給學生 20 元一本、便宜的筆記本，以 20 元這樣的數字金額來衡量老師的獎賞行為。

非物質性獎賞常常被想得很「清高」，但其實此種獎賞也不是沒有問題。若說物質性獎賞容易造成依賴，非物質性獎賞同樣也會造成依賴。對於非物質性獎賞有不當依賴者，若取消諸如讚美或自由活動機會等非物質性獎賞，同樣也有可能降低其行為表現。

此外，教師通常不太能夠提供學生心目中想要的高價物質，例如學生更想要的是價值數千、數萬的自行車、球鞋、電腦玩具等。如果很想要這些物質，而教師不可能提供，學生可能會要求教師，當他有良好表現的時候，不必提供他物質性的獎賞，請老師改用非物質性的獎賞，例如老師撥打一通電話給他的家長，美言幾句。教師若不察，誤以為這位學生難能可貴，超越物質依賴，轉而重視精神層面，殊不知，在教師向家長肯定其學行表現之後，學生將向家長索求他更想要的高價物質。非物質性的獎賞被用做是獲取物質性獎賞的媒介，可能是反對物質性獎賞、主張非物質性獎賞者始料未及。

因此，持平而論，物質性獎賞與非物質性獎賞均各有其優點、缺點或限制，教師不必否定物質性獎賞的價值與作用，只要在提供物質性的

獎賞時，能不忘同步彰顯其精神層面的意義即可。

教師給予非物質性的獎賞，相對於物質性的獎賞，最大的差別或效益大概是比較經濟、不用花錢。不過，教師花一點小錢，但是可以讓自己對學生的肯定與鼓勵因有具體物質而可以「耐久」一點，似乎也頗為值得。

第31計　擔罪頂過，自請處分

　　「擔罪頂過，自請處分」策略，提示教師在特殊時機可以考慮代替學生承擔過錯、接受處罰，或者陪同受罰，或者自己處分自己，以期用「苦肉之計」來感化學生。

　　學生違規犯錯，即使要遭到嚴重的處分，照理應由學生自己承擔。不過若基於特殊的考量，在特殊的時機下，教師可以考慮策略性的打破這樣的原則，出面幫學生緩頰或者代扛責任，以期達到管教感化學生的目的。

　　舉例來說，有個本性不壞的學生因為近期發生感情困擾，導致情緒失控，出現重大的違規犯錯行為，面臨記大過，甚至被退學的處分。教師衡量之後，向學校極力爭取，陳述當事學生平常的狀態、失控行為的原因，甚至陳述自己未能及時發覺與輔導，教師也有疏失責任等，訴請學校能「看在老師求情的面子上」，暫緩對該生的嚴厲處分，並將學生交付給自己，由自己擔保該生不再出現類似的偏差不當行為，並且擔負教育輔導該生的責任。無論學校最終同意與否，這種為學生著想，為學生擔罪頂過、爭取機會的作為，無論是學生或其家長都會感激在心。

　　此外，如果學生違規犯錯，並且屢勸不聽，教師必要時也可以考慮以自請處分的方式，來達到管教感化的目標。作家王尚智〈慈悲的藤條〉一文，描述一位老師以藤條鞭打屢屢犯錯的學生，學生桀驁不馴，跪著堅持不肯認錯。後來老師嘆氣說「沒教好你，實在也是我的過錯」，然後每鞭打學生一下，接著就用藤條重重打自己的大腿一下，在一次又一次的鞭打學生、鞭打自己的藤條聲中，震驚了全班學生，被懲

戒的學生也終於崩潰，抱住老師，請老師住手，打裂的藤條、老師淤紫的大腿，終於喚醒當事學生願意悔改。當事學生後來偷偷收藏這根藤條，在二、三十年後這位教師的退休餐宴上拿出來，並敘說這段往事。這是一個典型的教師自請處分的例子，確實也發揮了很大的影響力。教師若與學生關係尚稱不錯，但是無奈管教始終不見成效時，在不得已的特殊時機下，使用這種自請處分的方式，或許可以爭取改變感化的契機。

前述的事例情境比較特殊，手段也比較激烈。教師若不便採用，也有其他替代性的自請處分做法。例如：班級學生在集會時間總是習慣性的集體躁動，無論如何規勸，始終故我。某次朝會時間因為過分喧鬧，被學務主任罰跑操場，教師可以考慮對學務主任及學生表示是自己管教不力，導致班級學生破壞了學校集會的秩序，影響了他人，因此訴請由自己代替學生接受跑操場的懲罰。或者，退而求其次，教師如前所述那樣表示自己管教不力也有責任之後，跟著學生一起跑操場，一起接受處罰。這樣自請處分的方式，往往也很有震撼力。若師生關係還算不錯，此舉一方面會讓學生覺得教師不會忙著與學生切割，劃清界線，另方面會想到自己的不當行為連累了自己還算敬愛的教師，讓教師承受本來不需要承受的懲罰，遭到本來不必面對的恥辱，此種苦肉之計若運用得當，將可以發揮類似「震撼催淚，瓦解頑構」策略中所提到的效果，很能快速而巨大的促使學生一百八十度改變原本的不當行為，甚至進一步也可以增進師生關係。

不過本策略畢竟也是一種比較特殊而且有點激烈的做法，因此運用時必須注意幾個要點：第一，師生關係必須尚稱良好。第二，要確保學生能理解教師擔罪頂過、自請處分的用心與用意，不能誤以為違規犯錯可以有人幫忙承擔，自己可以規避本來應該承受的處分，樂得輕鬆沒事。不過，多數狀況下，學生大概都能理解。第三，當涉及教師要代替

或陪同學生受罰時，必須能私底下先與其他教師或學校行政人員溝通，告知自己的策略性意圖，以免施罰的同事誤會教師藉此在對自己表達抗議。甚至經過溝通之後，這些同事可以從旁協助，例如講幾句話提醒學生想想他們的行為帶來波及教師的後果，如此將更有利於達到自請處分想要達到的管教目標。

第 **32** 計 　裝瘋賣傻，
　　　　　誰來愛我

　　「裝瘋賣傻，誰來愛我」策略，提示教師偶而可以反串扮演需要
被關懷照顧、被教導指正的弱者角色，藉此拉近師生距離，增進師生
關係。

　　在絕大多數的情況下，教師通常以能者、強者的姿態出現，扮演關
懷照顧、教導指正學生的角色。教師若總是維持這樣的姿態、扮演這樣
的角色，並無不可，不過也相對顯得高高在上，道貌岸然，過於完美，
反而容易與學生產生距離，不易親近。事實上，學生雖然平時被教師關
懷照顧、教導指正，不過人性往往都有母性的一面，有「好為人師」的
傾向，教師如果偶而利用或設計一些局面，和學生彼此轉換一下角色，
讓學生的這些本質與傾向得以發揮，將可以收到意外的好效果。

　　此種逆向操作策略可以運用的具體方式很多。第一，偶遇生病或者
身體不適，可以適當的透露讓學生知道，請學生體諒教師今天的教學氣
勢或精神樣態不如平常，並請學生認真、聽話、乖巧、自動自發一點，
讓教師能夠度過這不舒服的一天。學生聽到老師告知身體不適，多半都
會同情、同理，不僅當天會有較為良好體恤的表現，甚至過二、三天都
會持續關心教師是否恢復健康。

　　第二，適度請學生伸出援手。例如教師擦不到黑板較上方的區塊，
或有一堆作業、簿本或者物品要搬回辦公室，或者因諸事纏身而忙得不
可開交，除了請值日生協助之外，可以拋出求救訊息，徵求學生自告奮
勇協助教師。

　　第三，教學時故意在某些明明很簡單的地方犯錯，讓學生發覺指

215

正，或者假裝困惑難解，陷入困境，學生知道教師其實是假裝的，但多會配合演出，紛紛跳出來指正或幫老師解圍。

第四，偶而故意裝瘋賣傻、耍賴賣乖。例如：教師先前宣布要學生繳交 500 元，再次提醒時故意說是 5,000 元，學生一片譁然，教師接著自我解嘲說自己近視眼、老花眼，外加散光，或者出現早期痴呆失智現象，請學生們見諒。

第五，面臨學生學行表現不良時，採取哀兵策略，可憐兮兮的挖苦自己，說自己能力不足，教書教得不好，帶班帶得不好，以至於學生課堂上不願乖乖聽課，班級集體行動混亂躁動，學校下學期打算不繼續聘任，教師要跟他們說再見，回家吃自己了；或者，用失望又無奈的語調自我調侃，說自己為了這群調皮搗蛋的學生天天操煩付出，頭髮已經白了一大片，犧牲家庭、耽誤婚姻，到現在都還單身，嫁不出去……

使用「裝瘋賣傻，誰來愛我」策略必須有良好的師生關係做基礎，並且適度有限的使用。若運用得宜，學生看到教師弱勢的一面，自然而然會基於愛護教師而積極協助教師，或者激發義氣感，進而約束自我或同儕。而看到教師那些故意的表現，會體察到這是教師的幽默戲耍，是教師希望「去面具化」、「放下身段」的人性化作為。這種師生姿態或角色的調換，通常不會有損師道尊嚴，讓學生看輕教師的專業或形象，反而對增進師生關係有著意想不到的效果。

曾聽聞有人說：「教師不僅要會『管學生』、『教學生』，也要會『鬧學生』。」這句話頗值得咀嚼玩味。能夠「管學生」、「教學生」，是一位優秀的教師；若不僅能「管學生」、「教學生」，還進一步會偶而「鬧鬧學生」，這樣的教師應該是一個更高段的優秀教師。

在無傷大雅、不會惹人惱怒的情況下，教師適度戲弄一下學生，例如在愚人節當天，早學生一步「反將」學生；又例如考試前夕對學生說：「下週考試的考卷都出好了，同學們想不想看啊？」學生一片想看

的呼聲中，教師接著說：「沒問題，下週考試時每人發一份，讓你們足足看一整節、看個夠！」或者，對學生說：「老師佛心來著，這次考試大發慈悲，有寫就有分，就算是亂寫或沒寫也會給分！」學生興奮問道：「真的嗎？給幾分？」教師悠悠的說：「零分」……。諸如此類「鬧學生」的作為，通常都是師生關係還算不錯、願意親近學生的教師才會有心思、有意願構思或展現，而這樣的作為是多數老師較少也較難做到的境界，因此稱其為更高段的優秀教師，誠然當之無愧。

第 **33** 計

彈性權變，
與時俱進

「彈性權變，與時俱進」策略，提示教師班級經營的模式應該在穩定的原則下，依據班級發展的不同階段而酌予權變調整，以符應每個階段不同的情境與需求。

教師的班級經營受到個人個性特質、價值觀念、教育訓練以及過往經驗等因素的影響，因此會有特定的基本模式，穩定而不易改變。教師的班級經營也應該有一定的穩定性、可預測性，切忌跳躍多變、陰晴不定，以免學生、家長或其他利害關係人難以捉摸，困惑疑懼，無所適從，失去對教師的信任感與安全感。

但是在穩定的大原則下，班級經營模式還是必須因人、因地、因時而有適當的權變調整。因人，主要就是要依據不同的學生、家長或利害關係人的特性與需求而做調整；因地，主要就是要依據不同的學校校風或社區期望而有做調整。至於因時，除了鉅觀的隨著時代的推演，能跟得上時代思潮之外，此處要談的乃是較微觀的層面，針對教師帶領同一個班級，必須因應班級發展的不同階段而有所權變調整。

班級就類似人這樣的有機體，也會有成長發展的階段。人有嬰幼兒期、少年期、青少年期、青年期、成年期、老年期，班級發展也會有某種階段性，在不同的發展階段，班級經營的模式就要有所調整。

行政管理學領域的學者 P. Hersey 和 K. H. Blanchard 提出「情境領導理論」（situational leadership theory），說明領導者如何因應時間的變化，採取不同的領導策略。其基本論點是：隨著組織成員對其工作「成熟程度」的改變，適當領導行為所需要的「工作導向」和「關

係導向」程度亦隨之而異，領導者適用的領導方式，將會呈現如下圖一般的鐘型變化。在第一階段，組織成員對工作的成熟度仍然較低時（M1），適用「高工作－低關係」導向；在第二、三階段，處於一般成熟度時（M2 & M3），適用「高工作－高關係」乃至於「低工作－高關係」導向；若到了第四階段，成熟度已經非常高時（M4），則適用「低工作－低關係」導向。

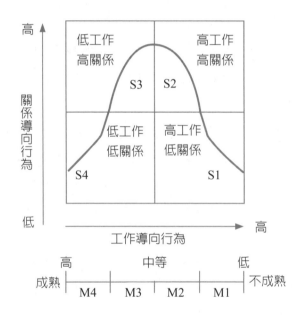

教師經營班級、帶領學生，本質上也相當於企業或其他組織領導者領導其員工，因此可以參考 Hersey 和 Blanchard 提出的「情境領導理論」，權變調整班級經營的模式。不過，班級與其他組織還是有不同之處，因此在參考使用此一理論時，也可以再酌予調整。

例如：Hersey 和 Blanchard 認為第一階段應採取「高工作－低關係」導向，而在班級經營情境中，一個班級剛組成時，教師強調「高工作」雖然有其道理，但是否要「低關係」則可以再思考。教師可以考慮略過

第一階段，逕自從第二階段開始，也就是班級初組成的時候，班級經營係採取「高工作－高關係」導向，一方面強調任務紀律，一方面也高度關懷學生，其後再慢慢調整為「低工作－高關係」導向。至於是否要進一步進入到「低工作－低關係」導向，還是持續停留在「低工作－高關係」導向，也可以再加思考。如果停留在「低工作－高關係」導向會是一種不錯的選擇，但是有時候班級發展的尾聲，例如國中、高中的三年級，基於特殊的班級氛圍（例如學生忙於升學考試），教師選擇採取「低工作－低關係」導向似乎亦無不可。

班級經營模式在「工作－關係」之間有所調整，某種程度呼應「先嚴後寬」的概念。一般管理哲學或人生智慧多半建議應先嚴後寬，例如《菜根譚》提到：「恩宜自淡而濃，先濃後淡者，人忘其惠。威宜自嚴而寬，先寬後嚴者，人怨其酷。」也有人提出「法家（刑之以法）→儒家（導之以禮）→道家（無為而治）」權變領導程序，而西方「甜點在正餐之後才供應」的老祖母定律，莫不支持並闡述先嚴後寬的概念。

然而，班級經營的先嚴後寬，不能誤解為初期要求比較嚴格，後期則相對放鬆。若是這樣詮釋，班級經營似乎不是日新又新，更上層樓，而是每況愈下，漸漸沉淪。例如：教師豈可在學生國中七年級時要求每天都要準時上學，而到九年級則允許學生可以偶而遲到？

先嚴後寬講的不是班級經營標準或水準的高低變化，比較適合的講法是教師對於任務紀律「介入的程度」。就像是從「高工作」慢慢調整為「低工作」，教師初期高度介入、親自督導學生完成任務或遵守紀律，但到後期，學生漸漸成熟，班級步上軌道，標準維持一致甚至提高，但教師已經可以慢慢退居幕後，讓學生自動、自律或自治。如此彈性權變，與時俱進，得以適應不同的班級發展階段，但班級經營質量水準維持不墜，始為上乘。

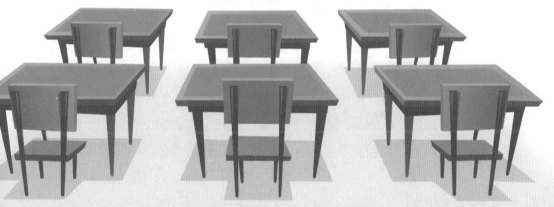

第34計 曾參照鏡，反省檢校

「曾參照鏡，反省檢校」策略，提示教師對於自己班級經營的理念與作為應如曾參的三省、唐太宗的三鏡一般，經常自我觀照、反省與檢校，以期發覺並改進不當之處，確保其妥適或日趨完善。

教師班級經營的理念與作為難免有若干缺失不足，甚至謬誤偏頗之處，教師也可能因為忙碌於紛雜的教學或班務，或者與現實環境妥協，導致任教一段時間之後逐漸淡忘或背離教育的初衷，班級經營的理念與作為不自覺的開始偏差，出現可議之處。

目前的教育生態，由於傳統尊師重道的觀念尚有其遺緒，親師生彼此之間的權力關係未必均等，加上教師彼此之間多半獨立帶班，因此教師不太有機會可以從他人之處獲得自己班級經營適切與否，或優劣得失的回饋訊息。若教師班級經營的理念與作為已經開始有所偏差，但是卻無法獲得及時的回饋並修正，其後收到回饋訊息時，可能就是已然爆發了嚴重的問題、爭議或衝突，導致教師付出極大的代價，教育生涯也因此蒙上陰影。

基於此，教師有必要更積極主動的建構班級經營的回饋機制，透過一些方法或管道，經常性的觀照、反省與檢校自己班級經營理念與作為。可以採取的方法或管道臚列如下。

第一，蒐集若干班級經營或教育相關的格言、警語、自省自勉錄等，製成小海報或單張，放在明顯常見之處，例如辦公桌的玻璃墊下、家裡書桌前面的牆壁上，隨時可以瞧見，隨時可以刺激自己反思，並藉此警惕督促自己。

第二，每天晚上臨睡前固定安排沉思默想時間，或者寫日記、寫日誌，或者在輾轉反側失眠時，把自己近期班級經營理念與作為有無失當之處，納入省思或撰寫的範圍，透過省思或撰寫，檢視自己班級經營的現況與得失。

第三，蒐集或自行設計班級經營自我檢核表，或者融入班級動態調查問卷、學生問卷或家長問卷中，在諸如每個月月底、每次段考後，或者學期或學年結束時，透過自我檢核，或者蒐集學生或家長的意見資料，對自己班級經營的現況與得失提供回饋訊息。

第四，班級或學生發生較為特殊的事件或現象，例如同儕爆發衝突、發生意外事件、出現偏差不當行為、成績一落千丈、缺曠情形嚴重等，在處理的過程或處理之後，省思這些問題的發生是否與自己班級經營的作為或不作為有關。

第五，觀察班級平時的氣氛、學生平時的情緒，若發覺班級氣氛疏離冷漠或緊張弔詭，或者發覺學生普遍都缺乏笑容，鬱鬱寡歡，悶悶不樂，則應探究這些負面氣氛與情緒背後的原因，檢視是否與自己的班級經營措施有關。

第六，積極參加進修研習、專業學習社群，或者與他人互動，透過這些方式溫故知新，包括接受基本理念的再洗禮，或者接受新思維的刺激，促使教師省思警覺自己班級經營的理念與作為是否有偏離、落伍之處。

無論採取哪一種方式或管道來自我觀照、反省與檢校，省思檢校之後最重要的還是要付諸行動，及時修正調整已然偏離或不當的班級經營理念與作為，方能竟其全功。如果省思檢校的結果並未發現有太大的缺失問題，雖然值得欣喜，但也可以尋求精進，思考如何讓自己班級經營的層次或品質能夠更上一層樓。

第 35 計　當機重啟，全新出發

「當機重啟，全新出發」策略，提示教師在班級經營上若遭遇重大的挫折失敗時，應該懂得療傷止痛、休養生息，適當的斷捨離，以期儘速重新出發、重新開展。

無論是初任教師或資深教師，都難以保證班級經營能完全圓滿順遂。不僅平常隨時可能遭遇若干小紛擾，有些時候還可能會面臨來自學生、家長或利害關係人的對抗、挑戰，甚或發生嚴重的衝突，讓教師感到震驚、困擾，產生挫折失敗感。

面對及處理班級經營遭遇的挫敗，教師基本上要考慮下列幾個重點：第一，認知挫折失敗的必然性。教師若誤以為班級經營或教育的生涯應該是一帆風順，那麼一旦遭遇挫敗，就會感到較大的震撼，不知所措，甚至因此想要打退堂鼓，不再從事教育工作；相對的，如果有正確適當的認知與心理建設，知道教師帶班遭遇挫敗乃是或多或少、必然會發生的事，那麼遭遇挫敗時，雖然心理還是會受到衝擊，但總是比較能用理性平和、積極正向的態度來看待並因應處理。

第二，積極處理挫敗事件。挫敗發生時，如果只是逃避，問題一直存在，甚至會越來越嚴重，因此根本解決之道還是要積極的處理。聖嚴法師經典名句「面對它、接受它、處理它、放下它」是很好的提示。教師面對挫敗事件，即使心裡感到排斥、厭惡，但也要硬著頭皮，積極面對並解決，獲得解決之後才能讓自己真正放下，容易恢復平靜。

第三，適當安頓情緒。挫敗發生之初、持續處理的過程，乃至於處理完畢之後，教師情緒都會有劇烈的波動。為緩和情緒波動對自己的

影響，教師可以採取轉移注意焦點及宣洩釋放壓力兩類方式。轉移注意焦點主要是專注的去做日常例行的事務，甚至是埋頭去做那些平時堆積不想做的事務，讓自己有事可做，甚至無比忙碌，轉移對挫敗事件的關注，讓自己的思緒與情緒能夠跳脫出來。至於宣洩釋放壓力則是透過運動消耗體力，或者向適當對象傾吐訴說或尋求諮商，或者藉助宗教的力量，讓神祇、教義或經典來幫助自己。原則上，教師應該讓自己能夠透過各種方式儘速宣洩釋放壓力，若能如《聖經》所言「不可含怒到日落」（以弗所書四章 26 節）最為理想，不然至少也應儘量讓自己晚上能夠順利入睡，即使問題尚未解決，也因為獲得適當的休息睡眠，翌日能夠有體力、心力繼續面對與處理。

第四，切割過往。挫敗事件處理告一段落，無論是否圓滿解決，挫敗事件難免會殘留在腦海中，此時教師應該透過適當的方法，讓自己有能耐可以與挫敗進行切割。例如教師可以告訴自己，經過這一番努力，已經把那個導致挫敗事件的冒失鬼給趕走了，或者想像先前的挫敗讓自己這部電腦當機，現在自己已經按了重啟鍵，終結錯誤障礙，待重新開機後一切將重新開始，或者借用「昨日種種，譬如昨日死；今日種種，譬如今日生」的語言，來幫助自己與既往的挫敗斷、捨、離，避免耽溺在挫折失敗感中，無濟於事的繼續舔舐傷口。

第五，重啟出發。除了與挫敗進行切割之外，教師要繼續經營班級，與利害關係人互動，此時可以酌情採取兩種取向之一來處理。第一種取向是「心照不宣」，各方都避談前塵往事，直接恢復例常的運作；若自己過往的做法確有需要調整之處，便默默的改變調整，讓相關人員在不言之中有所體察即可。第二種取向是「開誠布公」，教師以直截了當的方式，與相關人員公開報告或討論，說明教師對於相關事件的省思，以及教師解決改善的誠意與具體作為，促使雙方達成諒解，一切重新出發。

第 36 計　求取雙贏，走為上策

「求取雙贏，走為上策」策略，提示教師若經過各種努力之後，師生彼此之間實在難以相處，則應該考慮教師或學生至少一方調整環境，以謀求雙方能各得其所，獲得較佳的適應與發展。

教師經營一個班級，都期望能夠與學生、家長或其他利害關係人有良好的互動。但不幸的是，這種理想未必能夠實現。在某些情況下，教師會與部分甚至是全體利害關係人產生矛盾衝突，且其程度已經不是雙方各退一步、相互容忍即可獲得解決。

師生彼此之間的互動，經常不是「誰是誰非」的問題，而是一種「適配不適配」的問題。某位教師去教導或帶領特定一群學生，雙方有著嚴重的矛盾衝突；但是同樣這位教師，用類似的模式風格，去教導或帶領另一群背景類似的學生，師生之間融洽而愉快，狀況完全相反。同樣的，某位學生或者某個班級的學生，由特定某位教師教導或帶領，他或他們與這位教師相處融洽愉快；但是同樣的這個或這班學生，由另外一位教師教導或帶領，雙方可能就會關係緊張，對立衝突事件層出不窮，紛爭不斷。何以致此？其間的影響因素複雜多元，難以一語道盡，總歸的說，就只能用「緣分」兩字來加以詮釋，師生彼此之間有些就是有緣，有些則是無緣。

若與學生或其他利害關係人交惡，經過各種努力，仍然無法有效改善，也沒有辦法「保持距離，以策安寧」時，教師可以考慮抱持此種緣分觀，不必強求共處，選擇其中一方調整環境，例如學生調班、調校，或者是教師調任他班、他校，甚至離開教職等，都應該嚴肅的列入可能

的考量選項。

　　以「走爲上策」策略來處理班級經營中的人際互動關係，必然是列
爲最後的、最不得已之下的選擇，不會輕易採取此種策略。其實，這種
師生連結關係的調整，就類似婚姻關係中的離婚事件。離婚，必然不是
婚姻關係中良好的發展結果，但是對於一對怨偶而言，離婚往往是他們
最適合的選擇。

　　短期來看，師生任何一方調整環境，似乎都是兩敗俱傷，或者至少
某一方會感到挫敗受傷。但是就長遠來看，持續僵持下去，無異是對雙
方永無止盡的損耗，必然終至雙輸。若願意接受調整環境，彼此都能有
機會另尋水土與出路，可以另尋或另得適配的帶班教師或任教學生，進
而獲得較佳的發展，這樣才眞正是雙贏的選擇。

實務 36 事

經營人際關係

第 1 事　師生同儕的熟悉：叫出學生同儕姓名

　　師生同儕間要相互認識熟悉，最基本的是要能叫出對方的姓名、知道對方的若干背景資訊。而要能如此，通常透過口頭自我介紹進行。口頭自我介紹應有適當的引導與準備，並避免誤用無效方法；此外，當下最好搭配破冰遊戲，日後並強化面容與姓名的連結，讓彼此間能儘速建立基本的認識。

口頭自我介紹的引導

　　許多人經驗中的自我介紹都頗為貧乏無聊，若要有較理想、深刻、豐富的自我介紹，應該有適當的引導與準備。

　　教師要向學生或家長介紹自己，可以預擬 2-3 分鐘的講詞，講詞中除了一般基本背景與履歷之外，可以發揮另類創意，例如結合任教科目重要元素（例如音樂科教師以音符或音樂家，國文教師以古今文人、名句，來自況人格特質），使自我介紹不但可以講得完整、流暢、清楚，還能與眾不同，讓人留下良好的第一印象。自我介紹完畢，可以開放提問並回應。若擔心學生對教師亂取不雅綽號，在自我介紹時可以把自己能接受的綽號直接告訴學生。教師亦可將自我介紹製成投影片或錄製成短片，輔以圖表照片、配樂音效等，也別出心裁。

　　至於學生的自我介紹，教師最好先製發基本資料調查表，表中除基本資料之外，可以廣泛包含自我介紹時可以分享的外號、特徵、優點、缺點、興趣、專長、才藝、休閒活動、特殊事蹟或榮譽等，以及對未來班級生活的期望等。教師先指導學生完整書寫，然後請學生決定自己願

意公開的事項，到了自我介紹時間，學生參考預先撰寫的書面資料，加上部分創意表現方式來介紹自己，如此較能避免自我介紹言之無物、乏善可陳。

有待商榷的自我介紹方式

自我介紹乃以有效認識對方為主要目的，因此儘量採取傳統方式。以創意方式自我介紹雖然值得鼓勵，但是仍應注意妥適性，否則容易「趣味有餘，效率不足」。

曾經見聞某些自我介紹的變形做法，例如採用大風吹、世界咖啡館、菲利普六六法等，讓學生輪動成不同組合，組內學生彼此自我介紹；或者學生圍圈傳球，音樂乍停，手持球者就要自我介紹。這些方式都帶有機遇性，未必能讓所有學生有機會聽見所有其他同學的自我介紹，並非妥當。

偶有教師採取「介紹他人」方式，由甲生採訪乙生之後向全班其他同學介紹乙生。此舉除了介紹者難以能深入正確介紹對方之外，也可能使其他學生將乙生的資料錯誤連結到介紹者甲生身上，甚至甲生有可能故意誇大扭曲乙生的某些資料，造成同儕之間一開學就產生嫌隙不快。

在新組成的班級中，學生面對導師與多位不同的科任教師，若眾多教師都要學生在課堂上自我介紹，學生不堪其擾，心生厭煩。因此非導師的科任教師最好先行探詢，若學生已經彼此自我介紹過了，那麼自己就另覓其他途徑來認識學生。

破冰遊戲與趣味競賽

如果時間場地允許，沒有擾鄰疑慮，學生口頭自我介紹完畢，教師可以搭配實施團體遊戲，適用的遊戲可以從各種營隊的團康活動中尋求靈感。

第一種取向是選用包含姓名元素在內的團體遊戲，例如「打地鼠」、「人名疊羅漢」、「人名踩地雷」等，讓學生能有機會熟悉同學的姓名。第二種取向是選用可以促進學生近距離接觸的團體遊戲，例如「我們是同一國的」、「同舟共濟」等，讓原本陌生的同學能彼此拉手或擠在一起，有「親密距離」的接觸，遊戲結束後即使回復「社交距離」，也會比最初要接近一些。這兩種取向的團體遊戲雖然都並不足以讓學生充分認識、熟悉，但其目的主要是營造熱絡氣氛，打破隔閡疏離，達到破冰、解凍的效果。

另外，學期初可以將促進師生同儕彼此認識及熟悉的諸多措施，包裝成「認識你真好」主題週或主題月，尾聲舉辦例如「識人競賽」之類的活動，比賽誰能記得或辨識最多師生，知道最多背景資料，作為主題的總結。

連結姓名與面容

教師或學生面對人數眾多的學生或同學，透過口頭自我介紹也無法有效記住姓名，因此在自我介紹之餘應該製作某些工具以及創造機會，進一步輔助師生將對方的面容與姓名有效的連結起來。

在工具方面，通常使用桌上三角立體姓名牌或者隨身佩掛的識別名牌。這些名牌除了由老師製作發給之外，不妨讓學生可以發揮創意予以加工，從中或可窺知學生的某些性格；另一種常用工具是座位對照表。座位對照表除了姓名之外應附加照片，護貝後放在教室講桌，或分發班級所有教師人手一份，有助於教師在課堂、課餘時間對照認識學生。

在創造機會方面，例如學期之初較頻繁的點名，點名速度放慢，以期能有時間辨認學生，或者由教師逐一唱名，學生出列領回作業或考卷，或者抽問問題時叫喚學生姓名而非座號等。這些舉動不僅有利於教師認識學生面容與姓名，學生也同步可以因此而更加熟悉同學。

第2事

師生同儕的熟悉：
掌握背景資料

　　連結面容與姓名只是認識熟悉的基本功，師生同儕還應進一步了解彼此更多的背景資料，以深化人際情感，而教師也能藉此掌握班級學生特質，俾利班級經營的規劃與運作。而要深入了解師生背景資料，除平日密切互動之外，初期可以多借助書面資料與晤談。此外，教師也要把整個班級看成像是一個人，對班級群體樣態有所了解。

取得、建立與閱讀學生資料

　　學校通常會預先發給導師該班學生的基本資料，導師即可閱讀這些資料來初步了解班級學生。部分教師即藉此努力記憶學生姓名與資料，第一次見面時即能叫出學生姓名，合宜的說出一些背景，讓學生感到訝異且貼心。

　　非導師的科任教師通常無法取得任教班級學生資料，導師也可能會覺得學校所發學生資料有所不足，那麼可以考慮自行設計基本資料表發予學生填寫，必要時請家長協助子女共同完成。

　　導師蒐集建立的學生基本資料通常較多元詳細，必要時可以類似A、B表一般分為兩部分。第一部分是可以公開的資料，此部分可以結合口頭自我介紹，自我介紹完畢，貼在布告欄供學生瀏覽一至二週。展示完畢，再取下納入檔案夾保存。第二部分則為學生較為隱私的資料，例如個人或家庭的通訊方式與適宜時段、身心重大病史或宿疾、成長過程重大事件、特殊飲食習慣、學生自我評析，乃至於家庭成員與狀態、家長對教學管教的意見、家長支援班務的意願等；另外保留空白註記欄

位，供教師日後填註之用。此外，學生資料具動態性，教師除了透過觀察、訪問或晤談，來檢證、補充或更新資料內容之外，每學期可以將資料表發還學生，請學生據實更新。

教師設計的基本資料表務必要請學生黏貼近期的大頭證件照，或頭像比較大的生活照，必要時可以由老師用數位相機拍攝並彩色列印後黏貼。對於黏貼的照片，應避免為求趣味而請學生黏貼嬰幼兒或童年時期的照片，無助於師生同儕彼此連結面容與姓名。

教師將自製蒐集的學生基本資料長期累積保存，或者數位掃描存檔，未來會是任教生涯很好的回憶，但更重要的是當下應該經常閱覽、善加運用，從中找到班級經營應該注意或可以著力的點。例如：發現班級多數學生對於桌遊感到興趣，教師即可將桌遊或者設計桌遊當作班級特色事項。教師也可以尋找學生與自己直接間接有所關聯交集之處，例如與學生是同宗（姓氏）、同鄉、同好，與其父母或兄姐曾是同校、同學或師生關係等，透過這些「同」字的連結，促進師生心理上的親近感，進而深化師生關係。

教師展示個人資料

若有意讓學生或家長較深入的認識教師，也可以撰寫印發個人書面履歷自傳資料，或者上傳到班級社群平台或網頁，供學生或家長瀏覽。

更豐富的教師個人資料展示則可以採取檔案夾形式。教師為了應徵教職或者因應其他需求，多半整理製作有個人檔案。檔案內容稍加調整、抽換或充實，納入較多一些教師個人成長歷程的點點滴滴，配合照片，即可成為一本圖文並茂的教師資料檔案，提供學生傳閱，或置於教室角落供同學翻閱，讓學生深入認識教師。教師檔案也可以數位掃描或數位化，提供學生或家長線上閱覽。

若班級發行報刊或有採訪報導活動，安排學生扮演小記者來採訪自己，或者同時也採訪科任教師，撰成採訪報導，讓學生與家長透過另一種管道進一步認識導師或科任教師。若有餘力，在呈現教師資料之後，可以搭配舉行教師基本資料搶答之類的小活動，以增加學生認識教師的意願與趣味。

個別或小團體晤談

在學期之初，導師可以排出時間儘速與每位學生逐一個別晤談，或者一次約見幾位學生（群組由學生自覓，或依座號順序等）做小團體的晤談。

晤談最好選擇非正式的場合，並準備茶點，營造溫暖輕鬆的氛圍。藉此晤談機會，教師加強認識及熟悉學生，檢核確認學生基本資料相關內容，同時也表達教師對於學生的正向期望。

掌握班級群體樣態

除了認識及熟悉個別學生，由於班級也像是有個性、有歷史的有機體，因此教師還應設法對整個班級群體的樣態有所了解。

如果是新組合或重新組合的班級，教師通常綜合個別學生的資料，加上自己的觀察，來了解班級群體的樣貌。若班級是一個舊有的組合，已經形塑了特定的班風、個性，並且有其過往的歷史，繼任的班級導師除了自己親身直接觀察之外，還可以透過下列兩類方式輔助自己儘速了解班級樣態：第一，諮詢該班前任的導師、任課教師、行政人員等，了解該班的概況或重大歷史事件。第二，在作文或週記中，請學生撰寫「我們這一班」之類的文章，透過學生的文字來捕捉班級群體的樣貌。

第3事 師生關係的建立：宣示實踐與交流互動

　　正向良好的師生關係是班級經營與教學最重要的基礎，而要建立正向良好的師生關係，最基本的就是教師應透過口語、肢體或非口語等多元管道，宣示並實踐師生「親」與「近」的關係，並且與學生多多交流互動。

宣示與實踐

　　透過口頭語言宣示教師與學生的親近關係，例如平時總是以「我們（班）」代替「你們（班）」，常說「能教到我們班，真好」，提到自己珍惜學生之間的緣分，或者宣稱自己是班上的「最後一號」（男性教師也可以是「88號」，意味是班級學生的爸爸）。

　　此外也可以透過非口語的實踐方式來宣示，例如訂製班服或球衣時繡上前述背號；在學生座位群中安排一個自己的座位，也經常坐在那個座位上；討論部分班級事務時，以學生一分子身分參與討論；若學校沒有禁止，在學生班際競賽活動中參與一角。

善用口語／肢體語言交流互動

　　教師平日能與學生面對面閒話家常的機會有限，除了特意安排時段與個別或小組學生晤談之外，主要應善用零碎時間，例如課堂開始之初，課堂中活動轉換的片刻，或者課堂結束後的下課時間，與學生稍微聊一聊。又例如：在點名、發還作業或考卷的時機，也可以與個別學生簡短的口語互動，給予關心、肯定或鼓勵。

　　無論是否搭配口語，教師也應善用肢體語言，透過眼神、微笑或揚眉等面部表情，或者點頭、比手稱讚等肢體動作，對學生傳遞親切善意。

　　在網路資訊科技發達的今天，教師可以錄製教師講話的影音短片，上傳到班級的交流平台，或與學生約定相互撥打電話，作為長假期間的作業活動之一，透過新興科技或通訊工具拓展與學生非當面口語交流互動的機會。

善用非口語交流互動

　　教師更應善用各式非口語的方式來與學生交流互動。最典型的就是營造聯絡簿、週記成為師生交流互動的平台，讓學生不吝對教師吐露心聲，教師則給予厚實的文字回應，或者主動書寫欲與學生對話的其他事項。若學生交出聯絡簿或週記之後，總是急切期盼教師發還，看看教師對自己說了哪些話，就是此項作為已成功奏效的指標。

　　另外可以在作業、考卷上附加書寫幾個字，在教室黑板、網路平台上留言，寄送電子郵件，撰寫公開信、私函、便箋、卡片，或者印發專門的書面交流表單，來與學生做書面性的個別或團體交流互動。

　　非口語的交流互動雖然較為間接，但是卻可以彌補直接面對面口語交流互動的不足，擴展交流互動的機會、時間與空間。使用書面性的交流互動，用字遣詞多能更加審慎斟酌，對於不善口語交流互動的師生而言，也較能感到自在。更重要的是，交流互動內容若頗為重要或有價值，書面形式也才有機會可以反覆閱讀或長久保存。

　　教師平日評閱學生的聯絡簿、週記，或者批改學生的作業、試卷，需要花費大量時間，若還要利用這些媒介給予學生厚實的文字回應，以促進師生關係，勢必更加耗時。對於聯絡簿或週記的處理，教師可以先快速瀏覽，發現有需要儘速處理的急務則先處理，其餘再利用時間慢慢

詳閱並回饋。此外，教師可以斟酌調整頻率，例如全班 40 位學生的作業，教師第一週僅針對 1-10 號學生給予附加的留言對話，其他學生則僅做一般性的評分批改；第二週則僅針對 11-20 號學生給予附加的留言對話，依此類推。如此，負擔可以大幅降至四分之一，但每位學生每四週至少都會看到教師給予一次附加的留言對話，全學期大約可以有四到五次這樣的交流互動。教師可以藉此一方面保留此項作為，但又不致讓自己負擔過於沉重。

第 4 事

師生關係的建立：
從大小事中著手

　　建立良好師生關係未必是要做什麼大事，更主要且更重要的是從日常生活點點滴滴著手；此外也可以專門安排一些活動，或者利用一些機遇事件，來關懷學生、增進師生關係。若可能，教師同事之間彼此互助，也是建立師生關係的妙方。

日常生活點滴

　　在「食」的方面，經常詢問學生「吃過飯沒」、「有沒有吃早餐（或晚餐）」、「吃些什麼」，私下關注經濟貧困學生的三餐飯食。舉辦活動時，貼心關照到諸如素食等特殊飲食需求的學生，另外提供合適餐點。安排午餐約會，與全班學生或輪流與幾位學生共進午餐，刻意多準備菜色、水果給學生加菜，或與學生交換，偶而鬧鬧搶菜吃的戲碼。平時準備餅乾、茶包、三合一咖啡、穀物沖泡飲品等，供學生臨時充饑提神之用。班會或段考之後，提供茶點或休閒食品酌予慰勞。返鄉、出差或旅遊時攜回的農漁土特產品，或者自己、家人烘焙的糕餅點心，或者獲贈的喜餅、水果禮盒等，都可以不吝與學生分享。

　　在「衣」的方面，經常噓寒問暖，特別是季節變換、天候多變之際，不忘叮嚀學生注意衣著增減。準備幾套學生適合的衣物，或者愛心雨傘、輕便雨衣，以備不時之需，提供學生借用。

　　在「住」的方面，家裡若有用不到的堪用家具或設備，提供作為教室家具，或送給外宿／住校學生使用。偶而可以前往外宿學生居所或學校宿舍探望，關切其居住品質或安全，必要時甚至可以建議學生改善環

境或協助另覓居所。

在「行」的方面，關心學生上下學交通方式與安全，徒步上下班的教師可以與學生相約同行。在沒有負面顧慮的前提下，駕駛交通工具的教師可以偶而順道載送學生回家或載學生一程。

在「育」的方面，除了本身任教的學科之外，也關心學生其他學科學習表現，在不得罪其他教師的前提下，甚至可以善用若干人力資源（例如自己、配偶、就讀大學的子女或其他人力）提供學生課業輔導。若適當，酌情陪同學生晚間留校或假日到校自習。

在「樂」的方面，與學生聊聊平日假日的休閒娛樂、流行時尚等，稍諳諸如電玩、動漫、影劇、網紅、面相、命理、星座等學生常感興趣之話題。除自己舉辦的班級旅遊活動之外，如有學生發起活動，視情況適度參與。

設計活動與機遇事件

(一) 愉快的活動

選擇性的舉辦例如班級旅遊、露營、烤肉、烤地瓜、同樂會、一家一菜餐會等室內或戶外聯誼活動，或者分批邀請學生到家裡作客、包水餃、吃火鍋等。除了純粹休閒的活動，也可以舉辦知性之旅或服務之旅，配合課程到校外參觀、走查，或者從事較輕鬆的服務活動。簡便一點的愉快活動，也可以是偶而變化授課方式，例如帶學生到校園大榕樹下上課；或者忙裡偷閒，例如嚴冬後暖陽乍現，帶領學生出去曬太陽，夏日炎炎則到學校旁小溪戲水泡腳。這些活動的愉快經驗將有助於建立良好的師生關係。

(二) 祈福祝禱活動

逢年過節或特殊日子記得對學生送上祝福。例如：學生生日當天或之前，致送賀卡、小賀禮或口頭祝福；舉行每月慶生會，則是比較省事的便利做法，但要能照顧到寒暑假月分出生的學生。農曆春節前夕發送「『一元』復始」紅包（內附一元硬幣的卡片或祝福信函）。曾有教師兌換百元連號新鈔並對應學生座號發給壓歲錢，用心可見一斑。至於其他節慶，教師可以使用 Line、FB、電子賀卡、簡訊或電話等向學生賀節等。

段考或其他重要考試前夕，不忘加油、打氣與祝福。對即將參加升學考試的學生，端午節時蒸包子、綁粽子以祝福其「包中」，或者購買「追分成功」車票，祭拜文昌帝君祈求考試順利護身符贈予學生。出發趕赴考試、參加重要比賽之前舉辦祈福儀式，或者告知學生教師在家會用自己的方式為學生祝禱。曾聽聞某位有宗教信仰的教師，每日臨睡前均會以學生作為禱告內涵的一部分。教師若有類似的作為，也可以適當的讓學生知悉。

(三) 救急解困

學生若遭遇經濟困難，協助爭取助學金、急難救助、學雜費減免或貸款，或者提供 / 介紹工讀機會，甚至自掏腰包給予救急或代繳某些費用。學生有重大傷病，親自前往探視。對於工讀或在職的學生，亦可關懷其工作負擔與職業安全問題。

教師也要關心照顧學生身心健康發展。學生遇有適應問題，例如轉學生，親自給予關懷，或指派學生提供協助。遇有生理方面的困擾，例如長滿青春痘，可以蒐集資料給予衛教建議。遇有心理或情感困擾，例如單戀、失戀、考試壓力、憂鬱，願意傾聽分擔，陪同其紓解情緒，或者提供因應面對策略。

學生遭遇衝突緊張情境，包括親子衝突、同儕衝突等，積極出面調解。學生違規犯錯受到記過、退學之類的重大處分，視情況為學生爭取緩衝，或者尋找／提供將功抵過的機會。

教師若能積極關心並協助學生度過急難、解決困境，學生多能銘感五內，自然有助於建立良好的師生關係。

(四) 關心彼此的家庭或家人

本於愛屋及烏的想法，在合理合法的範圍內，師生關係可以進一步擴及雙方的家庭，關心彼此的家庭或家人。

例如：學生家庭或家屬有婚喪喜慶，適度表示關心。相對的，教師或教師家庭有較重要的婚喪喜慶或特殊事故、事項，學生或學生家長要表達心意，只要不是勉強、不增添太多負擔，基於國人禮儀習慣，教師也無須不近人情的拒於千里之外。

學生家庭若對教師有所餽贈，只要價格不致昂貴，不是刻意購贈，不是過於頻繁，例如農村家長贈送自己栽種的蔬果或蔬果加工食品，教師仍可接受，但基於「禮尚往來」，應記得能夠適當回贈。

教師同事互助

(一) 導師穿針引線

導師引導學生對科任教師或學校行政人員表達感謝或祝福，例如逢年過節或期末，請班級幹部代表或者將全班學生分組，向任課教師或學校行政人員致送卡片、花束或小禮物，並口頭表達感謝心意，讓這些師長願意更關愛班上學生；建議學生將家政課烹飪的菜餚食品，分送給科任教師或學校行政人員品嚐；班級舉行同樂會或旅遊活動，邀請科任教師或學校行政人員來共同參與，與班上學生交流互動。

(二) 教師互助

　　共同擔任班級教學的所有教師，乃至於學校行政人員，彼此形成默契，偶而能在學生面前講講好話，稱許對方，或者傳達對方對學生的肯定與讚美，或者透露對方為學生所做的付出或犧牲。教師同事之間這種互助方式雖然比較間接，但往往比教師自己直接陳述，更能有利於建立良好的師生關係。

第5事　同儕關係的促進：
團隊凝聚與親疏探究

　　班級學生因緣際會、齊聚一堂而成為同學，彼此自會發展同儕關係，但教師也可以透過一些作為積極促進之。教師應該傳遞團隊觀念，透過安排一些機制來凝聚班級向心，並且調查了解學生間的社會關係，以利促進學生同儕的正向互動。

傳遞團隊觀念

　　透過適當的講話、口號或輔導活動等，傳達並激發學生的班級團隊觀念。例如：提示學生能夠同窗共學乃為難得緣分，班級像是一個家庭，同儕如同家人，大家是同一國的生命共同體，必須「有事大家做，有福大家享，有難大家當」等。引導學生在週記或作文中，寫下對於班級與同學的正向期待，並選讀其中若干佳作，藉此激發學生對班級團隊的認同與對同儕的親善。甚至可以透過類似宣誓的儀式，來強化學生對班級團隊的承諾。

　　部分學生偏向重視個人，輕忽班級團隊，只想經營自己，對班級缺乏投入與參與意願。教師可以運用親身經歷或寓言故事，提示個人與團體休戚與共的關聯性，讓學生知道若不願支持團隊良善發展，團隊遭到負面標籤化，班級中的優秀個人也不容易獨善其身，藉以提醒學生能兼善班級團隊。

安排凝聚向心的機制

可以凝聚班級向心的機制，至少包含下列幾項。第一，建立互動平台或園地。利用諸如 FB、Line 群組、班級網頁，或者是書面性的班級塗鴉日誌，以創造學生同儕之間更多彼此聯繫互動的機會、時間與空間，彌補面對面互動總是有限的缺憾。互動平台或園地若是由教師建置或主持，應該讓學生認知其實是全班師生同學共享共有，而非老師專屬，學生才會有較高的擁有感與參與意願。

第二，選定班級目標或特色事項。全班有共趨共赴的標的，學生共同經營這些事項，追求或努力達成這些目標，同甘共苦的合作互動過程很能建立革命情感，促進同儕關係。

第三，設計班級圖騰。透過設計班級識別體系，建立班級各種圖騰、元素，例如班徽、班歌，發揮集體認同、凝聚班級向心的效果。

調查了解學生社會關係

班級學生同儕之間有不同的親疏遠近，也並存著正向負向的互動關係，教師要促進學生建立良好的同儕關係，必須對學生的社會關係有所了解。

要以科學化的工具調查學生同儕間的社會關係，通常使用 J. L. Moreno 提出的社會關係測量（sociometry），此一技術或工具後來有電腦化修訂的版本，例如劉焜輝、涂春仁、葉連祺等人發展出「改良天馬式社交測量」電腦軟體。透過學生同儕之間的提名，通常就是選出自己最友好的兩位同學，分析學生同儕間單選、互選的情形，以及被提名的次數，透過圖形顯示出班級內的人際位置，哪些人是較核心的領袖、明星，哪些人是較邊緣的跟隨者或孤立者，也可以顯示出班級內的友誼關係，哪些人之間形成彼此互選且排他的小團體等。

除了前述社會關係測量技術或工具之外，也可以使用「未完成語句問卷」，或者直接但有技巧的使用調查表，例如託詞爲了安排團體勞務或者旅遊車次座位、住宿房間，請學生寫出「最希望」教師安排同組的幾位同學，若必要，再加上寫出建請老師「儘量不要」安排於同組的幾位同學。透過此種方式，也能達到了解社會關係的效果。

曾有教師設計「朋友樹」學習單，請學生在樹的葉片上寫出自己班上同學有哪些是要好的朋友、已認識的普通朋友、想認識的朋友，或者請學生以「我最要好的同學」爲題撰寫作文。這些方法也都可以幫助教師了解學生的同儕關係。

班級學生同儕的社會互動關係會有所變動，變動本身也透露出一些值得注意的訊息，因此教師每隔一段時間，例如一學期，最好能夠使用不同的方式重新調查了解。

調查並了解學生同儕之間的社會關係後，應善加運用以促進其正向互動，或者至少避免或化解潛在的衝突。例如：參考調查結果，在座位編排、活動編組或團體勞務分派上，讓學生能與友好的同學親近，以利滿足同儕友誼；或者安排較爲陌生疏遠的同學接觸互動，以擴大同儕友誼範疇；或者策略性的謹慎安排原本關係較爲緊張敵對的學生共事或共學，尋求改善關係的契機。此外，關注班級中的小團體，防範小團體衍生不良事端；覺察班級中較邊緣疏離的學生，設法幫助他們融入班級、獲得同儕友誼。

第 6 事　同儕關係的促進：同甘共苦、肯定感謝與祝禱提攜

教師可以善用學校例行活動或班級自行安排的活動，引導學生同甘共苦，彼此肯定、祝禱、提攜或扶助，幫助學生建立良好的同儕關係。進一步還可以用較長遠的眼光，有計畫的引導學生留下同窗共學的珍貴足跡。

善用同甘共苦活動

學生經常性的會參與學校或班級所舉辦的各項或甘或苦的活動。例如園遊會、隔宿露營、校外參訪、郊遊踏青、同樂會、慶生會、美食分享、水球大戰等活動。這些活動本質上較為甘甜快樂，善加經營與利用，很容易即能讓學生留下共同的美好回憶，促進或維繫同儕之間的良好關係。

相對的，學生也必須辛勤苦讀，參加段考乃至於更重要的考試，需要參與諸如常規（整潔、秩序、出勤等）、藝文（語文、壁報、教室布置、詩歌朗誦等）、體育（體育表演會、運動會、大隊接力、單項球類、拔河、啦啦隊等）、表演藝術（合唱、軍歌、舞蹈等）等團體競賽，有些班級為了要籌措班級所需的旅費而耕種、製作、販賣農產手工品等。這些活動的過程通常較為艱辛苦痛，教師善用這些事項或活動，引導學生齊心協力，共同克服難關、完成任務或者獲取榮譽，其歷程與結果也很容易建立革命情感，患難見真情，對於促進同儕正向關係更是彌足珍貴。而當完成重大任務之後，全班舉辦慶功，在慶功中彼此表達

珍惜與感謝，效果更佳。

引導學生彼此肯定感謝

　　引導學生對同儕表達認同、肯定與感謝之意，最常用的方式就是「優點大轟炸」，每一個人輪流針對班上某位或某些學生（例如當月壽星），說出一句或一小段肯定、讚美、感謝的正面話語，讓被轟炸的學生能接收到全班同學，包含那些平時與自己不熟悉甚至有衝突不快的同學，說出他們對自己的肯定，非常有利於學生同儕關係的建立或改善。

　　優點大轟炸通常以口頭方式進行，若實施有困難時，或教師意識到口頭實施恐有疑慮時，則改用書面方式進行。學生在卡片、便利貼或其他書面上書寫語句，經教師篩選、排除不當者後，再分送給相關學生。曾有教師請學生將轟炸的肯定語言寫在黑板上，然後拍照送給被轟炸的學生，也饒富趣味。

　　若不針對特定對象，教師可以發給每位學生三張卡紙，寫出對三位同學的肯定、讚美或感謝，教師彙整後轉給各該學生，或張貼於教室布告欄。曾有教師為每位學生準備一張明信片，請其他五位同學在明信片上寫下好話，教師收齊後投遞寄給家長，讓家長知悉子女在校受到同學肯定，間接也有助於同儕建立正向關係。也有教師意圖拉近班上關係距離較遠的學生同儕，請學生對班上「最不熟悉的同學」寫一些話，藉此打破同班卻罕有互動往來的缺憾。

　　曾有教師要求學生每週在週記上向至少一位同學表示感謝（或道歉），或表揚一位同學的善行義舉，教師一方面可以更加了解班級動態，另方面可以代學生轉達，也間接有助於同儕良好關係的建立。

　　另外，曾有教師帶領學生玩「心心相連」遊戲。學生圍坐，拿一團毛線，由某位同學開始，簡短敘述這學期來自己對班級的感言，以及想感謝的對象與原因，然後手持毛線一端，將毛線球拋給另一位同學，繼

續表達感言與感謝，最後每位學生都會被毛線牽連起來，教師做簡要的歸納總結之後，用剪刀剪斷，每位學生都會拿到一小段毛線，鼓勵學生珍藏，懷念這段同窗生涯。此種感恩話語，即使不使用毛線團，單純的讓每一位學生口頭表達，也可以發揮相當的效果。

引導學生彼此祝禱

　　班級若舉辦有慶生活動，除書寫贈送祝福卡片之外，曾有教師將壽星以外的其他學生編成若干組，各組在每月慶生會之前要對該組分配到的壽星做一件讓他感到快樂的事。任務完畢後，壽星在慶生會中上臺對各該小組的同學表達感謝。

　　遇有節日，諸如元旦新年、農曆春節、中秋、耶誕或情人節（廣義的情人即指想關懷的同學）等，安排學生同儕相互祈福祝禱。例如婦女節時，班上男生要獻上小花、卡片，幫女生服勞務；四九節（相對三八婦女節而訂）則女生要獻上小草、卡片，幫男生服勞務。

　　祝福不限於節慶，重要考試前夕，安排學生彼此加油打氣，配合動作與口頭念詞：「拍拍你右邊的寶，你一定能考好；拍拍你左邊的貝，你一定都答對；拍拍我自己，我一定會考取。」一方面可以放鬆心情，另方面也能增進彼此友誼。班上若有學生要代表班級或學校「出征」競賽或表演，教師可以在其行前，請班上學生以口頭或書面為這些代表隊或個別同學加油打氣，祝福他們凱旋而歸。

　　曾有教師在放學前的空檔時間，每天安排一位學生以自己的宗教方式或非關宗教的自創方式，為全班師生虔誠祈福，例如信仰天主教的同學出列向聖母禱告，祈求聖母賜福給全班同學。學生雖未必都是天主教徒，但這樣的方式還是會讓多數同學感到窩心，對增進同儕關係也頗有助益。

引導學生彼此提攜扶助

在課業方面，安排「母雞帶小雞」，讓班上學習績優學生擔任「母雞」，帶領成績落後的「小雞」，或者成立各科「學習輔導團」（小老師），幫助同學克服學習障礙、提升學習績效。

在生活方面，班上若有身心障礙、特殊教育需求的學生，或有被欺凌疑慮的弱勢學生，或者是轉學生，安排全班學生輪流，或者指派特定學生擔任守護天使，給予必要的照顧協助與陪伴，或者制止他人不當對待，給予適當的保護。

學生罹病受傷，帶領學生或其代表前往探視，致送慰問卡片、花束、水果、營養品等，祝福其早日康復。對於個人或家庭遭遇急難變故的學生，引導學生給予關懷慰問與陪伴，必要時協助或資助其度過難關。對於經濟弱勢學生，例如無法負擔班級旅遊費用，引導其他學生願意分擔贊助，或者透過其他更有意義的方式來協助籌措經費。

教師亦可仿效過往《超級任務》電視節目，讓每位學生寫下一項自己「等待解決的煩惱問題」或「希望實現的願望」，例如希望改善緊張的親子關係、希望獲得一輛單車等，投入紙箱中。教師隨機抽出一份，在不過度耗費時間心力、無須額外支出金錢的前提下，全班同學想方設法協助該生解決困難或圓夢。待問題解決或願望實現，再抽下一位學生。學生在求學期間若曾蒙受同學協助解決困難或圓夢，也經常幫助其他同學解決困難或圓夢，除了可以學到問題解決的策略方法，這樣的特殊經驗也會讓這個班級的學生擁有一輩子難忘的回憶。

「超級任務」的行動規模通常較大，教師也可以簡化為較為日常的做法，例如推動「日行一善」或「週行一善」，每日或每週為同學提供至少一次或大或小的關心、照顧或服務，並且在聯絡簿或週記中記錄下來，即是替代性的簡便做法。

引導學生留下跫音履痕

　　教師可以用長遠的眼光，引導學生從班級組成初始就有計畫的記錄保存學生同窗共學的珍貴足跡。

　　安排學生分組輪流擔任班級的「史官」，史官小組在任職期間要逐日或逐週將班級大小事，包含各種學習或活動影像、榮譽事蹟、教室空間布置、師生作品、特殊語錄、全班團體照等值得記錄的種種跫音履痕，透過文字、文件、照片、影像、錄音等，有計畫、有系統的保存整理並備份。蒐集的內容平時即上傳班級的互動平台以供瀏覽，而當學生即將畢業、重新編班、分道揚鑣時，再由教師或編輯小組彙整編輯成紀念冊或紀念光碟，分發給每位學生作為永恆的回憶。

第7事 ## 親師聯繫與合作：
正向看待與善用資源

　　家長是班級經營的共同參與者之一，基於親師合作、教育合夥人的理念，教師應正確認知與正向看待親師互動，並進一步善用家長資源，共同謀求學生／子女能獲得最佳福祉。

正確認知與正向看待親師互動

　　親師互動未必全然和諧美好。教師認爲部分家長冷漠、不負責任，或者過度干預介入；而家長則認爲部分教師教學不力、偏心對待、難以溝通。所謂「恐龍家長」、「刺蝟老師」的相互指控，顯示親師之間存在嫌隙矛盾、緊張衝突，致使不少教師感到焦慮。教師不易改變家長，因此最好還是先反求諸己，並能對親師互動有更正確的認知、更正向的看待。

　　第一，多數家長敬畏教師。雖然教師畏懼家長干預、介入，甚至指責、詆毀、攻擊教師，但實際發生的機率很低，家長多半還是尊重教師，甚至因爲子女受教於教師，往往對教師敬畏有加，不敢得罪，以免子女遭到不好的待遇。因此，教師不必過度誇大家長可能帶來的衝擊，自己嚇自己。

　　第二，參採家長高見。教師應認知自己的理念與作爲未必完全正確合理，而部分家長的經驗閱歷、學養視野或思維見解不在教師之下，因此教師不妨卸下防衛，虛懷若谷，若家長提出質疑與指正，能以正向態度面對，並參考家長的意見或異見，幫助自己避免犯錯或者獲得成長。

　　第三，深思慎行，備妥說帖。教師應深度思考自己教學、訓輔或班級經營各項理念與作為的正當性、合理性或妥適性，並審慎實施之，降低遭到家長質疑或投訴的機率。此外，最好能對重要的措施預先備妥說帖，條列數項為何要這樣做的原因或理由，有標題、有論述，當家長提出質疑時，能夠即時且有自信的、有條理的回應家長，化解家長的疑慮，或者回應家長的投訴。

　　第四，用績效爭取信任。基於保障子女教育品質，不免有家長會質疑教師的能力，初任教師尤其容易面臨此種壓力。誠如孫中山先生提出以「革命民權」取代「天賦人權」的概念，教師應如此觀想：獲得家長的信任，不是與生俱來的，而必須是教師經過自己努力奮鬥，用績效向家長證明而累積獲得的。因此，教師一方面可以適當揭露自己既有的專業基礎（學歷、研習進修）、經驗履歷、成品成就、榮譽獎項、著述發表等，讓家長知悉教師的能耐，可以更放心的將子女交付給教師教導；另方面，更重要的是，教師要持續認真的教學、用心的帶班，展現出高度的績效，不久之後自可扭轉家長觀念，甚至成為家長汲汲爭取子女受教門下的教師，而教師的理念與作為也將更容易被家長接受，未來與家長互動時也可以更有信心。

運用家長資源

　　教師除了與家長建立並維持良好的親師關係之外，進一步還可以思考如何互助，促進雙方互益成長。

　　教師對於家長，除了努力教導其子女之外，可以提供家長親職教育相關知能，必要時也可以從旁協助調解或修補其親子關係。而家長對於教師，除了教師可以向家長諮詢請益，邀請家長參與構思、提案、出點子之外，在不造成家長沉重負擔，而且家長有意願與能力的前提下，可以善用家長資源以輔助班級經營。

教師最好能透過調查問卷或者平時的探訪了解，掌握家長的專長、資源與意願，需要時即個別徵詢，尋求協助。若沒有前述調查了解，或者有所不足，也可以透過可用的管道臨時發出需求資訊，徵求家長提供資源或支援。若班級學生家長有班親會的組成，亦可透過班親會為之。而家長資源主要可以在運用於下列幾個方面。

第一，擔任教學或輔助教學。在遵守法規以及不過度代替教師教學的前提下，正式課程或非正式課程（諸如晨光時間、學藝／體育競賽）的某些時機，可以邀請家長擔任或協助其專長知能相關的教學。例如公共衛生相關的單元，可以邀請擔任地方衛生所醫護人員的家長前來授課，或者與教師協同教學。另外，家長人力亦可陪伴照顧特教需求學生、從旁認輔個案學生、監護學生留校自習、協助製作教具等，部分解決教師分身乏術的問題。

第二，協助班級活動或事務。商請家長支援班級例常的或特殊的事務與活動，例如協助校外教學旅遊的安全維護、支援製作園遊會販賣的品項、處理運動會採買庶務或場地看顧、整理班級圖書或者布置教室等。此外，班級若發生衝突或意外事件，必要時可以商請具有公信力與影響力的家長，協同教師仲裁或處理善後事宜。

第三，班級財務收支。多數班級在學期初會向學生預收一筆費用，以備各項零星雜費支出之用，但是法規並未允許教師收取這樣的經費，而且收取之後的保管與出納，無論是由教師或學生擔任都構成負擔，因此可以將班費收支保管事宜委託班親會成員代為處理。

第四，技術輔助或資源借用。配合班級經營需求，尋求具備例如網頁設計、電子報／報刊編輯、油漆粉刷、花木栽植等專門技術的家長提供專業協助。此外，班級活動若臨時需要特殊的設備、器材或場地，例如舊式電唱機、三合院廣場，亦可向家長洽商借用。

　　獲得家長提供資源協助班級經營事務，教師可以商請學校或者自行製作感謝狀。雖然致贈感謝狀有點像是「秀才人情紙一張」，但還是能傳達教師乃至於班級學生對於家長的謝意。家長支援或參與各項活動時，若有拍攝照片或影片，也儘量能夠傳送給家長作爲留念。

第 8 事

親師聯繫與合作：
多元的溝通互動管道

　　親師之間若要有良好的互動或合作關係，必須能有適宜的溝通。親師溝通除應重視溝通的態度與技巧之外，更要先建立多元合宜的溝通管道。而親師溝通的管道大致分為面對面溝通互動以及通訊聯繫兩大類，教師應彈性選擇並善用。

面對面溝通互動

　　教師最好能安排或利用機會與家長面對面溝通互動，藉由「見過面三分情」，建立較密切良好的關係。若遇有重要或重大的事項，更要以面對面溝通為主。

(一) 親師座談

　　善用學期初的親師座談（或稱家長日、學校日），邀請家長蒞校。座談之前，應充分構思並準備座談流程、報告事項、表格文件、宣導／參考資料、班級師生資訊以及其他庶務用品（例如座位牌），並發函邀請家長。在座談會中，教師透過口頭與書面詳簡合宜的自我介紹，轉達學校政策，說明自己的課程、教學、評量與班級經營的理念與作為，說明各項班級經營庶務（例如班費收支），以及期望家長給予的協助等。

　　鑒於座談時間有限，部分資料若能提前取得，應讓學生先帶回給家長填寫，或者預先做好腹案安排（例如預先徵得有意願的家長會代表、班親會會長等），使親師座談從容有序且明快的進行，避免當天因為填寫資料、推辭謙讓或沉默觀望而耗費寶貴時間，並能保留較多時間與家

長互動、問答或交換意見，或者與個別家長討論其子女的學行表現。

親師座談的紀錄整理完成，最好能夠印發或傳送給所有出席與未出席的家長。未出席親師座談的家長，教師可以優先致電聯繫。而座談討論決議的事項，教師也應該記得儘速處理。

(二) 家庭訪問或到校晤談

如果需要，教師可以進行家庭訪問，與家長面對面晤談。惟當今工商業社會，家長工作繁忙，時間不易敲定，拜訪平添負擔，另外也考慮到人身安全問題，因此家庭訪問多改以電話訪問或家長到校等方式代替。但是若家長較為消極被動，或教師想了解學生家庭生活環境背景，家庭訪問仍有其必要性。如果不便進行家庭訪問，前往家長的工作場所，或在外另約晤談地點，也是替代的方法。

一般情況下，特別是討論學生較為重要或重大的事項時，教師應邀約家長到校進行晤談。約家長到校晤談，教師通常也可以藉此略收主場優勢。

(三) 其他見面機會

除了前述的時機之外，教師可以更廣泛的利用學校或班級舉辦的各式各樣活動，例如校慶、園遊會、旅遊，邀請家長到校、蒞班或參與，因而獲得面對面的互動機會。此外，教師也可以利用家長到校擔任志工、接送子女，街頭偶遇，或參與或關心學生家庭婚喪喜慶重要事務等時機，與家長當面交流互動。

通訊聯繫

親師面對面溝通互動的機會相對較少、成本也高，而且未必能普及所有家長，因此更應該經常使用各式各樣通訊聯繫管道與家長溝通互

動。除了透過學生或適當人員轉達之外，教師應視情境選用或兼用下列通訊聯繫管道：

(一) 書信

開學接班之初，甚至開學前，寄發「給家長的一封信」，與家長第一次聯繫。這封書信應注意基本格式，以一頁約 300-500 字左右為原則，不宜長篇大論、不耐久讀，亦不宜過於簡短、缺乏誠意。文字勿過於粗俗鄙陋，亦不必艱深晦澀，賣弄文采。信函內容第一段先致上問候與歡喜結緣之意；第二段簡要介紹自己，適度展現足以令家長信任或放心的資歷，不必過於謙遜自貶；第三段簡述教師的教育或班級經營理念，以及因應學生發展階段特徵或未來發展進路所擬採行的重要教學輔導作為，若學校有特別的規定事項，亦可一併轉達；第四段則表達期望獲得家長的協助或配合，邀請家長共同為其子女的教育成長而齊心協力；第五段則總結並告知附註事項。隨信函可附上教師簡歷、通訊資料（包含聯絡方式與方便的時段）、班級經營計畫書／行事曆等，必要時檢附調查問卷，請其填妥後交由子女繳回。

除開學之外，此種給家長的公開信函，學期中可以依需求持續撰寫印發。若有必要，亦可針對特定家長撰寫私函，關心討論其子女的教育事宜。

(二) 聯絡簿

無論傳統簿本或電子化的形式，聯絡簿是親師雙方或親師生三方溝通互動的平台，教師宜重視此一管道，同時鼓勵家長善加利用。

除了一般性提醒或通知用途之外，教師可以利用聯絡簿向個別家長報告其子女的學習概況，或者討論、詢問某些問題。若要透過聯絡簿與所有家長都有較豐厚的對話，鑒於家長人數眾多，可以採取輪流方式，

每天或定期對一部分的家長做較深度的留言，幾週一個循環下來，即能照應到每位家長，而整個學期下來，每位家長也都可以有多次看見教師較為深度的親師溝通對話。

家長若在聯絡簿中對教師有留言詢問，教師則應重視並妥為回應，但避免聯絡簿淪為親師來回打筆仗的戰場。若遇有較難解的爭議問題，仍應以電話或面對面晤談為佳。

若要透過聯絡簿傳達較為隱私的事項，教師或家長可以用便利貼或紙條附在聯絡簿中，閱畢即可取下或移除，不致長時間留在書面上，以顧及學生或家長的隱私。

(三) 電話聯絡

在較為緊要且需要直接或深度對談，但一時之間又無法面對面晤談時，電話仍是親師聯繫溝通的重要管道。

教師應建立完整的家長通訊資料，意即能建立學生多位家長（例如父、母、監護人，甚至祖父母）及其家庭、職場及手機等電話，以及適宜聯繫的時段等資料。資料輸入手機或製成多份書面通訊錄，隨時隨地可以參用。通訊資料建立完成後，最好每學期能更新校正。同樣的，教師也必須提供家長自己的手機或其他電話資料，告知適宜聯繫的時段，並請家長儘量配合，在保有個人生活時間與空間以及開放歡迎家長聯繫之間，取得諒解與平衡。

電話聯絡是各種通訊聯絡中較為直接的方式，因此使用時應該特別謹慎。對許多家長而言，No news is good news，教師電話聯絡往往會造成家長緊張。基於此，電話聯絡應避免過於頻繁，並且注意時段、簡明扼要，以避免干擾家長生活作息或工作；此外也要特別注意溝通的態度與技巧，以尊重、平等、愛護對方子女的態度，輔以傾聽與語言藝術，正確合宜的表達意思或交互討論，以提高溝通的效果。

相對的，若遇有家長來電過於冗長，教師必要時可以請家長蒞校詳談，或提醒當初的約定，請其保留時間給其他家長，或暗示有其他家長預約來電。必要時，安裝「話中插接」功能或音效，也是可以考慮的做法之一。

(四) 電子郵件、即時通訊軟體

在資訊科技發達的今日，親師之間可以透過電子郵件，或者例如 Line 等即時通訊軟體來溝通聯繫，不但免費而且快速。

這些方便的資訊科技帶來許多便利與效益，但也可能造成困擾，特別是即時通訊軟體常有濫用、誤用的現象，甚至衍生爭端衝突。教師是否主動的建立即時通訊的群組，或者受邀加入家長建立的群組，最好衡量得失與個人習慣之後再行決定。親師之間若有較為正式的溝通討論事項，仍以面談、電話、電子郵件為主，即時通訊軟體若太過介入或干擾教師個人生活空間，則能免則免。

(五) 建立網路社群、班級網頁或發行班報

對於比較不具急迫性的溝通事項，或者是教師單向對家長傳遞的訊息，例如班級動態、榮譽表現、活動預告，或者親職教育及其他教育訊息（例如升學資訊）等，可以透過例如 FB 或班級網頁之類的網路平台來呈現。

若發行班級報刊、通訊或電子報，則每隔一段時間（例如每週、每兩週、每月，甚至一學期）彙整呈現給家長參閱。此種溝通管道的時效性較低，但仍然可以作為親師溝通的輔助管道。

態度與技巧

親師之間無論透過哪一種方式溝通互動，特別是教師要與家長談論其子女較爲負面的學行表現時，在態度與技巧上，應謹記下列要點：

第一，視家長爲應尊重的主體，以對等尊嚴的地位彼此互動。

第二，呈現學生的負面表現或不當行爲，應該適當展示代表性的具體事證，避免僅是結論式的主觀批評，但也應避免大量、無止境般的逐條列舉，宛如向家長告狀或像是對家長興師問罪。

第三，溝通時儘量降低抱怨的程度，必須讓家長知覺教師對其子女仍抱持正向態度與成功希望，而非無可救藥，也要讓家長對其子女抱持同樣的態度與希望。基於此，三明治溝通技術應是一種頗值得參考使用的技術。

第四，請家長協助共同管教輔導時，所提建議事項應該儘量明確具體，並且是家長能力範圍內可以做得到的，避免抽象籠統，不易理解，或者陳義過高，不切實際。

建立班級結構

第9事　班級幹部的選任：基本理念的思考

　　班級幹部若能發揮功能，學生可以獲得學習成長，也可以協助教師順利而有效率的運作班務，使教師的時間心力可以多放在教學輔導上。選任班級幹部時除了確認校方相關規定之外，教師應先思考自己對選任班級幹部所抱持的理念。

行政效率 vs. 教育意義

　　在不可兼得的情況下，教師要思考自己對班級幹部的選任比較傾向重視「行政效率」抑或「教育意義」，而此項思考也會連動影響到其他的理念。

　　若比較重視行政效率，那麼教師通常會較高度的介入主導，設定班級幹部的資格或條件，採取正向選任方式選出職能相稱的優秀學生擔任，甚至期望表現優異的適任幹部長久留任，若不適任者則毫不猶豫的迅速撤換。相對的，若比較重視教育意義，則教師介入主導的程度較低，或者會交由學生自治選任，不太會設定資格或條件，除正向選任之外，會容許或支持負向選任方式，並讓所有學生都輪流有擔任幹部的機會，對於未能做好幹部職務的學生則通常給予容忍或輔導。

　　學校本質上是教育機構，因此班級幹部選任應該給予教育意義多一點的考量，但漠視行政效率也並非所宜。行政效率與教育意義這兩種價值之間並沒有絕對的是非對錯，教師要先思考自己的理念，做成合宜的選擇。

正向選任 vs. 負向選任

　　班級幹部通常採取正向方式選任，選任或指派職能相稱的學生擔任，以期發揮效能。但是，在特殊狀況下，偶而也可以考慮負向選任方式，刻意選任或指派與該幹部傳統角色期待不符甚至矛盾者擔任，例如選派內向而缺乏自信的學生出任班長，選派調皮搗蛋、經常破壞秩序的學生出任風紀股長等。

　　負向選任有時候是學生之間的惡作劇，有時候是教師有意識的刻意作為，其目的是提供教育改變等契機，或者發揮體驗感受、交互抑制的效果。所謂教育改變是指因為擔任幹部而有練習的機會，產生成就感，進而改變其性格、思維或行為；體驗感受是指讓學生因為擔任幹部而體會到幹部的難為，進而能夠同理或轉而支持其他幹部同學；至於交互抑制是指當學生擔任特定幹部，必須展現出該幹部應有的正向行為，連帶的抑制其對立負向行為的出現。在學校獎懲制度下，負向選任有時候也提供違規犯錯的學生有記功抵過的機會。

　　負向選任雖有前述的功能，但是也可能因為當事學生意願低落、能力不足、性格不符、角色衝突或濫用職權等，未必都能發揮預期效果。當運作不如預期時，班級陷於失能失序，其他學生怨聲載道，當事學生備感挫敗，增添教師更多的困擾，因此負向選任具有相當的風險。也有人擔心此種做法，會讓學生認為擔任幹部變成是一種懲罰。

　　因此，教師應審慎思考，再決定是否要採取負向選任方式，以及如何適度的採行。教師若認同負向選任的功能，因而採取之，必須注意此乃一項特殊的教育安排，因此通常應由教師主導指派，而非由學生選舉，同時應向當事學生以及其他同學說明原因與期待，並且付出更多的追蹤關注。

　　若教師陷入正負向選任的矛盾掙扎，也可以考慮較「保險」的折衷措施，例如正式班級幹部仍採正向選任，其副手則以負向選任方式產生；或者，正式班級幹部採負向選任方式產生，但以正向選任方式選出一位副手，藉此互補或互相制衡。

第 **10** 事 ## 班級幹部的選任：
制度細節的設計

　　班級幹部選任的方式很多，但即使由學生自治選舉，教師仍應預先對選任制度有所思考與選擇，最好還能具體制訂成班級幹部選任辦法，以作為選任依據。制度設計除傳統常見的方式之外，亦可採行其他另類做法，必要時也不排除由教師直接指派。

幹部職務種類與名額

　　班級幹部的職務種類，不同學校有大同小異的設置，通常包括班長、副班長，以及學藝、風紀、總務、服務、體育、康樂、衛生、環保、資訊、輔導等股長，除此之外，教師亦可酌做不同的安排。例如：針對既有的幹部職務增列一位或多位副手；又例如：增置其他職務種類，若有意實施「全班都是長」制度，則更需要依班務創造出更多職務種類。至於增置或創置的幹部職務是否能夠成為學生正式的幹部職務經歷，必要時必須與學校取得協商。

幹部組織形式

　　班級幹部的組織一般採取「個別選任制」形式，但也可以採取「內閣制」或「幹部團制度」。

　　個別選任制為傳統慣用方式，茲不贅述。在較高的教育層級，例如高中，可以採行內閣制，僅選出班長或者班長與副班長的搭檔，其他各幹部則由班長、副班長當選者尋覓洽聘。相較於個別選任制，內閣制最大的特點是可以讓班級幹部更有團隊意識，幹部之間可以相互支援處理

班級事務。

以內閣制方式產生的其餘幹部，若由班長再提請全班以行使同意權方式認可，更能強化非直接選舉產生之幹部的民意基礎。如果採取內閣制，並且有競選活動，也可以請班長候選人預先提出內閣幹部團隊名單，供同學選舉時參考。不過這些並非內閣制的典型做法，也可以不必經過這些程序。

在個別選任制之下，各幹部的副手除個別選任之外，亦可由各該幹部自行尋覓，例如由衛生股長當選人自覓副衛生股長，這樣也有某種程度「小內閣」的味道。

如果班級組成將維持二到三年不變，而且教師期望每位學生都能輪任某種班級幹部，則可以採行幹部團制度。例如：高二、高三不變的班級組合，全班 32 人，每學期班級幹部需要 8 人，那麼可分成 4 組學期性的行政團隊，每組 8 人自行協商分任某一學期之幹部職務；或者，將學生分為 8 組特定職務之專業團隊（例如班長、學藝），每組 4 人自行協調該幹部職務未來四學期的輪任順序，而未擔任該學期幹部者則以副手姿態彼此互助。

資格或條件設定

對班級幹部的選任設定諸如性別、學業成績、操行紀錄等資格或條件，可以作為一種過濾機制，排除不適任者，進而有助於選出較適任的學生擔任幹部。

至於是否應設定選任的資格或條件，最主要的是看教師比較重視行政效率抑或教育意義。若教師比較重視行政效率，那麼就偏向要設定資格或條件；反之，若比較重視教育意義，則不太會設定。

部分幹部職務或許有設定資格或條件的必要，例如體育股長設定體育表現優為條件，另外基於性別機會平等，設定性別比例，這些資格

或條件設定都有其道理，但卻也並不是絕對必要。設定與否，或者要做怎樣的設定，是否要具體明文設定，還是請學生選任時納入考量即可，均各有利弊，教師亦應預先思考並決定。

提名方式

除了傳統的當場提名方式之外，亦可採行其他方式：第一，有意參選的學生自行登記。第二，學生同儕聯署推薦。而為降低胡亂提名推薦、故意陷害整人的可能性，可以要求必須獲得被推薦者同意，或者提名者須敘寫被推薦者適任的理由。第三，每位學生列舉各幹部職務適任的幾位人選，教師彙整並審視後提名。第四，每位學生書寫自己願意擔任的幹部職務一至二項，教師彙整並審視後提名。第五，教師參閱學生基本資料或經歷後，由教師提名。

若安排有競選機制，則在提名之後給予適當的時間進行競選，競選相關注意事項亦可在班級幹部選任辦法中規範之。

表決方式

表決通常以舉手方式最為簡便。若競爭激烈，或者學生同儕之間有不當勢力干預，則改採無記名投票方式。選票可以直接影印點名單或學生名冊，簡易快速的製成。

表決結果通常採多數決。若僅一人登記或被提名，最好仍能請學生行使同意權，過半數則當選。若登記或被提名者頗多，班級幹部選任辦法可以預先規定，表決時若各候選人得票數均未過半，先選出得票數最高的前兩名候選人，再就此兩人進行第二輪表決，過半數者當選，以強化其民意基礎。

任期

　　班級幹部的任期基本上以一學期或一學年為適當，較能配合學校或班級運作慣例與週期，使學生歷練較完整，也較容易有榮譽感與責任心。若任期短於一學期，更換頻仍，將造成幹部永遠都是新手，前後任銜接常有困擾，橫向之間互助協調不易，通常不易發揮績效，師生也比較無法適應。但是若學校並無特別規定或限制，而教師為求能讓更多學生有歷練幹部職務的機會，還是可以考慮較短的幹部任期、較頻繁的輪任。兩者之間亦可採行折衷做法，例如重要幹部任期較長，其他幹部任期較短，或者正式幹部任期較長，副手任期較短。不過，若可以創設多一些幹部職務，藉此提供歷練機會，取代縮短任期的做法，可能更為理想。

連任次數

　　連任次數的設定除了牽涉教師對幹部的理念較為重視行政效率抑或教育意義之外，還要顧及學生的意願（全班學生對擔任幹部都有較高意願，抑或僅有部分學生具有意願），以及擔任幹部經歷是否是學生日後升學的參考指標等。綜合諸多考量，決定是否得以連任，若得連任，連任次數如何設限，以及是否允許非連任性的再次擔任等，以免產生爭議。

教師指派

　　在某些特殊狀況下，可以考慮由教師指派班級幹部。第一，學生年齡較為幼小，例如國小學童一年級剛入學時。第二，新組合班級，學生同儕間缺乏認識時（第一學期或者前幾週）。第三，班級有不良次級文化，學生同儕之間有貶抑出頭者之現象時。第四，學生無人願意出任幹

部時。

　　同樣是教師指派，也有不同的做法。可以是完全由教師直接指派，也可以是學生先行提名、推薦或自薦，再由教師間接完成指派。

　　完全由教師直接指派時，教師應該要參考學生的資料，指派適任、有經驗且有意願者擔任。若教師對學生並不熟悉，且學生資料中仍無法提供具體有效的線索，則可以參考成熟度（例如夜間補校選任役畢者）、年齡（年紀最長或最年輕者）、外型體格或儀態（具有領導氣質或樣貌者）、地緣關係（在地者聯繫便利）、校友淵源（熟悉校園與師長）等主客觀因素，或者採用其他便捷思考，例如指稱座號一號的學生為班級龍頭等，來進行指派。若有時間，最好預先與這些學生稍做晤談請託，以利順利指派，避免遭到抗拒或陷入僵持，也有助於提升其未來服務的意願與效能。

第11事　班級幹部的選任：選任與運作輔導程序

　　若無時間壓力，班級幹部可以用較為精緻嚴謹的程序來選任。選任之後，教師還應持續關心並輔導其運作，如此較有機會發揮班級幹部的行政效率與教育意義。

步驟一：提示與鼓勵

　　教師在選任之前數日，最好針對幹部選任這件事做激勵性的講話，除提示班級幹部的重要性之外，重點放在可以帶給學生的利多收穫，包括增進領導處事經驗知能、培育人際溝通能力、拓展視野高度等，若輔以諸如「智者在位、能者在職」等格言諺語，或者教師個人經驗等，效果更佳；必要時，明示或暗示擔任幹部相關資歷在目前升學制度中被廣泛參採的現實，進一步激勵學生的擔任意願。這次講話若能當作一場精采的短篇演說來準備，撰擬文稿，效果必定更好。激勵講話完畢，再簡介每一幹部的職務內涵以及適任者特質，請學生思考自身意願，或者預先思考擬推薦提名的適任人選。必要時，可以對學生胡亂推選做一些預防性的提醒。

步驟二：登記競選與提名選舉

　　依據班級幹部選任辦法相關規定，循序進行班級幹部的登記、推薦、競選，或者逐行提名、表決、票選，或者提名送交教師決選等。

　　若學生對於擔任幹部較為熱衷，競爭較為激烈，或者採取登記競選方式，教師應稍微注意落選者的反應，必要時給予安慰。

步驟三：就職儀式與頒發聘書

　　班級幹部選任產生後，可以安排就職儀式，預先撰擬宣誓誓詞，讓擔任幹部的學生宣誓就職。宣誓完畢，頒給學校製發或教師自製的聘書或當選證書，並且簡要的給予幹部期勉，並授予幹部某種「代理教師」的權責，藉此強化榮譽感、責任心與服務動力，激勵其未來更能恪盡職責。除此之外，教師也應期許非幹部的其他學生能體諒幹部之辛勞與難為，積極配合與協助。

步驟四：教育訓練

　　部分學校會安排幹部訓練，導師本身若另有需求，亦可自行實施班級性的幹部訓練或座談。

　　班級幹部教育訓練的重點主要是建立觀念、激發熱忱、釐清職責、提供策略方法、提醒注意事項等。重點內容最好製成「班級幹部職務說明書」，作為教育訓練時的參閱教材以及未來執行職務的備忘參考。職務說明書中除通用於各班級幹部的說明事項之外，另外針對各個班級幹部分別詳載其職責以及工作注意事項。

　　若沒有副手的安排，職務說明書中另應設定各幹部第一、第二順位的職務代理人，使幹部之間能夠相互支援。此外，若導師將班級危機應變機制與班級幹部做整合，也必須在職務說明書中加註，並具體告知危機應變時各該幹部應扮演的角色與發揮的功能，必要時帶領幹部做適當的模擬演練。

步驟五：激勵、檢討與輔導

　　班級幹部開始執行職務後，教師從旁觀察與關心。教師可以每週或定期舉行「幹部會報」，除給予慰勉之外，詢問班級與個人工作狀況，

或者依據本身觀察或其他學生的意見反映，提供改進精進之建議。對遭遇障礙的幹部，教導其紓解壓力、改進工作態度或方法之道，或者協助解決困難；對表現不良的幹部，應詢問原因、給予督促或導正。必要時，仲裁幹部內部或幹部與同學之間的矛盾衝突。

步驟六：評鑑與獎勵

教師可以定期或在期末，透過專門的調查問卷，或者融入到班級動態調查問卷中，以回饋之名，請學生對班級幹部的職務表現進行評鑑。評鑑蒐集到的回饋資料，可提供教師與幹部作為參考。

對幹部進行評鑑回饋，應避免做相對性的評鑑，亦即不要進行幹部與幹部之間服務績效的相對評比。因為各幹部的工作內涵與討喜程度不同（例如風紀股長多為「黑臉」，服務股長多為「白臉」），任意比較恐有「香蕉比芭樂」之嫌，無謂的比較也可能造成幹部之間的嫌隙。

班級幹部任期告一段落，可以安排卸任儀式，頒贈學校或教師自製的服務證明書或感謝狀，請班級幹部發表感想或對未來幹部的期許，其他同學則對幹部表達感謝。此外，依校規規範，針對服務表現給予記功嘉獎，教師並可邀請幹部聚餐或以其他方式表達慰勞。至於表現不良的班級幹部，鑑於幹部職務屬於學習性質的外加服務，而非學生的本分職責，因此只要不給予記功嘉獎、獎勵慰勞，或不頒予服務證明書／感謝狀即可，未必需要也未必適合記過警告，或者施以其他處分。

第 12 事　班級幹部的選任：
不適任輔導與撤換

　　基於教育目的以及維護學生尊嚴的考量，應該儘量讓班級幹部任滿。若出現不適任狀況，影響班務運作或班級氣氛，應優先考慮給予輔導，提供改善的機會。若不得已必須撤換，除非當事學生自願，否則其解職程序必須審慎。

輔導改善

　　班級幹部出現不適任狀況時，教師應先透過觀察，或找來當事幹部、其他學生晤談，以了解事實，探究原因，再給予相應的輔導或協助。

　　幹部表現不適任的原因，若源自其他同學或因素，應該協助排解或排除；若源自幹部本身，則進一步依據不同原因類型而給予不同的輔導或協助。若是職能不足，則首重教導工作方法或技巧；若是懶散怠忽，則首重激發鼓勵、督促提醒；若是角色衝突，實際表現與職務背離或矛盾，例如風紀股長本身帶頭搗亂秩序，則首重導正觀念、分析利害，以矯正其不當行為，恢復應有職能。輔導之後持續追蹤觀察或密切督導，以改善其工作狀況。若必要，還應該與家長聯繫討論其子女在校擔任班級幹部的情形，主要用意是萬一必須撤換時，此項前置性的訊息透露，比較不會讓家長感到詫異或憤怒。

罷免撤換

如果給予不適任幹部輔導改善機會，但未見成效，教師在撤換之前，仍可先考慮撤換之外的其他替代策略，例如指派其他學生從旁輔佐之，或者暗中「架空」之，另由其他能實質發揮功能的副手或學生來實質代行其職權。若輔佐或架空的替代方案不可行，或者情節嚴重、其他學生強烈抗議，才進一步考慮撤換。

依據民主原則，撤換應由原初的賦權者實施。如果該班級幹部是由教師指派，教師可以直接撤換；若為學生選舉產生，則應由學生循罷免程序撤換之。

若由教師直接撤換不適任幹部，撤換時機最好有較細膩的選擇，例如在段考、重大活動後撤換。段考或重大活動結束，往往有某種告一段落的感覺，此時比較能夠找到適當說詞給予被撤換的幹部下臺階。必須注意的是，應僅就該不適任幹部實施，不宜為了顧及當事幹部顏面，因此連帶牽動其他幹部也一併撤換改選，即使改選後仍獲續任，但也並非所宜。

若由學生實施罷免，同儕關係陷入緊張，對不適任幹部會造成極大的難堪與壓力，教師衡量態勢，可以約談當事幹部，建議其是否考慮自行辭職。

未到原訂任期即辭職、被撤換或罷免，當事學生都會產生挫敗感，因此教師應該照顧其情緒感受並追蹤輔導，引導當事學生正向看待，例如可以不必持續面對指責、衝突或壓力，對人對己都不失為好事等。如有可能，為該生另覓能夠勝任的其他職務，藉以重建其正向自我概念。

第 13 事　班級規約的制訂：
形式與內涵的基本原則

在開學之初，導師應該自行或與學生共同制訂班級規約（科任教師則應制訂課堂規約）。班規除了是激勵正向行爲，約束不當行爲，營造穩定有序、安全合宜的學習與生活環境的行爲期望或準則之外，也具有非正式課程或暗示課程的性質。若牽涉到獎懲或成績，則班規更要以「契約」概念來嚴肅看待並審慎制訂。而要制訂較爲合宜的班規，首先應對班規形式與內涵須把握的基本原則有所了解。

名稱與形式

班規除沿用班級公約、課堂守則之類傳統慣用名稱之外，亦可發揮創意，訂定不致輕浮戲謔的另類名稱，例如「資三甲的約定」、「五丙家法」等。

班規通常以條目方式列舉，清楚明瞭。將班規編成「歌曲」來傳唱，或編成「新詩」亦未嘗不可，可增加活潑性。不過，不宜過於搞怪，以免失去嚴肅性，導致規範效果降低。

性質

班規可以分爲「常規性」及「願景性」兩類。常規性的班規是對班級秩序、整潔、作息、學習、課業、請假、服儀、品行等常規事項做基本的要求，例如「上課鐘響立即就坐，拿出課本安靜預習」、「每日準時繳交聯絡簿與作業」。有些課堂預期可能或已然發生的特定行爲問題，例如學生課間過度發言、要求上廁所等，則應訂定諸如每堂發言次

數、時間、內容限制等具體規範。至於願景性的班規是對班級精神或文化等較高層次的期許，例如「愛惜時間，善用時間，做時間的主人」、「日新又新，追求完美，永遠朝理想目標邁進」、「常懷感謝之心，常思回饋眾人」等。

　　常規性與願景性的班規各有其訴求與價值，在較為穩定成熟的班級可以訂定願景性的班規，但基本行為尚未上軌道的班級則仍以訂定常規性班規較為務實。願景性的班規通常較為抽象籠統，制訂後要與學生討論意涵，最好還能提出階段性的具體目標或行動策略，否則淪為冠冕堂皇的口號，還不如做成教室布置的標語即可。

內涵

　　班規應該涵蓋的項目，通常包含行政常規、學生活動、清潔工作、課業學習、師生互動、同儕互動等層面，視班級實際情境與需求而定。

　　訂定班規時，教師應注意其內涵不能違反教育原則，避免傳達錯誤不當的潛在課程，條目之間也要注意避免彼此矛盾衝突。

條目數量

　　班規的條目數量必須妥為拿捏。條目太少，不易周延涵蓋班級或課堂重要事項；條目太多，容易稀釋各條目的重要性，也降低實踐的可能性。班規條目數量通常建議在 5-7 條之間。

　　曾聽聞有教師訂定五項班規，並稱為五指班規，要提醒學生注意並遵守某項班規時，教師即伸出幾支手指（例如提醒第四條班規則伸出四指），學生見狀必須同樣伸出四指，並貼在心上，表示謹記在心，誠屬相當別致的設計。

　　教師期望學生遵循的規範，或者師生討論出來的規約，條目數量往往多達十幾二十項，應予以適當精簡或刪減。首先可以先刪除理所當

然、過於基本的行爲要求，其次是刪除校規已有的規範事項。

若經過刪減，條目數量仍多，師生又捨不得「割愛」，則可以考慮不受 5-7 條的限制，改採三種方式因應。第一，依屬性採取適當的邏輯架構加以分類，分類給予標題，使繁多的班規尚能有系統且易讀。第二，依據優先性加以排序，先僅呈現前 5-7 條班規，若某項班規已能實踐，毋須再提醒，則撤除並以其他班規替換之。第三，依據重要性加以排序，將重點班規以較大字體呈現，其他班規則以較小字體附在重要班規之下。

敘寫取向

班規通常採取正面表述方式敘寫，避免負面表述。正面表述通常讓學生感覺被期待與鼓勵，而非被管制與約束，感受較爲良好。此外，班規並非只是消極的制止不良行爲，同時更期望能積極促進適當行爲，而負面表述只讓學生知道不可以做些什麼，未必就等於能讓學生知道應該做些什麼。例如：班規規定上課「不可以吵鬧、亂跑」，學生即使不吵鬧與亂跑，但與教師期待還要能「安靜聽課，專心投入學習」，彼此之間仍有差距。

實務運作上，班規要全部以正面表述會有點困難，採取正負兩面俱陳方式表述是可行的解決途徑。若同時兼採正負兩面表述，應儘量讓所有條文均能如此，避免有些條文正面表述，有些負面表述，有些又是正負兩面俱陳，顯得凌亂不一致。

文句遣詞

班規應以學生本位來敘寫，措詞用語並能配合學生的理解能力，不宜咬文嚼字，但也不宜過度幼稚兒語。此外，要注意不要有錯別字，以免貽笑大方，或者失去嚴肅性。

　　班規的每一條目應儘量僅敘述一個或一類的重點，避免一個條目包含多個性質不同的規範事項；同一性質的事項，避免分散在多個不同條文中分述或重複出現。若性質相近的事項卻仍必須分條敘述，則應放在相鄰的位置。

　　班規條目文字在詳細簡潔之間要拿捏得宜，能清晰具體，避免籠統含混，不知所云，但也不能囉嗦繁瑣。若可能，每一條目的文字字數力求相近，不要相差太多。某些班規會訂定遵循或違反相關的獎懲，使得班規內容冗長，此時則建議將獎懲規定以附件方式呈現。

第 14 事　班級規約的制訂：
程序、解說與執行

　　班級規約或課堂規約涉及規範學生的行為，甚至與獎懲或成績有關，因此制訂程序以及解說執行都應該力求審慎，以建立其正式性、正當性與權威性。

制訂程序

　　班規最好是由師生共同制訂。若由教師逕行自訂，最好能徵詢學生的意見，以奠定共識認可的基礎；若交由學生自治訂定，可讓學生學習「自為立法，自為行政，自為司法」，但教師亦應先構思腹案，並從旁提示、指導甚至糾正，以免制訂不當，衍生爭議，或者不利未來班級或課堂的運作。若師生共同參與班規制訂，可以參考依循下列程序：

(一) 頒布暫行班規

　　班規應該在開學後短期內制訂，但較為審慎的制訂無法在一、二天之內完成。在尚未訂定正式的班規之前，教師可以先頒布自訂的「暫行班規」以作為規範。

(二) 提示意義與重要性

　　教師提出班規制訂任務時，應提示其意義及重要性，特別是採取「總是為你，利人利己」策略，讓學生體會班規訂定的目的是為了營造有利自己的優質環境，而不是僅僅負面的拘束限制，藉此讓學生能正面看待並審慎參與後續制訂歷程，未來踐履遵從的可能性也會較高。

(三) 引導學生提案

採取集體腦力激盪或書面提案方式,請學生發想並提出班級或課堂應有的重要行為規範。也可以用類似「行政院起草,立法院通過」方式,交由幹部或起草小組負責初擬,再於班會或適當時間提交全班討論。必要時,教師可以提供若干班規範例供學生參考。

(四) 彙整討論與定案

蒐集獲得的班規條目提案或者草案,師生先初步檢視,針對重複、明顯不可行、不合情理法、不合教育原則者,說明原因並徵得提案或起草者同意後予以刪除,或者酌修文字或內涵;教師亦可將重要但學生未提及的項目提案納入。初篩剩餘的項目,師生進一步討論,保留合理且必要的條目,然後依邏輯性、優先性或重要性適當編排或者排定順位,形成班規的定案。

解說、發布與實施檢討

(一) 講解說明

班規訂定完成,或者教師逕行自訂之後,有必要講解每一項班規的內涵,必要時舉出正反面具體事例或者示範,使學生真正了解各條目的意旨與行為期望。若假設學生理所當然能理解而不加以解說,不久之後即會發現落實情形有欠理想。

解說班規意涵不僅止於認知、能力層面,同時也應兼及情意態度層面,再一次說明班規對於班級團體以及學生個人的意義與效益,以激發學生遵守並落實執行的意願。

若某些班規係由幹部參與執行,教師應利用幹部教育訓練時,教導相關幹部適切執行該項班規的注意事項,妥當拿捏分寸,以避免引發爭議。

(二) 宣示執行決心

班規若涉及懲戒，教師可以透過燙爐原則（hot stove rule）向學生宣示教師執行的決心。燙爐原則有四個要點：(1) 事先警告（forewarning）：爐子很燙，不要去碰；(2) 迅速處罰（immediate consequence）：一碰到爐子，便立即會燙傷；(3) 客觀公平（impartial）：任何人碰到都會受傷；(4) 衡量輕重，懲罰一致（consistent）：碰得重則傷得重，碰得輕則傷得輕。運用在班規執行上，四個要點則分別強調：(1) 事先警告班規對特定行為會有懲罰，不要違反；(2) 違反班規，立即懲罰；(3) 違反班規者必受懲罰，沒有例外；(4) 處罰輕重與違反班規的情節輕重相一致。透過燙爐原則的提醒，強調信賞必罰以及人人平等，學生若違反班規而接受懲戒，將比較不會產生怨恨。

教師也可以要求學生在班規文件或海報上簽名確認，甚至安排類似宣誓遵行的儀式。班規雖然主要是規範學生，但教師也可以宣示自己也會以身作則，遵守相關規範事項。

(三) 多元管道發布

班規不宜僅以口頭方式宣達，應透過多元管道並兼以書面形式明示發布。除將班規製成海報，配合教室布置，張貼於教室適當且醒目之處外，應影印單張或製成卡片，發給每位學生一份，或要求學生貼於週記、聯絡簿中，科任教師則可要求將課堂規約貼在課本封面／封底的內頁處。若設有班級線上社群平台、班級網頁或班級刊物，亦可在平台、網頁或刊物中呈現，以提高能見度。

教師還可以要求學生將班規交予家長參閱，有時候可以收到家長配合班規來共同教育子女的效果。此外，可以利用週記或作文，請學生以班規整體或特定條目為題進行寫作，以進一步加強學生對班規的印象以

及承諾。

(四) 實施、檢討與調整

班規制訂並發布之後，可以給予學生短暫的適應期，其後旋即應該落實執行。實施情形定期加以檢討，例如每月選定一次班會、導師時間或利用班級動態調查問卷回顧檢討；時間允許的話，甚至可以在每天放學之前以檢核方式簡要檢討。若發現有未能落實之處，及時引導學生落實或改進。

班規應有其穩定性，但也可以或應該是「活性的」，定期或不定期加以更新調整。依據檢討的結果，若某些項目已經進入常軌，學生已達內化、自動化，可以採取「消去法」加以刪除。刪除之後，班規條目會變少，因此可以採取「取替法」，將其他備選班規條目予以替補，使班規維持同樣的條目數。此外，若已能做到但又不適宜取消之項目，則可以採取「精進法」，繼續保留但提升其實踐層次。

除此之外，針對某些特殊時機，例如校外參訪、運動會等，教師可以逕行頒行「臨時條款」，附加一些臨時性的規約項目，或者調整部分規約內容，以因應實際狀況與需求。

嚴格但不嚴苛的執行

落實執行班規雖然應如燙爐原則所訴求的那樣即時信賞必罰，但執行時還是可以保持適當的緩衝彈性，使班規的執行能夠嚴格但不嚴厲苛刻。

舉例來說，班規規定課堂不得使用手機，若使用手機，將由教師暫時保管。若教師在課堂上課之初，一看見有學生使用手機，就見獵心喜，像逮到現行犯、通緝犯一般，立即執行班規，拿走學生的手機，這樣就顯得過於嚴厲苛刻。

　　相對的，明明訂有此項班規，但教師看到學生課堂持續使用手機，內心卻陷入掙扎，猶豫著該不該管教，擔心若不管教，班規徒成具文，學生也不專心上課，但另一方面又擔心若進行管教，會破壞師生關係，甚至引發衝突，這樣就顯得太過於怯懦無為。

　　較適當的做法可以採取類似「數一二三」的策略，以嚴格但不嚴厲苛刻的方式執行。同樣的情境，教師的處理方式將類似：

> 鐘聲響起，教師準備開始上課。
>
> 教師：各位同學，我們在班規中已經約定好，上課時手機要
> 　　　收起來，請大家配合……
>
> 教師稍候大約 20 秒鐘，見學生大概都把手機收起來了，便開
> 始上課。
>
> 上課一段時間後，發現仍有少數學生偷偷使用手機。
>
> 教師：還是有幾位同學沒有將手機收起來，請依班規，儘快
> 　　　收起來。
>
> 教師繼續上課，小傑偷偷使用手機，被教師察覺。此時，他
> 開始依據班規處分小傑。
>
> 教師：小傑，我提醒過兩次了，你還在使用手機，依班規，
> 　　　把手機交給我暫時保管。

採取此種方式，一方面落實了班規的執行，但又給予學生若干緩衝，相對是較為合宜的班規執行方式。

第 15 事　團體勞務的分派

　　有些班級團體勞務事項，最典型的就是環境清潔打掃，不需要特殊專長，不適合全班輪流，而且不是多數學生會自願擔任，但需要大量人力投入，教師要能合宜的分派，適時的安排變動，並且給予若干引導或教導，以利這些團體勞務順利完成。

分派方法

(一) 教師直接分派

　　由教師直接分派團體勞務，雖然略顯專制，學生也會質疑教師的公正性，但是效率最高，而且若學生同儕之間存在有大欺小、強欺弱的疑慮，教師直接指派不失為良方之一。

(二) 學生自主分派

　　在學生相對較為成熟自治、同儕相處較為和諧融洽的班級，團體勞務分派可以視為學生自治事項，交由學生幹部負責分派或者主持協商分工。雖然教師不主導，但仍應在旁關心，必要時提供指導協助，甚至保留有介入調整、最後核定的權利。

(三) 隨機抽籤

　　以抽籤或其他類似方式（例如抽牌卡、轉輪盤），每位學生或小組隨機抽取勞務項目，或者為每一項勞務隨機抽選擔任的學生或小組。此種隨機抽籤的分派方式效率高，而且完全憑藉運氣，公平性不會被質

疑。以隨機抽籤方式分配團體勞務時，可以給予學生或小組彼此自願交換勞務項目的機會；但若覺察班上有欺壓弱小的現象，則應禁止交換。

(四) 自願認養

教師公布團體勞務項目，以當場認養或者登記認養方式，徵求自願認養的學生或小組。若有意認養者超過需求，則以抽籤或其他方式決定；相對的，若未被認養或未被足額認養，則再採其他方式分派。另一種方式是先讓學生或小組抽出優先選擇權次序，然後每一位學生或小組依序自行認養自己或該組想要的勞務項目。

使用認養法時，教師可以為各項團體勞務擬人化命名，為其撰寫代言，呼喚學生認養，增加趣味性。

(五) 工程招標法

教師先衡量勞務工作的分量，決定各項勞務工作所需的人數或組數，小組組內人數應力求相等，最好是各項工作所需人數的「最大公因數」。例如有五項工作，所需人數分別是 6、12、6、3、9 人，那麼就應該以這五個數字的最大公約數 3 為小組人數，因此五項工作等於是分別需要 2、4、2、1、3 個小組。工作小組最好是學生自行組成，有利於組內工作的相互支援，但若有欺壓弱小現象，則儘量以個人為單位分派工作。

毋須特殊專長的團體勞務通常不必設定投標條件。但是若工作性質特殊，例如清掃教師辦公室、工作地點偏僻、男女生廁所等，最好考量品德或性別因素，並以適當說詞來設定投標條件。

教師板書或以海報呈現工程招標標案。例如：某班有 30 位學生，有七項工作要分派，工程招標海報如下：

工作項目	組數	或	個別學生數	投標條件
掃女廁	☐☐		○○○○○○	限女生
整理垃圾場	☐		○○○	限男生
掃籃球場	☐☐☐		○○○○○○○○○	
掃教室	☐		○○○	
擦玻璃	☐		○○○	
掃水溝	☐		○○○	
掃校長室	☐		○○○	

註：每☐代表一組三人

標案公布之後，讓學生有時間去思考或商量擬擔任的勞務項目以及其優先順序，為隨後的投標做好準備。

正式進行工程招標、投標時，教師首先就第一項工作進行招標，符合條件的個人或小組均可依據意願參與投標。若投標人數或組數剛好，則逐行宣布這些個人或小組得標。若投標人數或組數不足，除投標者逐行得標之外，未標出去之部分，暫時以流標視之；沒有任何個人或小組投標時，亦暫時以流標視之，不必僵持停頓。若投標人數或組數多過需求，則即以猜拳、抽籤或其他方式分出勝負，勝者得標，未得標者必須轉而參與其他項目之投標。

比照類似方式，依序招標各工作項目。待最後一項工作招標完畢，回頭將先前未標出或未完全標出的工作項目重新進行招標，而未選定勞務工作的個人或小組則應該再行投標，直到所有工作項目均標出，每個個人或小組也都分配有工作為止。

(六) 其他分派方式

在公平合理的前提下，團體勞務分派可以為特定學生優先或特別安排。例如班級幹部得以不必擔任，或者優先選擇；遠道通學的學生可以安排其擔任非早晚時間（例如課間、午間）的團體勞務。教師亦可將團體勞務分配作為獎勵籌碼，給予學習或行為表現優異的個人或小組優先選擇的權利。

個別學生因故臨時無法擔任團體勞務時，小組分派者組內可以彼此互助；若是個別性分派則最好能指定擔任同一勞務項目者有義務互助支援，或者安排職務代理人，要求每一位學生覓妥一、二位代理同學，或者由教師預留支援人力，機動提供代理或協助。

工作變動

團體勞務的分派若能與學生意願配合，例如由學生認養，而且勞務質量差異不大，則可以維持較長久的時間，不必變動；即使如此，間隔適當時間還是要進行變動，讓學生有更多元的勞務經驗。

相對的，團體勞務若未能與學生意願配合，或者勞務質量差異較大，則應該有較頻繁的變動，在較短的時間內即重新分派，或依照某種順序循環輪動。若重新分派，可以設定得以不再重新擔任或不得重新擔任先前的勞務項目。至於變動的週期可以是每週、每月、段考或其他時間區段，端視各班實況與需求而定。

分派之外

團體勞務分派完成之後，教師除應關切並督導服勤狀況之外，可以引導學生肯定勞務工作價值，甚至還應教導工作守則與方法，以期提升勞務工作的意願、效率與安全。

(一) 肯定工作價值

分派團體勞務前後，教師可以透過適當的講話，引導學生認知並肯定分擔團體勞務的意義與價值。例如體認到自己享有還算整潔乾淨、衛生宜人的校園、教室或者廁所等，其實也是得力於其他同學付出了心力，基於「給予－獲取」的互助觀念，讓學生也願意有所付出。

若有使用週記或作文撰寫文章的機會，可以引導學生針對所分派的團體勞務書寫一篇短文，以老王賣瓜的方式，敘述做好該項勞務的重要，以及自我的態度與期許。透過此一書寫歷程，讓學生對團體勞務趨向正面思考，進而提升歡喜甘願去做的意願與動力。

(二) 教導工作守則與方法

對於某些團體勞務，教師必須提示或教導工作守則。例如：進出教師辦公室從事勞務時，必須遵守適當的禮儀以及嚴守道德分寸。某些具有危險性的器具、藥劑或地點，更必須教導正確的工作或使用方式，訓令禁止玩鬧嬉戲，或者要求學生結伴行動，如果遭遇可疑人事物，應能警覺並適當防範或應變。

多數團體勞務並無特殊的工作方法，但是教師仍可機遇性的教導某些小技巧，例如掃區有一坨狗糞，指導學生先以砂土覆蓋，稍等一會再將狗糞輕輕掃起來，即可清除又可避免沾汙掃具，影響教室氣味。再者，應教導學生適當且珍惜公用器具，例如掃把應該順掃，不宜單手逆推，以免縮短使用壽命。必要時，賦予維護保管責任，如果因為明顯使用不當致使公用器具損壞，則必須照價賠償、自行購補或修繕。

教學環境的布置：安排班級座位

中小學通常不會讓學生自由就座，有著固定的座位安排。座位安排相當程度的影響教學效率與班級運作，教師必須依據想要發揮的功能來決定座位形式，並且便利調整變動。必要時，可以將座位選擇權利的收放，當作班級經營的籌碼之一。

形式跟隨功能

班級座位安排除了考慮諸如學生身高、體型、視力等客觀因素外，最重要的就是要考量教師期望透過座位安排發揮哪些教育、教學或班級經營管理的功能，亦即要把握「形式跟隨功能」概念，由功能來決定座位的形式。要納入考量的功能包含下列幾項，教師必須綜合衡量以決定座位形式。

(一) 課程教學的功能

依據課程教學的內涵以及想要達到的目標，來決定主要採用的教學模式或方法，進而決定適用的座位形式。以傳授基本知識概念為目標，採取講述為主要授課方法時，傳統分行分列排排坐的形式最為適合。若期望發展學生社會互動與共學能力，而採取分組合作學習時，則小組併桌形式最為合宜。若期望師生能夠彼此激盪、交換意見，因而採取座談方式，或者展演學習成果，需要較寬廣的空間時，則馬蹄（ㄇ字）型或口字型的座位安排最為恰當。如果採取學習共同體教學模式，則需要將座位安排成馬蹄（ㄇ字）型，再加上男女各兩位同學一組的座位形式。

一般而言，排排坐形式較有利於所有學生直接觀看教師授課，其他形式則會有部分學生受到不良影響。時下部分教師實際上仍主要使用講述教學，僅極少數時間採取小組討論，卻一味的呼應時尚，將學生安排成分組討論的併桌形式或者學習共同體形式，反而「因形式而負面影響了功能」，顯非明智之舉。

(二) 秩序維護的功能

傳統分行分列的座位通常較有利於教室管理，分組共坐的座位安排則相對不利秩序掌控。教師要衡量班級常規情況與學生自制自律能力，來決定座位安排形式。

教室走動、身體接近是教室管理的常用策略，座位安排也必須考慮是否便利教師行間的移動或組間的巡視。

排排坐的教室座位若有餘裕，可以在前方保留一、二個空位，作為暫時就近監管干擾課堂秩序學生之用。若有一群會聯合干擾課堂秩序的學生，策略性的將這些學生的座位加以隔開，可能有利於秩序掌控。不過教室空間畢竟有限，此舉能否奏效，抑或仍能隔空唱和，仍有待實際觀察。

(三) 安全保健的功能

教室是學生受傷的可能地點之一，課桌椅常是傷害的來源，除了安全守則的宣導外，班級座位的安排必須兼顧安全，力求走道寬敞，學生出入安全便捷。

座位安排也應考慮到視力以及視力保健問題，除了調查了解學生視力狀況，給予視力特殊需求學生所需的安排之外，也要考慮調整輪動，避免學生長期坐在教室特定角度上課。

(四) 社會友伴的功能

　　若強調滿足學生的友誼關係，可以讓學生自由選擇鄰座同儕；此外，定期變動座位，讓學生能有機會與其他不是那麼熟悉的同性或異性同學鄰座，也有助於學生拓展同儕關係或互動經驗。

便於變換或遷就

　　班級往往有不同的任課教師，分別採取不同的教學模式或方法，同一學科也偶而會變換教學模式或方法。若能隨科目、單元或活動的不同需求，而做座位的即時調整最為理想，但是每次變換座位形式都會占用時間、損傷課桌椅，並且製造噪音。特別是課堂中樓上的教室臨時變換座位形式，經常有如大地震一般，發出巨大聲響，使得樓下教室的師生不堪其擾，必須多加注意。

　　導師最好以較多數教師、多數時間主要採取的教學模式方法為考量來決定主要座位形式，但兼顧座位形式變動的便易性。如果需要調整座位形式，例如從排排坐變換為小組，學生可以就近、很快速且方便的轉換或復原，並指導學生變動座位形式時避免發出太大的噪音，注意課桌椅的維護。或者，也可以考慮次要教學模式方法遷就主要教學模式方法，例如學思達教學模式對於座位的安排，就是維持傳統排排坐形式，教師將鄰座四位同學編為一小組，要進行部分時間的小組討論時，僅需前兩位學生轉過身來討論，即可同時滿足個別學習與小組討論之需求，卻不需要變換座位形式。

座位選擇權的收放

　　大多數教室均由教師掌控座位分派權，但是由於多數學生喜歡自主決定座位，因此教師亦可把座位選擇變成班級經營的籌碼，列為獎懲選

項之一。例如：當全體或部分學生表現優良時，教師即讓全班得以自由選擇座位，或者讓學行表現優異的學生可以有自由選擇或優先選擇座位的機會；相對的，若教師本即讓學生自主選擇座位，則可以將收回權利當作懲罰項目，當學生表現不良時，教師即不再讓學生自由選擇座位。

　　讓學生擁有完全或部分自由選擇座位的權利，能夠滿足學生的權力需求以及社會需求，但是自由選擇卻也可能違反前述教育、教學或班級經營管理功能的發揮，例如視力不良的學生坐在教室後方，高大魁梧的同學擋在矮小瘦弱學生的前面，喜歡聊天搗蛋的死黨湊在一塊等，不當的座位選擇或安排將造成諸多妥適性的爭議。因此，教師仍應儘量保留座位分派權，綜合考量前述各項原則來分派學生的座位，不宜任意釋放。即使要部分釋放，也要訂定若干前提、原則或限制。

第 17 事　教學環境的布置：
教室布置原則與取向

　　中小學師生每天在教室中的時間經常長達八小時以上，教室儼然成為第二個家，因此有人說要把教室布置成有「家」的感覺。教室不易也不必像居家那樣布置，但是透過教室環境布置，讓教室成為合宜的教育、學習與生活空間，仍應該積極正視並思考。

教室布置的原則

(一) 共同參與

　　教師可以獨力完成教室布置，但更應把教室布置視為審美教育、合作學習的機會，儘量由師生共同參與，甚至讓學生主導。必要時，還可以徵詢班級科任教師的意見，兼顧其課程教學的需求，或者邀請家長提供協助。

　　學生年紀較小時，教室布置多由教師主導，但可以保留布置的最後程序，例如張貼、固定，讓學生一起動手完成，以提供學生參與感與成就感，並有合作共事的經驗。

　　教室布置若交由學生主導，無論是少數學生負責，抑或是全班共同參與，教師仍應從旁觀察或輔導，例如要求學生完成草圖之後必須先與教師討論，必要時給予調整建議或要求，不宜完全不關心、不過問，以避免不當的規劃設計造成後續不必要的困擾或爭議。

(二) 展現創意

　　教室布置雖然是例行公事，與其應付了事，不如當作師生展現跳脫窠臼、不落俗套的創意機會。第一，布置範圍從教室前後左右四面，擴展到包含天花板、地板等六面空間，從教室內部擴展到教室內外部，從牆面擴展到包含教室家具（例如掃具櫃、個人抽屜櫃、門窗、講桌、穿衣鏡……等）。第二，布置形式從靜態，擴展到動態、生態，例如放置水族箱、飼養箱籠、植物盆栽，以增加生命感；另外也從平面擴展到立體，例如採取立體浮雕造型設計或實物擺飾作為布置元素，兼收美觀與省時省力之效果。第三，若發展有班級識別體系，善用選定的願景精神、標準字／色、班徽圖騰、吉祥物等作為主題、基調或元素，進行統整性的設計與布置，在徵得學校同意的前提下，甚至配合標準色粉刷教室牆面；班級若推展特色事項，例如「每週奧林匹亞數學難題」，也應該融入教室布置中，設置必要的看板。第四，若教室空間寬裕，區劃設置例如益智角、學習角、班級圖書角等迷你空間。第五，以創意布置實踐環保，例如善用淘汰但堪用的家具，或者碎布、廢紙等資源回收物，或者不花經費地巧妙善用教室布置，為老舊教室遮瑕，掩蓋掉教室建築物不美觀之處。

(三) 適切合宜

　　教室布置更要講究適切合宜，特別是切勿為求展現另類創意，而產生反效果、副作用或引發不必要的爭議。

　　舉例來說，懸掛風鈴吊飾，或在窗戶上貼上大片剪紙窗花等，雖然詩情畫意，但卻會影響安寧或遮蔽光線；不斷閃爍的燈飾或者迎風轉動的風車，雖然是動態性的創意設計，但卻也造成分心擾動；在教室中使用或放置了若干擺飾家具，造成師生出入動線受到影響，或有發生意外傷害的疑慮；甚至所用的某些材料或原料具有毒性等，均非所宜。

教室布置若未能配合學生身心成熟度，過分超齡或幼稚，或者不能配合班級屬性，例如日文科班級布置成美國風；或者故意搞怪，例如以「喪屍」爲主題，將教室布置爲陰森森、令人心生恐懼的鬼屋；或者不明就裡的拿例如納粹圖騰來布置；或者展現特定的政治或其他意識型態等，都會引發不必要的爭議。

學生主導布置教室時可能會有欠缺思考或「玩過頭」現象，這也就是爲何教師不宜完全放手，仍應從旁關心，甚至必要時適當介入的原因。當然，教師本身也應該有警覺敏察力，以免自己主導設計時也犯了類似的錯誤。

(四) 更新維護

教室布置可以長期續用，維持整個學期不做更新，但若布置內容具有時效性，例如配合課程教學、時令時事等展示資料，那麼就必須經常更新內容資料。不少教室在期末仍會看到學期初教學單元相關的教學材料沉睡在教室布置空間上，顯然教室布置就只是期初應付式的一次性例行事務而已，缺乏更新的意識或行動。

除了更新資料之外，教室布置也應該講究後續的維護。請布置主事者或特定幹部，若發現有脫垂、掉落、破損現象，應隨時予以修補，避免欠缺維護的布置反而讓教室產生破敗不堪的感覺。

景觀取向的教室布置

教室布置應兼顧多元目的與功能，包含輔助課程教學、美化優化環境、營造正向氛圍等。但由於教室布置畢竟是一項「布置」作爲，因此師生應相對多多考量美感課題。

教室布置應講究整體美感。即使分成多個區塊，分別由不同小組負責，也應該重視整體規劃與彼此間協調搭配，而非各自爲政、各自盡情發揮。

　　許多教室布置強調課程教學資料提供、作品展示、活動紀錄、訊息傳達、榮譽表彰等，因此教室布置往往切割成許多小區塊，每一區塊放入大量的文件或資料。這樣的教室布置，美其名是色彩繽紛、琳瑯滿目，但實則支離破碎、眼花撩亂，難有整體美感可言。再者，教師未必能經常性的更新資料，即使更新資料，學生也罕能駐足觀看閱覽；即使想看，有些資料圖文甚小，也不容易觀看閱覽。因此，教室布置區塊化、零碎化的呈現資料資訊，其功能被打上大大的問號，而且也犧牲了或者未能關注美感。

　　基於此，可以考慮改採景觀取向的教室布置。具體言之，就是不再特別強調資料或資訊的呈現，改以整體美感為主要思考，採取較大的、景觀式的設計取向，讓教室布置主視覺就是一幅合宜的景觀，例如放眼望去，就是一大片的海景，或者一大片的星空。這種取向的教室布置更能發揮美感作用，也讓學生孕育美學素養。

　　至於原來強調的資料或資訊功能，則建議改採數位化、網路化方式呈現。無論是課程教學參考資料、學生作品、公告事項、班級或個人榮譽等，在沒有違反個資保護的前提下，透過掃描、拍照等數位處理方式，上傳到班級的網路平台或空間，反而更有利於快速且容易的更新，有更高的可見度，能讓學生真正看到，同時也有機會讓家長等其他人看見重要資訊或師生努力的成果。

　　景觀取向的教室布置思考，呈現較大規模的、具有整體美感的教室布置風貌，藉此培養學生適當的美感，但同時透過其他管道維持或提升資料或資訊傳遞的需求，沒有犧牲任何一種功能，甚至讓兩類功能都更能有效的發揮，教師不妨考慮採納。

第 18 事　經營計畫的編製：撰擬計畫書與行事曆

在開學之前，班級經營準備工作之一即是預擬未來新學期或學年的班級經營計畫。班級經營計畫除一般企畫報告書形式的文件，另外最好能編製行事曆，如此將有助於教師以較統觀宏觀的視野、較縝密精緻的心思、較嶄新多元的創意，來思考並規劃班級經營事務以及按部就班的執行。

班級經營計畫書

班級經營計畫書的內容通常涵蓋班級基本資料、班級生活時間表，以及教師的班級經營理念（或目標）、預擬的或定案的班級規約與配套獎懲、學生自治體系、課程教學經營要點、重點推行的特色活動，以及對親師溝通合作的期望等。其項目與格式依學校的規範或者教師個人的想法、需要，自行研訂與撰寫。

教師如果不是應付式的複製他人既成版本，酌改基本資料後交差了事，而是用心撰擬此班級經營計畫書，將有助於重新思索自己班級經營的方方面面，包含班級經營的理念、策略與作為，對教師的班級經營發揮再省思以及指引的作用。

班級經營計畫書除放置到學校或班級網頁之外，在開學初、親師座談，或者隨同給家長的一封信，分發給學生與家長參閱，揭示並傳達教師班級經營理念與做法，將有助於獲取利害關係人對教師班級經營的了解、認同與支持。

班級經營行事曆

　　各行政處室對重要事項普遍都編製有行事曆以作爲備忘。對教師而言，班級經營是每日執行的重要事項，因此不妨比照編製班級經營行事曆，對班級經營每月、每週、每日按部就班進行，將能有實質的幫助。

　　班級經營行事曆涵蓋的時間範圍以一學期爲佳，可以延伸至一學年，以符合學校的運作週期，也比較能讓班級經營具有整體性和宏觀性。學期或學年應該完整包含 8 月到 1 月、2 月到 7 月，亦即寒暑假期間應一併納入，以促使教師班級經營的思維能往前延伸、向後擴展。

　　班級經營行事曆通常以月分爲單位，各月分的行事曆獨立爲一張表，亦可將一學期各月分行事曆整合爲一張表，表中各月分註記當週或某日的行事。

示例

○○年○月行事曆			
			本月目標：○○○○
日	星期	學校重要行事	班級經營行事
1	三		
2	四		
3	五		

⋮

○○年○月行事曆

日	一	二	三	四	五	六
			1 a.…… b.……	2 a.……	3	4
5	6	7	8	9	10	11
12	13	14	15	16	17	18
19	20	21	22	23	24	25
26	27	28	29	30	31	

<table>
<tr><td colspan="9" align="center">○○年○月行事曆
○○○○主題月</td></tr>
<tr><td>日</td><td>一</td><td>二</td><td>三</td><td>四</td><td>五</td><td>六</td><td>學校重要行事</td><td>班級經營行事</td></tr>
<tr><td></td><td></td><td></td><td>1</td><td>2</td><td>3</td><td>4</td><td></td><td></td></tr>
<tr><td>5</td><td>6</td><td>7</td><td>8</td><td>9</td><td>10</td><td>11</td><td></td><td></td></tr>
<tr><td>12</td><td>13</td><td>14</td><td>15</td><td>16</td><td>17</td><td>18</td><td></td><td></td></tr>
<tr><td>19</td><td>20</td><td>21</td><td>22</td><td>23</td><td>24</td><td>25</td><td></td><td></td></tr>
<tr><td>26</td><td>27</td><td>28</td><td>29</td><td>30</td><td>31</td><td></td><td></td><td></td></tr>
</table>

　　由於班級屬於學校整體的一部分，班級經常需要配合學校行事來運作，例如段考、啦啦隊競賽等，因此班級經營行事曆應該以學校行事曆為綱本，先將學校層級的各項學習、評量、假期、藝文／體育活動等加以標定，再填上班級配合這些活動應有的配套作為。然後，進一步將教師自發推動的班級活動與經營事項填入，例如班級認養非洲兒童，每個

月要給認養對象寫信、寄照片等。填完上述資料,大致即可完成。

　　班級經營行事曆是以班級為主,因此在表格設計上,班級行事部分可以給予較大的空間,學校行事部分空間較小,或者以較小字體呈現。各月分行事曆的末尾可設計備註欄,以記載當月分的若干行事。

　　行事曆填入的學校或班級活動事項,經常需要有前、中、後的系列配套作為,例如班際合唱比賽,教師在9月某週某日就要宣布,並決定自選曲、角色分工;9月另一週某日要進行隊形編組,並開始分部練唱;10月某週某日要開始進行各聲部混合練習,10月另一週某日要進行預演彩排,10月某日正式參賽;11月某週某日配合班會時間進行慶功或檢討等。同一項活動若能在行事曆上一次性的排定其系列性的班級行事,排定後再去思考另一項活動,如此比較能夠獲得完整性與連貫性。

　　班級經營行事曆可以依據每月或特定週次具特徵性的活動內涵,訂定該月或該週的主題,例如設定9月為「相見歡」,5月為「明倫教孝」,6月為「考前衝刺」或「珍重再見」,或者設定12月底某週為「耶誕鈴聲」等。

　　行事曆內容可能頗為繁雜,應善用不同字型、字體、粗細,特別是善用不同的顏色來編輯,以利閱讀與辨識。

　　初次編製班級經營行事曆勢必較為費心費力,但往後通常只需要酌予修改微調,就會省時省力許多。但用心編製之後,將能讓教師班級經營的圖像更為具體明確。曾有教師編成班級經營行事曆之後,竟然有一種「巴不得明天就趕快開學」的熱血心情,想要把他精心規劃的班級經營事項儘速付諸實踐。由此顯示,班級經營學期或學年行事曆的編製確實具有相當的價值與效益。

優良表現的獎勵：獎勵的類型與方式

第 19 事

在教育實務上，獎勵對於提供成就滿足、奠定自信、引導學生持續表現優良行為，以及維繫師生正向關係等，均具有積極的作用，因此即使獎勵被批評為只是控制學生的一種精微手段，未能引導學生內在自律，但仍無須完全否定。而獎勵的類型與方式十分多元，教師應廣泛掌握並彈性運用。

非物質性的獎勵

非物質性的獎勵包含精神性、社會性、權利性、活動性等不同形式，具體可用的方式如下列所述，教師可以個別或綜合性的加以運用：

(一) 私下稱許嘉勉

在旁邊沒有其他人員的場合，透過口頭言說，配合積極的態度表情、肢體動作，或合乎倫理的肢體碰觸，或者透過書面文字，在學生的聯絡簿、作業簿、考卷上，或者使用卡片、便箋、信函、電子通訊媒介等，對學生的優良表現表達肯定。口語形式的稱許嘉勉簡便迅速，書面形式則可以保留重閱，更有綿長的效果。

(二) 公開表揚或廣為宣傳

在當事學生樂意，而且不致產生副作用的前提下，公開肯定學生的優良表現，例如在全班學生面前給予口頭讚美，或者在教室內張貼祝賀海報、展示獎狀獎盃，在班級社群平台、網頁或刊物上刊載訊息加以表

揚，必要時也可以請全班同學以口頭或書面給予肯定或祝賀。

有時候，將學生的優良作品展示於教室空間，或公開朗讀，或推薦投稿發表於校內外刊物，或邀請學生展演發表才藝，同樣可以達到表揚獎勵的效果。

若學生的優良表現頗為特殊難得，可以進一步報請學校在全校集會場合表揚，轉發校外獎盃或頒發學校獎狀，並且在學校平台、網頁、刊物或跑馬燈等傳媒予以公告，宣揚周知。

無論家長是否已經知情，教師透過當面、電話、家庭聯絡簿或祝賀函等口語或書面方式，向家長傳達並祝賀其子女的優良表現，對學生也有莫大的獎勵作用。

(三) 給予特殊機會或權利

給予表現優良的學生其他學生未能享有的特殊機會，或者做或不做某些事的權利，以肯定其優良表現。第一，依學校規定給予記功嘉獎，或給予成績加分，或將優良事蹟登載於學生紀錄文件上。第二，推薦或給予較難得的機會，例如擔任大會司儀、升學、工讀機會等。第三，免除某些事務，例如團體勞務得以輪空一次。第四，提供優先選擇權，例如優先選擇座位、團體勞務。第五，提供特殊權利，例如有權擁有教師帶來的可愛布偶一週的時間。

物質性的獎勵

物質性獎勵是提供學生若干能使用或食用，並能讓其感到愉快滿足的有形原級增強物。物質性的獎勵也有多元方式，除了食品、物品之外，必要時可以改用金錢方式替代。

(一) 健康飲食

提供糖果、糕點、速食、茶飲、碳酸飲料等食品，以肯定其優良表現。不過，部分家長不贊成子女食用前述食品，因此最好偶一為之，或者先探詢家長意見，或者提供其他比較不會有爭議的健康食品，例如無糖飲料、優酪乳或高纖餅乾等。如果教師手藝夠好，亦可贈送親自製作的私房健康食品點心，或者招待學生到家作客用餐。

(二) 文具、飾品或器材

提供學生實際用得到的文具、學用品、運動器材，或者具有意義的書籍、電影／音樂／球賽票券。若適當，亦可提供圖書禮券，讓學生自行購置所需學用品、書籍或其他品項。

除了學用文具之外，教師亦可提供具有教育意義，或至少沒有反教育疑慮的安全玩具、飾品、小物或小植栽。若教師具有手工藝專長，贈送自製的小玩意，例如吊飾、筆袋、編織物等，心意更顯得特殊。

(三) 獎金或配合款

冠以獎學之名義，提供獎金或替代性的超商禮券作為獎勵。獎學金來源或禮券購買經費應由教師自掏腰包、自行負擔，或者必須從明確授權教師做此用途的經費管道來支應，不宜挪用班費或者以罰款收入來支應。

教師亦可採取配合款方式，視教師意願與經濟能力設定金額比例或上限，讓受獎學生自選想要的獎勵項目，教師贊助學生部分比例或數額之經費。例如受獎學生想要買一本 300 元的精裝筆記書，學生負擔一半150 元，教師則負擔另一半 150 元的費用。

代幣制度

　　獎勵通常以即時給予為原則，但實務上不適合也不容易針對學生每一次較小的優良表現都即時給予獎勵；此外，教師期望學生維持優良行為表現，或者學習延宕滿足，或者讓實際給予的獎勵較有分量等，因此經常採取代幣制度。代幣制度的設計是即時給予次級增強物，亦即代幣，學生累積代幣，之後再兌換原級增強物。

　　代幣的選定或設計應容易給予、收存、保管，而且經濟、不易偽造，本身相對不具收藏價值、不具原級增強物的效果。通常可以使用教師手寫的符號（例如蘋果、笑臉）、加蓋的圖章、貼紙、小獎卡或者紙製假幣等，或者直接使用分數、等第亦可。這些代幣直接給予學生，或附加在學生既有的課本、習作、試卷、聯絡簿上，或者設計專門的集點簿本（護照），讓學生保管累積。

　　代幣制度下的原級增強物，可以選用前述各種物質性或非物質性獎勵，惟其心理面或金錢面的價值必須高於一般單次給予的增強物，此外最好不易饜足，學生兌換之後還會持續想要再累積、再兌換。在特殊的情況下，教師可以與家長合作，由家長提供較高價值、學生真正喜歡的原級增強物（例如越野單車），親師合作對特定學生實施代幣制度。

　　選定代幣之後，師生商定獲得代幣的具體行為標準，除必須確實是學生值得獎勵的優良表現外，代幣獲得的難易度宜拿捏妥當，太難則學生乾脆放棄，太簡單則又貶損代幣制度的價值。另外，師生應商定兌換原級增強物的時機與標準，兌換時機除定期制之外，也可以採取彈性制，讓學生自由選擇兌換點數與時機，如此更有機會兌換到學生更想要或更高價值的原級增強物。曾聽聞有教師設計拍賣會形式，提列許多原級增強物，讓學生以所擁有的代幣為資本進行競標，也饒富趣味。

　　無論是獲得代幣的行為表現，或者原級增強物的兌換，初期的標準

設定可以較低，其後漸漸提高；兌換時機亦然，初期或較低年級實施時應該較爲密集，讓學生較快獲取實質獎項，以激勵或維持行爲動機；後期或較高年級實施時，則可以拉長兌換時間的間隔。

團體獎勵

除個人性的優良表現之外，教師也要思考如何針對小組或全班的優良表現給予團體性的獎勵。

前述物質性或非物質性獎勵方式，大多數都可以直接或稍加調整之後，用於團體獎勵情境。不過，也有一些專門或相對比較適合提供給團體的獎勵措施，例如全班有優良表現，教師依班級學生喜好，購贈叢書、籃球、躲避球或其他運動器材等，來充實班級圖書或提供全班學生使用；或者，帶領學生到校園樹蔭底下、小溪邊，用較輕鬆的方式上課，或從事非教學的其他活動，例如講故事、玩遊戲，甚至就只是放空；或者保留部分時間，讓學生自由從事其喜愛的活動。

代幣制度亦可針對小組或全班來設計實施。團體性的代幣制度，通常設計較爲複雜的累進機制。例如設計「榮譽樹」，榮譽樹之生長依序爲播種、生根、發芽、長出枝幹、長出葉片、開花、結果，累積一定優良表現後即可進階到下一個生長階段，直至結出若干果實爲止；又例如仿效早年五燈獎節目的「五度五關」，或者依據學歷、軍階或官爵晉升制度來設計。小組或全班共同努力，達到一定的成果、關卡或階級，教師即頒予該小組或全班適當的獎勵。階級累進過程也可以配合懲罰制度的實施，有升有降，有進有退。曾有教師將原級增強物製成拼圖，學生團體每次有優良表現即獲得一小塊，拼成之後即可獲得該原級增強物，頗具創意。

第 20 事　優良表現的獎勵：
實施注意事項

　　對學生實施獎勵是一門藝術，教師獎勵學生時必須注意若干原則或事項，否則獎勵不當將無法達到目的，甚至產生反效果。

多元、普及，但勿浮濫

　　獎勵是為了促發或維持學生優良表現，教師自然期望全體學生均能如此，因此應更積極性、開放性的觀察學生的各種面向，針對過程與成果，開發學生值得獎勵的事項，讓受獎機會能多元，普及所有學生，不會淪為少數學生的專利。

　　但在多元普及獎勵機會的同時，也不應過於浮濫，為獎勵而獎勵，因人設獎、通通有獎。若過於浮濫，效果將被稀釋，獎勵失去價值，不易達到促發或維持優良表現的效果。

名實相符，比例相稱

　　學生必須確實有優良表現才給予獎勵，否則無理由的濫給獎勵，不僅不符合教育原則，甚至會讓學生有被羞辱譏諷的感覺。

　　獎勵大小應與優良表現規模大小相稱，較大的優良表現給予較大的獎勵，否則會讓學生失望；較小的優良表現則應給予較小的獎勵，否則雖然會讓學生有意外驚喜，但也養大學生胃口，扭曲學生價值觀念，誤以為小小努力便應得大大獎勵。

　　獎勵既然應與學生的優良表現相稱，那麼獎勵給予就不適合結合運氣因素，例如獲得獎勵的學生還得在摸彩箱或戳戳樂中抽獎碰運氣，甚

至還有可能抽到「銘謝惠顧」，學生獲得的獎勵內容全憑運氣，與其優良表現無法相稱，雖然有趣，但也並非所宜。

簡易經濟

教師給予學生獎勵應考慮簡易可行，特別是代幣制度的設計不要過於複雜，若因為執行獎勵措施而造成教師耗費大量時間心力，甚至耽誤教學，則顯非明智之舉。

此外，獎勵給予也應注意經濟性。教師雖然不要一毛不拔，但花費過多金錢來獎勵學生，造成沉重的經濟負擔，其實並不值得鼓勵。而且花費過多金錢獎勵學生時，獎項偏向是物質性，而且金額偏高，如此反而容易忽略獎勵原本更希望傳遞精神層面肯定的本意，讓學生轉而看重物質，造成手段變成了目的。

公開或私下獎勵要拿捏

傳統觀念認為「揚善於公堂」，因此獎勵學生要在公開的場合進行。如果學生本身喜歡，也沒有不良副作用，公開獎勵學生的效果確實較好，也可以對其他學生產生楷模學習的功能。

但是，不同學生有不同的個性，有些學生（或者包含其家長）不喜歡「嶄露頭角」，或者學校、班級可能有反智主義之類的不當學生次級文化，會攻訐或排斥受獎勵的同學，公開獎勵反而會為當事學生帶來壓力或傷害。若覺察到有這樣的現象或疑慮，則應改用私底下非公開的方式來獎勵學生。

所謂私底下非公開的方式，除了請學生到諸如教師辦公室給予獎勵之外，有時候在教室中就只要將學生請到一邊，離開其同儕，或者教師走近學生身邊，在其他同學沒有注意到的情況下，低聲或不言說的施予獎勵即可。相對於公開獎勵，這種私底下、非公開、甚至無聲的獎勵

方式，師生之間的互動更為接近、緊密，學生更能感受到教師給予的肯定，更能產生個人意義，發揮獎勵的效果。

探詢設計獎勵內容

獎勵要能促發或維持學生優良表現，重要關鍵之一是學生對獎勵能有所喜好、期待或需求。若能探知並配合提供，不但較能發揮效果，學生也會體察教師的用心。至於學生喜好、期待或需求的獎勵內容，除教師自己設想之外，可以透過口頭詢問、調查表、「未完成語句」問卷或其他管道探詢。而學生的喜好、期待或需求可能會變動、饜足，因此最好定期重新調查了解並相應調整。

若能針對不同學生分別提供其所喜好、期待或需求的獎勵，效果通常最好，但必須考慮公平問題，避免相似的優良表現，卻有著差異甚大的獎勵內容，反而讓學生心生怨懟不平。因應之道通常是結合代幣制度，開列出較多的選項（甚至允許學生與教師協商納入原未列舉的項目），讓學生彈性選擇兌換時機與品項，即較有機會讓獎勵內容分別符應個別學生的喜好、期待或需求。

獎勵內容的設定也要考慮學生身心發展階段，中學階段的教師通常要避免使用小學教師慣用的獎勵內容，以免讓學生覺得教師「小看」了他們。不過，實務經驗卻也發現，中學階段的學生也不一定排斥一些小學階段常見的獎勵內容，教師使用前，最好能先設法探詢學生普遍性的想法。

避免不當的獎勵設計

獎勵應注意避免不當的設計，以免有反教育或反效果的疑慮。值得注意的至少有下列四點。第一，以正增強為主，儘量避免使用負增強。負增強的特性在於先提出甚至先實施學生不喜歡的嫌惡刺激，然後以取

消或移除嫌惡刺激當作獎勵。雖然移除時會產生被獎勵的愉悅感覺，但是預懸某種「威脅」來迫使學生就範，感受仍然不是那麼良好。

第二，避免以減免某些必需的教育活動來作為獎勵方式。例如減免回家作業，或者拿甲課程的時間來改上學生比較喜歡的乙課程，這樣容易造成學生用負面眼光看待回家作業或某些課程，造成學習內涵的偏失缺漏，並且違反教學正常化。

第三，避免「功過相抵」之設計。優良行為的獎勵與不良行為的懲罰應該各為獨立事件，彼此間儘量避免能相互彌補抵銷。其中，「後功抵前過」或許尚可審慎使用；至於「前功抵後過」則絕對避免，以免學生誤以為領有「免死金牌」，就可以豁免後續違規犯錯時的受罰而為所欲為。

第四，對教師私人事務之服務不宜給予獎勵。例如有學生自願幫教師洗滌中午便當餐盒，教師應給予私人酬謝，不宜因此而給予班級或學校層次的獎勵，以免有假公濟私之嫌。

區辨並對應獎勵優良表現的主體

教師要能清楚區辨優良表現的主體是個人、小組或全班，並對應給予有實際優良行為者適當的獎勵。

時下分組合作學習方式盛行，常見教師提問問題，點名個別學生逕行答對，教師即給予所屬小組加分記點。惟該生答對問題並未經過與同組同儕討論，僅是個人性的表現，對於個人性的優良表現，卻給予小組團體性的獎勵。雖然給獎通常不嫌多，皆大歡喜，美其名則是「為團體爭取榮譽」，但是部分學生「無功受祿」，可能誤導學生只要同組同儕好好努力，自己跟對「神隊友」，即可吃香喝辣、坐享其成。因此，「連坐處分」固然應該絕對避免，「連帶獎勵」也並非所宜。

守信給予

基於「信賞必罰」的「信賞」，學生有優良表現時，教師應記得給予獎勵，不宜遺忘遺漏，以免有損誠信。應獎勵而未獎勵，會削弱學生的行為動機，甚至變成一種剝奪性的懲罰，使學生對教師產生怨懟。

教師百忙之中難免會忘記給予，因此應允許甚至鼓勵學生能在合宜的時間，透過適當的態度或方式，勇於提醒教師補給。教師不必把這樣的行為視為功利、計較，反而應視為是教導學生爭取或保障自我應有正當權益的一種教育。

審慎實施扶弱取向獎勵

某些獎勵措施著重鼓勵學行表現不良或較落後的學生，例如進步獎的設計，或者教師與問題行為學生訂定契約，若能改過遷善即給予獎勵。這些獎勵措施原本立意良好，但也造成評量成績吊車尾、平時調皮搗蛋的學生，反而比那些學習評量表現中等或中上、平時循規蹈矩的學生更有機會受獎的不公平現象。若有這樣的疑慮，扶弱取向的獎勵應該儘量私底下進行，或者僅採用口頭讚許方式。

此外，教師若使用補償矯正措施作為懲罰手段，由於是引導學生回歸本來即應有的適當行為，而非學生有特殊的優良行為表現，因此即使學生能做到適當行為，也不應該給予獎勵，頂多就是肯定其有能力做到，並鼓勵該生未來持續表現合宜行為。

避免偏離或副作用

教師應注意並避免獎勵產生偏離或副作用，或設法緩和其負面影響。第一，避免手段變成目的。無論物質性或非物質性獎勵都屬於外在動機，學生可能會形成不當的依賴與功利心態，手段變成目的，一旦去

除獎勵就不再表現優良行為。因此教師給予獎勵時應多闡述精神層面的意義，特別是應該壓低物質性獎勵的金錢價格，以期彰顯其精神意義。舉例來說，教師給予學生 1,000 元的獎勵，比較容易導致學生看重物質；相對的，如果教師給予學生的是 20 元的小禮物，反而比較能讓學生感受教師此項物質獎勵媒介背後精神層面的實質意涵。

第二，避免學生因競逐獎勵而影響同儕關係。獎勵設計儘量與教師設定的標準競爭或自我競爭，避免同儕之間你贏我輸的惡性競爭。

第三，實施代幣制度時，學生可能使用代幣做不當的利益交換、買賣，例如轉讓代幣而從同學處獲取物品或諸如抄寫功課等服務，教師應注意並明令禁止。

逐步提升或退場

獎勵制度建立之後應該持續穩定的實施，但實施頗長一段時間後，可以逐步提升，例如提高獲得獎勵、代幣或者兌換原級增強物的標準，拉長兌換的時間，或者將物質性獎勵轉換為非物質性的獎勵。

更進一步則應嘗試退場，引導學生重視學習或行為本身的意義與價值，將外在動機轉換為內在動機，並鼓勵其不再仰賴外在獎勵，亦可持續有優良表現。

獎勵的提升或退場應該選擇適當的時機點，例如段考、新學期、新學年，以正向的適當說詞來說服或引導學生。例如在新學期期初，恭喜學生已經更加成熟長大，相信他們可以從過往依賴外來獎勵，成長到可以內在自我激勵，主動表現良好學行，因此建議取消原本實施的獎勵制度。若以嬰兒原本仰賴螃蟹車來學步，到後來就會脫離螃蟹車、自立行走為譬喻，應能讓學生體會擺脫獎勵輔助的積極意義。必須注意的是，退場之前應結算學生先前應得或可得的獎勵。此外，要防範退場之後，部分學生可能出現行為倒退的現象。

第 21 事　違規犯錯的懲罰：
多元的懲罰類型

　　學生違規犯錯時，除透過正向管教措施給予教育輔導之外，必要時仍需實施懲罰，以期抑制不良行為的再發生。懲罰的實施有不同的類型，教師應視情境與需求來彈性或綜合選用。

責備告誡型

　　透過口頭或書面，必要時搭配適當的眼神、表情以及肢體動作，對於學生的不良行為表現直接表達不滿、不悅、訝異、失望、痛心甚至憤怒感受，或者指出學生行為不利人及／或不利己，或者使用「我－訊息」方式陳述學生的行為事實、造成的影響以及教師的感受等，讓學生心理產生適度的壓力，藉此產生懲罰的效果。

補償矯正型

　　要求學生將應該做好但沒有做好的行為加以完成，或者將事物回歸到原本的狀態，例如寫完並補繳未完成的回家作業、將未扣的制服鈕子扣上、照價賠償或修繕損壞的公物、清理復原塗汙的課桌椅、對捉弄的同學口頭道歉等，這些屬於「補償型」（或稱還原型）的做法。要求學生將不適當行為調整成適當的行為，例如胡亂塗寫的作業重新寫過、把亂丟的紙屑撿起來投進垃圾桶、躁動不安者令其靜坐，而不修口德、出口成「髒」者令其改說適切的話語，這些則屬於「矯正型」的做法。雖然分為補償與矯正兩種，但未必截然劃分，其共通點在於補償矯正的行為要求通常與其不當行為有直接的對應關聯性，要求學生將缺失不當行

317

為調整至完善或常態，或利用合理的正面行為來取代其負面不當行為。

單純的補償或矯正事實上稱不上是懲罰，不過對於一些偶發性的、不嚴重的缺失行為，其實即已足夠。稱得上帶有懲罰性質的，應該是「加重補償矯正型」，對學生改正的行為要求程度或強度超出原本常態之所需，例如回家作業未寫者要補做兩倍作業量、發言前不舉手者令其反覆練習舉手徵求同意動作10次等，懲罰的色彩就較為明顯。

實施加重補償矯正的懲罰必須較為謹慎，除行為要求必須與其不當行為有對應關聯性之外，要注意某些補償矯正行為不能加重或過度加重，例如要求打破一扇玻璃的學生賠償10扇玻璃的費用，或者連同學校其他破損窗戶一併修繕；或者要求未交作業的學生多做20倍的原有作業量等。若拿捏不當，將會產生侵權或不當管教的爭議。

剝奪限制型

控制學生的某些事物、權益或自由，使學生感到被剝奪或限制，藉此達到懲罰的效果。剝奪限制型又分為「積極剝奪限制」及「消極不給予」。

「積極剝奪限制」是指教師移置、移除或取消學生既有的事物、權益或自由。例如：漫畫或手機是學生本有的物品，教師予以暫時保管；下課休息是學生本來擁有的時間或自由，教師留置學生在教室內靜坐反省；學生本來可以與同學在一起共處，教師令其到教室一隅，暫時與其他同學保持距離；學生本來可以舒適自在的坐在自己的座位上，教師令其就坐指定特別座位，或到教室後面站立反省；學生已經獲得的代幣、本有的學習分數，教師予以收回或扣減。較為嚴重者，例如學生本來可以到學校，但暫時停止其上學權利，由家長帶回在家管教。

「消極不給予」則是指教師不給予學生目前尚未擁有，但預期可以擁有的「額外」事物、權益或自由，例如教師本來規劃要讓學生欣賞

影片、兌換獎品或舉辦假日烤肉活動等，後來取消不實施，以此作爲懲罰。

一般而言，「積極剝奪限制」的效果較「消極不給予」強，但是爭議較高，尤其要注意不得剝奪學生吃飯、上廁所等基本權利，也不宜以罰款方式剝奪學生的金錢。

勞役型

要求違規犯錯學生從事勞力性公共服務工作，藉此達到懲罰的效果。例如：要求擔任值日生工作一週、整理班級書籍物品，或者分派拖洗走廊地板之類無人擔任的團體勞務等。

勞役型的懲罰未必都能與學生不當行有適當的對應關聯性，因此懲罰性質較高，教育功能較不明顯，而且比較容易產生正當性或合宜性的爭議。再者，勞役型的懲罰不宜讓其他學生漁翁得利，因此通常必須分派無人擔任的勞務，但是班級絕大多數勞務平日均已有所分配，要找到適當的勞務未必容易。若往校外思考，令學生課餘或假日到校外社區或社會福利機構等擔任志工服務，則必須考慮學生的各種交通或人身安全問題，而且也可能造成被服務對象的諸多困擾。因此，採行此法時應特別審愼。

若適當，可要求違規犯錯學生擔任教師助手一週，要求學生只要有空就得跟在教師身旁打雜，一方面服勞役、限制自由，但另方面卻也有更多就近輔導矯正該生的機會。

記錄型

依據校規或班規將學生違規犯錯行爲登錄於正式或準正式的書面文件中，藉此達到懲罰的效果。例如：要求學生將違規犯錯行爲寫成自述表，存入學生輔導紀錄或日常生活表現紀錄中，或者進一步依據學校學

生獎懲規定給予記過、記警告。

此種做法基本上是依據法規行事，但是相對於其他多半屬於暫時性的懲罰措施，記錄型的懲罰往往長久保留，影響更加深遠，未必就是比較輕微或比較柔軟的做法。一位客客氣氣但遇事就聲明「法院見」、「一切依校規處理」的教師，比起那些甘犯禁令而實施體罰的教師，未必就較為寬大為懷，反而更讓人感覺冷漠威嚇。使用記錄型的懲罰，教師必須謹慎且有健康的心態。

違規犯錯的懲罰：實施注意事項

第 22 事

懲罰帶給學生、家長乃至於學生同儕較爲負面的感受，加上今日人權意識抬頭，人本思潮盛行，因此實施懲罰必須更加審愼。懲罰除了應避免侵犯各項基本權利，避免違背法令、脫離邏輯、逾越需求、殃及無辜等，並把握增強理論的基本原理之外，還有一些原則或注意事項不能輕忽。

以教育為目的

懲罰應以教育爲目的，意在基於良善動機，冷靜理性的引導學生負起行爲責任，知覺並修正不當行爲，而非用以報復洩憤，更非傷害貶抑學生。在此前提下，懲罰實施要注意下列事項：第一，有無其他方法可以達到此項教育目的。若可以透過教導、輔導、獎勵、鼓勵等其他方式達到教育目的，即不必採用懲罰；換言之，懲罰應是其他方式無法奏效，或者非搭配實施懲罰不易奏效時，才採取的管教手段。第二，是否可以達到教育目的。如果懲罰無法產生教育矯正的效果，實施懲罰的正當性與必要性即大打折扣。第三，是否會產生副作用。如果懲罰會引發副作用，例如嚴重的情緒反應、師生關係破裂、排斥正向事物，或者學到以暴力處理問題等，實施懲罰更要謹愼小心。

懲罰既然以教育爲目的，那麼就要記得在「管」之後還要能「教」，具體言之，在懲罰的同時或其後必須給予教育輔導，確定學生知悉受懲罰原因、錯誤所在，以及能說出並承諾後續應有的適當行爲。必要時，還要搭配練習適當行爲，或者與學生訂定行爲契約，逐步引導

學生改善。

奠定懲罰學生的本錢

教師應該先累積一定的「本錢」，實施懲罰才不易引發爭議。第一，必須預先制訂明確規範並清楚說明，使懲罰乃是執行師生已經共同商定好了的規約，而非教師無由的報復虐待學生。第二，教師以身作則遵守規範，否則例如教師自身吸菸，卻懲罰吸菸的學生，學生受懲罰通常會心生不滿。第三，應建立良好的師生關係，正所謂「有多少恩情，方能做多少處罰」，師生關係良好，懲罰通常不致引發怨尤，有時甚至能增進關係；反之，師生關係惡劣，小小的懲罰即可能引發憤恨，稍有過當即容易引發行政或法律爭訟。

勇於承擔管教懲罰的職責

教師有時候可以或需要將違規犯錯的學生轉送諸如學務處、輔導室，或其他有意願的教師協助管教，或者通知家長協請處理。採取此類轉送方式，可以收到客觀、公正、不易衝動失控等效益，若這些人員對當事學生更具影響力，也可以收到更好的管教效果。

不過，轉送的做法也有其缺點或限制，包括其他教育人員不了解實況、脫離事件情境、失去時效等，處置起來經常像是隔靴搔癢；更重要的是，轉送往往有告狀意味，學生通常寧願接受當事教師的管教懲罰，反而痛恨教師向其他人告狀。因此，必須是重大的違規犯錯，或者屬於學校或其他層級（例如司法）規範的不當行為，教師方始採取轉送措施。若是一般性的違規犯錯或不當行為，教師仍應自行勇於承擔管教懲罰學生的責任。動輒轉送其他人員代為管教或協助管教，其實也增添他人負擔，甚至引發同事間職責歸屬的爭議，自己則容易被貼上推諉卸責、失職無能的標籤。

　　即使基於協同互助而將學生轉送給其他教育人員實施管教，教師本身仍必須追蹤輔導、共同管教，不宜就此不聞不問。而且，轉送主要在於尋求協助管教，除非校規有所規範，其他教育人員通常不宜代替教師實施懲罰。尤其是懲罰若屬於師生之間訂定的規約，更應由教師本身為之，或者至少由教師會同相關人員共同實施。

遵循倫理

　　懲罰學生應該遵循幾項重要的倫理原則。第一，維護學生的尊嚴與隱私，除非有可辯護的理由，否則基於「規過於私室」，懲罰學生應該儘量以私下方式為之，如此除了維護學生尊嚴與隱私之外，有時候私底下非公開的懲罰，會比公開懲罰更能發揮導正學生的效果。

　　第二，依循正當程序，諸如先具體客觀的提出學生違規犯錯或不當行為的事實證據，並且給予陳述意見、澄清說明或答辯的機會，適當說明實施懲罰之理由及懲罰的手段；若為較重大的懲罰，懲罰之後應儘速告知家長；若為更重大的懲罰，例如留置學生於課後輔導或參加輔導課程等，必須事先獲得家長同意，至於諸如記過處分等，還應通知家長參與懲罰決定過程。

　　第三，學生若已經接受了懲罰，若無新事證，不應一事兩罰；特別是懲罰完畢之後，避免因他人要求而追加新的懲罰。此外，學生若已由其他部門或人員實施懲罰，除非有明文規定（事實上也要檢討這些規定是否合理），否則也不宜給予再次懲罰。例如學生深夜穿著便服在校外偷竊被查獲，就民事部分已經透過賠償與商家達成和解，刑事部分則由警方移送少年法庭調查裁處中，學校或教師不太適合基於所謂妨害校譽、妨害班譽之類的理由，對於其非關學校或班級的不當行為給予另外的懲罰，對於此類事件，學校或教師主要應該扮演的是教育輔導角色。

第四，公正對待，避免差別性的懲罰學生。基於公正對待，教師應做到信賞必罰的「必罰」，而且保持一致性，因此不宜有意無意的漠視、遺漏，也不宜使用機遇性方式（例如依據抽籤、師生抽撲克牌比大小等遊戲）決定懲罰與否或懲罰內容與程度，淪為搞怪而失當。此外，若讓學生自選懲罰方式，要特別注意公平性，否則儘量避免讓學生得以自選。教師若為求因應個別差異，懲罰的實施有差別性的處置，尤其是「優待」某些特殊教育需求學生時，應備妥說帖向全班學生說明理由，使學生理解特定學生有某些自己不會願意有的難處苦處，這些學生是「弱勢族群」而非「特權分子」，因而認同教師給予懲罰的特殊差別待遇，不致發出不平之鳴。

探知好惡喜懼以設計懲罰內容

懲罰要對學生產生實質效用，必須是學生在意、珍視、期待或懼怕的事物，因此教師最好能直接詢問學生，或者使用調查表、「未完成語句」問卷等間接方法來調查了解，並參考調查獲悉的學生好惡喜懼，來選定或設計懲罰方式或內容。

關係修補

懲罰通常會帶來負面情緒感受，損及師生關係，甚至因此連帶怨恨教師、學校、學科與學習。因此在重大懲罰之後，教師應了解學生的情緒反應，若有激憤、怨恨的情緒，則需要再加晤談輔導。此外，在後續時間，教師應稍多關懷當事學生，甚至刻意帶著當事學生在身邊做事，針對其努力或行為表現給予鼓勵肯定，透過正向的互動經驗，修補師生關係的裂痕。

退場與提升

　　相對於獎勵，懲罰更是一種不得已的外在制約措施，因此教師應力求引導學生理解表現適當行為、避免不當行為的意義與價值，將外在動機轉換為內在動機，使其乃是基於道德義務心，或者至少是基於正向效益，不再是基於避免受罰，而有所為或有所不為，如此即較有機會降低懲罰的必要。

　　除了引導學生之外，教師自身也應尋求管教層次與知能的提升，面對學生有違規犯錯或不當行為時，能掌握有更多非懲罰的教育輔導措施可資運用。

讚美責備的表達

第 23 事

儘管以讚美取代責備已是老生常談，甚至學者提醒教師注意讚美存在的風險，建議改用鼓勵、欣賞取代之，但是為了引導學生正向發展、警示或督促其避免再出現負面行為，讚美與責備仍不失是可以善用的手段，不必完全否定。

讚美與責備是一門不簡單的藝術，其性質某種程度類似獎勵與懲罰，讚美與責備也是獎勵與懲罰諸多方法之一，因此獎懲相關原則與注意事項也可以作為讚美與責備學生時的參考。除此之外，讚美與責備的表達尚有若干原則或注意事項必須理解並把握。

具體描述事實

讚美或責備學生都應該儘量具體描述事實，而非抽象籠統的評價。例如：教師對學生說「做得好」或「你是個好孩子」，這是籠統的讚美；若是說「剛剛同學臨時找不到可以用的鉛筆，你發覺後就立刻主動的借筆給他，你幫助同學解決燃眉之急的行為，真的是很貼心。」這就是具體的讚美。評閱學生作文時回饋寫道「棒極了」或「切合題旨，結構嚴謹」，這是籠統的讚美；若是寫「你能緊扣誠信這個主題，透過起承轉合的架構，分別提出正面、反面的諺語及事例，最後綜整提出對於誠信問題的獨到見解，相當具有說服力與創見。」這就是具體的讚美。讚美學生時增加一些文句字詞，具體描述其優良事實表現，說出了讚美了什麼，乃至於為什麼，通常會讓學生感受到教師確實看見他們的優點所在，而非只是應酬式的泛泛回饋，如此更能實質的激勵學生。

　　責備也是類似的道理。教師對學生說「你眞懶惰，不負責任」，這是籠統的責備；若是對他說「我看到你負責打掃的榕樹園地上還有七、八個零食包裝袋以及一些廢紙，你剛剛的清掃工作做得並不澈底，這讓我感到有點生氣。」這就是具體的責備。具體的責備能夠指出事實，學生知覺到教師責備的事由，而且難有藉口否認或辯駁，接受責備的可能性通常會比較高。

程度相稱 vs. 適度誇飾

　　如同獎懲，讚美與責備亦應與學生的行爲程度相稱。讚美程度低於其行爲表現，難收激勵效果，程度若高於其行爲表現，會讓學生懷疑教師調侃諷刺；責備程度低於其行爲表現，難收告誡效果，程度若高於其行爲表現，則會讓學生認爲太過苛刻。

　　讚美雖然應與學生優良表現程度相稱，但以當今教育場域的文化或習慣而言，稍微誇張一點或許無傷大雅。例如：教師稱讚學生「這簡直就是大師級的作品！」「太厲害了！數學天才高斯也只不過是如此。」「今天我們班能有如此的好成績，老師高興到晚上做夢都會笑。」「看到班上這麼團結，我感動得都快要哭了。」「這次段考你大幅進步，老師對你佩服得五體投地。」「謝謝你告知老師多給了你一些分數，我最最最欣賞像你這樣誠實的學生。」諸如此類讚美語言都或多或少有些誇飾，但應該仍屬適當。

　　至於責備因爲較爲負面，擔心對學生產生傷害，或者教師惹禍上身，因此力求四平八穩、中規中矩。不過，若師生關係還算良好，適度的誇飾也仍然可以適當採用，例如對學生說「你這學期到現在已經被記三次警告，你知道老師的心在淌血嗎？」類似的責備語言也都多少有點誇張，但也應該尚可接受。

避免比較

　　教師讚美或責備學生時，應該避免牽連其他學生，做比較式的讚美或責備。例如：教師在公開場合讚美學生「你寫的字，是全班（或我教過的學生中）寫得最漂亮工整的。」更甚者說「你的字寫得很工整，比起某某同學要好太多了。」或者在責備的情境中，對當事學生說「你的字寫得真糟糕，比起某某同學真是天差地遠，你要不要去參觀參觀他的作業？」有意無意間以全班學生或特定學生來當作參照比較對象，很容易造成同儕之間的嫉妒、憤恨或壓力，甚至導致學生遭受同儕欺凌，教師應該避免這種不必要的比較式讚美或責備。

　　若教師要以其他人做比較來讚美學生，可以考慮以教師本身當作參照對象。例如對學生說「老師在你這個年紀的時候（或到現在），字都沒能寫得比你漂亮工整。」

避免畫蛇添足或牽連

　　教師讚美學生時，應避免加上了不必要的後話，而削弱或抹煞了原本讚美的效果。例如：教師讚美某位學生「你今天按時繳交了作業，很不錯！」這樣即為妥當；若教師說「你今天按時繳交了作業，很不錯。你看你，如果要做的話，還是可以做到的。你以前為什麼就不這樣做呢？唔……」多說了這些不必要的後話，會讓學生的印象停留在後面這些質疑、質詢的話語上，原本要肯定鼓勵學生的讚美，卻變成責備，畫蛇添足，背道而馳。

　　責備學生則要避免牽連其他人事物，例如責備學生「你一天到晚調皮搗蛋，惹是生非，你這樣對得起你的祖宗八代嗎？」「你作業幾天都沒有交，你父母是這樣教你的嗎？」「你今天作業沒有交，先前文具忘了帶，考卷沒有給家長簽名，上學還遲到，你究竟想要怎麼樣？」諸如

此類，把學生的祖宗八代、父母家教，或者個人先前未必相關的其他行為一併放入責備內容中，不僅不妥當，甚至還容易引發憤恨衝突。

創意與幽默

除了用四平八穩、客觀描述的方式之外，也可以考慮借用一些元素，適當的展現某種創意，來包裝對學生的讚美。例如：借用廣告文案，「認真的女生最美麗，認真的男生最帥氣」；借用鄉土語言，「真是了不得！黑矸裝豆油，無底看」、「水喲」；借用外語，「你們的表現一級棒、No.1」等；借用現代科技，「你的腦筋轉得可真快，好像裝了多核心處理器」；借用流行用語，「098，你最棒」、「老師給你拍拍手、放煙火」、「我——的老天鵝啊！這麼難的題目，你都會」等。

教師也可以使用請求指導、邀請示範的語句來表達讚美，例如「你這個點子超棒！可以告訴我你是怎麼想到的嗎？」「教一下，教一下，你是怎麼辦到的？」「來來來，示範給大家看。」甚至，有時候用表面上看似責備，但可以意會實際是讚美的語句，例如「是媽媽幫你做的嗎？」「拜託克制一點，別贏太多」等，也頗有特殊的讚美效果。

同樣的，如果師生關係良好，也可以發揮若干幽默創意，以不落俗套的方式來責備學生，例如對打瞌睡的學生說「我不反對你跟周公交朋友，但可否請他下課後再來找你。」幽默的語言可以提點學生，但學生不會覺得太難堪，顯然非常高妙。此外，也可以使用一些師生均能理解其意涵的流行語言，例如「你們最近越來越『1256789』（不三不四）」、「喂！水昆兄會摸到大白鯊」。學生聽到這樣的責備，通常都能了解教師的訴求，也會發出會心一笑。當然，使用幽默創意的語言來責備學生，要特別注意妥適性，避免盲目濫用，有損教師的身分與形象，甚至淪為嘲諷挖苦，引發爭議或造成師生衝突。

秩序維持與
管教

第 24 事　班級秩序的維持：基礎扎根工作

　　教師通常期望將最多的時間心力用於教學，但其前提是課堂要能有一定的秩序。課堂秩序並非要求絕對的安靜嚴肅，但動靜之間必須能收放得宜，否則耗費時間心力控管秩序，教學質量自然難以提升。

　　班級秩序不宜侷限於課堂上打火救急式的處理學生每一次失序狀況，更應奠基在平時即能對學生實施自治、自律或品德教育，教師也要能做好若干基礎性的扎根工作。

良好的課程教學

　　良好的課程設計與教學效能是課堂秩序的重要基礎。若課程教學相當精采，學生願意跟隨教師從事學習，自然比較不會有秩序問題；相對的，若課程教學安排欠佳，學生感到無聊無趣或無法理解與學會，就會透過失序行為來另尋樂趣。

　　良好的課程教學至少要做到下列事項：第一，因應任教班級學生之特性，適度轉化課程教材，酌予加深加廣，或者簡化、生活化。必要時，進一步針對班級內不同屬性的學生給予差異化的適性課程教學或作業活動。

　　第二，以活潑、生動且多樣的教學活動，流暢、明快而緊湊的教學步調來運作教學，吸引學生興致，提高學習士氣，讓學生追隨課程進度猶恐不及，沒有時間從事不當行為。

　　第三，清楚具體的提示學習任務或者活動轉換指令，讓學生知悉教師的期望，能跟上教學進程，避免茫然迷惑，無所適從。

第四，配合學生學習專注時段配置教學重點。假若學生學習專注時段是落在課堂初期與尾聲，則教師應在這兩個時段提示教學重點，同時要求較高的紀律秩序，中間時段則針對前述教學重點做闡述，或者安排學生進行練習活動，此時可以略為放鬆。如此使得課堂有緊有鬆，秩序有收有放，當可因應學生無法整節課堂均維持專注的現實。

第五，應用相互抑制原理，賦予諸如抄寫筆記、書寫學習單、計算解題、討論發表、完成作品等學習任務，使學生無暇從事其他活動；或者預告課堂歷程或尾聲將實施抽問、隨堂評量，使學生提高警覺。

建立並告知規約與信號系統

在第一次上課或開學初期，應儘速建立或告知班級／課堂規約，並將鼓勵事項、禁制事項以及相應的獎懲等說清楚、講明白，讓學生知悉教師認真嚴肅的看待課堂秩序，並且具體知悉教師的行為要求。

為便利傳遞課堂管理訊息並維持秩序，可以設計一套信號系統。信號系統通常參考日常生活、運動賽場慣例、他人做法或再結合自身創意來設計，透過肢體動作、面部表情、聲光牌卡、簡短語言等，分別設計各自代表特定訊息的信號。

信號系統的設計要力求簡明、易操作，也要注意妥當性，例如避免像是「頤指氣使」，蠻橫驕傲的用下巴或眼神在指揮學生。

透過信號系統，學生知覺後即做出教師期望的對應行為，可以平和且精簡有效的傳遞管理訊息，避免教師扯破喉嚨，大聲宣告注意事項或要求，無形中自己反而成為最大的噪音來源。但信號系統要能奏效，教師必須講解說明並帶領學生練習幾次，讓學生理解並知所遵行，俾利後續課堂秩序的維持。

信號	代表意義
兩手手掌呈 T 字型	要求暫停
右手高舉並握拳	肅靜或靜止
右手高舉且五指張開	徵求發言或回答
雙手拍擊三下	注意老師這邊
食指碰眼、碰耳之後指向教室前方	要求學生眼睛看前方、耳朵聽這裡
輕輕皺眉加上食指放在嘴唇中央	要求安靜
右手三指做出轉動旋鈕動作，或者大拇指和食指略略分開	期望降低音量
教師突然發出較大音量	制止臺下講話干擾課堂安寧的行為
撥動噪音指針圖卡	教師對教室音量的意見
拿出黃色牌卡	提出初步警示
拿出紅色牌卡	提出更進一步嚴重的警示
拿出黑色牌卡	執行處罰
教師說「大嘴巴——」	學生必須接著說「閉起來」，並且隨即停止說話
教師說「最高品質——」	學生必須接著說「靜悄悄」，並且隨即停止說話
在小組討論一段時間後，將教室燈光連續關閉、重開三次	討論時間僅剩三分鐘
播放特定背景音樂	預告活動將有所轉換

運用團體動力

　　教室秩序維持主要應由教師負責，但也可以適度借助學生同儕團體制約的力量。第一，賦予班級幹部協同教師管理課堂秩序的職責。第二，爭取班級較具影響力學生的合作，激發其同理心或義氣感，除其本身不帶頭違犯課堂紀律、干擾教室秩序之外，進一步能於必要時主動且

適當的協助管理秩序。第三，策略性的利用同儕之間的利害關係，例如學生最喜歡的一門課是「下課」，因此告訴學生每節課堂有既定的進度，若因為學生失序行為耽誤進度，則必須延後甚至占用全部下課時間，而為了避免下課權益被剝奪，學生通常會克制自己或約束同儕。然而採取此一策略有連坐處分、埋下同儕衝突導火線的疑慮，使用時必須謹慎。

拿捏適當的師生關係

師生關係冷漠疏離，課堂雖然不會有太大的秩序問題，但氣氛詭異並非教師樂見；若關係惡劣，學生有意干擾課堂秩序、作弄教師，教師勢必感到頭痛；相對的，師生關係若過度良好，學生也可能失去分寸，同樣可能造成課堂失序。

教師應妥善拿捏正向但仍有分際的師生關係，放棄亦師亦友的迷思，改以做一位「親和的教師」來思考，身分上始終都是學生的教師，但平時無論教學或班務處理都可以親和，不過必要時還是會嚴肅嚴謹的要求學生遵守紀律，使學生進退有節，對於課堂秩序維持較有助益。

熟識學生、掌握全局

教師若能認識並熟悉學生，知悉哪些學生是潛在的秩序干擾者，可以預為防範；出現失序行為或徵兆時，可以立即正確叫出當事學生姓名，對於課堂秩序維持也有相當的幫助。

此外，上課時儘量面對學生，眼神逡巡全場，能夠覺察學生私底下的一舉一動，必要時短暫停留在特定學生身上，讓學生覺察到教師能掌握全局，敏銳洞察一切，通常就比較不會出現失序行為。

適當的座位安排

將教室座位以有利於課堂秩序維持的形式來安排。可行的做法包括：第一，行間或組間走道較為寬大，便利教師教室走動，得以藉由身體接近來約束學生失序行為。第二，將有群聚危害課堂秩序疑慮的學生加以分隔，避免坐在鄰近位置。第三，將經常危害課堂秩序的特定學生安置在前排座位。第四，保留特別座位，將偶發性危害課堂秩序的學生臨時調至該座位，方便就近監管。第五，將經過輔導但仍完全無心學習的學生安排在教室內側角落較邊緣的座位，允許其在課堂上做作業或從事其他學習活動，避免無所事事而躁動失序。

收束與整頓

課堂之初不急於開始教學，利用短暫時間有效整頓秩序，收束課堂前較為浮動躁亂的氣氛、下課玩耍殘留的激昂情緒，或者提振委靡的精神，做好準備之後，再進入教學。

課堂一開始，要求學生雙手放在桌上或背後，或者站在座位後面，或者趴伏桌面，雖略顯制式僵硬，但必要時仍可採用。較佳的做法是規定學生在課堂開始時應有的學習準備事項，例如必須移除分心物（例如玩具、手機、其他非學用品）、取出課本、靜默、坐定、抬頭眼望教師，等待教師開始授課；此時，可以請幹部出列督導，或編成諸如「收、取、靜、坐、望」之類的引導口訣。必要時，可以實施例如「起立－敬禮」之類的儀式，或者指定學生帶念課文，或者固定安排有「課初學習單」之類的前導性學習活動。

另一種方式是給予學生限定的緩衝時間，學生必須在這一、二分鐘緩衝時間內結束所有非課堂事務，並且完成學習準備。在緩衝時間內，教師以平和但堅定的方式督促學生儘速進入學習狀態。緩衝時間一到，

全班完成準備，教師問候招呼學生之後便展開課堂教學。

在專科教室上課的教師，可以要求學生先在教室外走廊排隊或集合，教師出來整頓秩序，督促學生停止不合宜的行為，例如收起手機、停止飲食、摘掉帽子、停止嬉鬧並安靜下來，提示學生進入教室後，行為就必須與教室外有所不同，然後再打開教室大門，讓學生安靜的魚貫進入依座位表就坐，對於課堂秩序維持也會頗有助益。

教師不在場

教師若無法出席課堂授課，或者無法到班級督導學生生活作息，出現「老師不在的時候」，除平日即能期勉學生自重自愛、教師不在場應該比教師在場更加成熟自律之外，可以透過下列方式因應，避免出現無政府狀態：

第一，與其他教師調課或併班上課，避免有所謂學生自習的情形。如果不是授課課堂，則可以委請有協同班級經營默契的其他教師、隔壁班教師、學務處教育人員，或者家長志工、師資培育機構之學生，全程或部分時間協助關照班級。

第二，啟動自治機制，班級幹部自發性的代替教師維護課堂或班級秩序，必要時以教師授予的「代理教師」地位指派作業、安排考試，或者帶領同學檢討作業或考卷。若能如此，班級就等於永遠有相當於教師角色的人員隨時在場。

第三，若須臨時離開課堂處理事務，且正好需要協助人力，優先邀請有干擾課堂秩序潛在疑慮的學生，一方面「調虎離山」，另方面透過近距離的互動機會，與這些學生建立正向師生關係，為未來的課堂秩序維護奠定基礎。

第25事　班級秩序的維持：輕微失序行為處置

　　教師應勇敢果斷的管教學生課堂失序行為，至於應採取何種處理策略與介入程度，則必須辨認問題行為情境類型、失序原因及情節輕重來決定。

　　某些非故意的失序行為，只要協助學生解決問題，例如撿起橡皮擦、商借文具、提供提神揉劑等，即可獲得解決。若是其他一些不干擾他人或影響程度輕微的偶發失序行為，則儘量不中斷教學，而以鴨子滑水、不露痕跡的低度介入方式處置，使當事學生重新投入學習即可。

策略性忽視

　　情節輕微、偶發，經判斷不會再出現的失序行為，教師應該策略性的忽視，以免過度關注，反而讓失序行為延續且公開，得不償失。

　　另外有兩種課堂失序行為，教師也應該策略性忽視。第一，企圖吸引教師注意，例如大聲叫喊、希望得到教師指名發言，此時策略性忽視即「消弱法」的應用，使學生感覺到行為無效，因而漸漸收斂其失序行為。不過策略性忽視也可能導致學生變本加厲，當嚴重程度提升到不宜繼續忽視時，因情節態勢改變，即應改用其他較高度的介入方式處理。此外，策略性忽視可能會讓其他學生質疑教師為何不管教，則教師必要時可以告知當事學生（順便也等於告知全班其他學生），教師在哪種情況下會回應，哪些情況下不會回應，其後繼續策略性忽視之，此時當事學生以及其他學生即可理解教師為何會有這樣的忽視行為。策略性忽視可以搭配區分增強法使用，當事學生出現失序行為時即策略性忽視，一

且出現適當行為時則予以理會並肯定，雙管齊下，效果加倍。

第二，學生因教師管教而發出的次級行為。次級行為相對於初級行為而言，初級行為就是學生最初引發教師管教的失序行為，次級行為就是學生因教師前述管教而衍生的行為反應。例如：學生課堂看漫畫書，此為初級行為；教師趨前暫時保管，當事學生出現諸如臭臉、噘嘴、皺眉、翻白眼、眼睛看天花板、斜視、咬唇、嘆氣、呸嘴、嘀咕、頓足、重重坐下或拋擲文具發出噪音等，即屬次級行為，通常就是在發洩情緒、表達抗議。

次級行為通常更令教師感到惱怒，但通常並不明顯或嚴重，教師可以同理此乃人之常情，因此策略性忽視之，儘速結束管教，回歸教學。若教師不予忽略，追究學生方才的行為，學生否認，教師堅持要學生承認，陷入糾纏，產生更大的紛爭，讓問題變成全班觀看的戲碼，實屬不宜。即使教師認為不能不管教當事學生的次級行為，也應該改在課堂之後再行管教輔導。

提高聲量

部分學生失序行為，例如交頭接耳、竊竊私語、分心旁騖，教師透過突然發出比正常上課時較大的聲量，一方面掩蓋壓過這些干擾，使自己的授課以及其他學生的學習不受影響，另方面也對失序學生發出管教警示訊息。

使用此種策略的缺點或限制是失序學生未必能接收到，或正確接收到教師發出的警示訊息；教師提高聲量，也容易導致課堂氣氛較為緊張。若經常使用，對教師嗓子的保健也較為不利。

提點姓名

透過提及學生姓名的方式，對失序學生傳遞管教警示訊息。第一，融入課堂講解中，例如用失序學生的姓名取代原例題中的小明；第二，點選失序學生回答問題，或者複述剛剛的授課內容；第三，將失序學生的座號或姓名寫在黑板上，或者再加上某些記號。這些提點姓名方式，其缺點或限制是學生未必能有所知覺，而對於刻意吸引教師注意的學生也不適用。

眼神接觸

教師一邊授課，一邊以目光持續注視失序的學生，一旦學生眼神與教師接觸，教師發出諸如搖頭、皺眉、噘嘴，比出禁語手勢等表情或肢體動作，對失序學生傳遞警示訊息。

使用眼神接觸這種方法，目光必須堅定但避免變成怒目瞪視，當學生接收到教師眼神與動作傳遞的管教訊息之後，教師應旋即移開視線，不宜持續緊盯，以免產生挑釁感、壓迫感，反而引發對抗衝突。

身體接近

對全班講述教學時，教師不宜像鯊魚般全場游動，必須站在教室中央前面的位置，讓所有學生能看到教師講課的表情與肢體語言，此時係透過眼神來回緩慢掃視來關照全班學生。但當學生發生失序行為，教師必要時可以一邊持續講課，一邊走動到失序學生座位附近，對其傳遞警示訊息。

採取身體接近方式時，有時僅須單純的接近即可，有時則加上眼神接觸、表情動作、輕叩其桌面等。教師亦可設計書寫有管教圖文的卡片或字條，遞給失序學生，收到卡片字條的學生應於課後繳還，教師則趁

機給予學生必要的管教輔導。

以身體接近傳遞警示訊息，學生接收到之後，教師亦應儘速離開，回到教室中央前面的位置授課，不宜逗留監督，以免讓學生產生壓迫感，甚至引發衝突。

在學生小組討論或者在座位上獨立做作業時，也可以使用身體接近方式管教失序學生。但在轉身離開之時可以告知學生，教師稍後會再回來關注他們是否有回歸正常學習任務。若再回頭關注時，學生已經投入學習，則予以鼓勵，藉此亦可修補剛才因管教而可能出現裂痕的師生關係。

移置分心物

若學生被諸如手機、玩具、漫畫書、窗外人事物等吸引而出現分心旁騖之類的失序行為，教師排除或隔絕這些分心刺激物，例如暫時保管、要求收起，或者關閉窗戶等，即可有效制止失序行為。

若班規有所規範，教師可以配合身體接近，不動聲色的要求學生自行收起分心物。若採取移置、暫時保管的手段，可能會遭到抗拒。當遭到抗拒時，教師應避免強行搶奪或堅持收繳，此時重申課堂規則以及不遵守規則應承擔的後果，請其遵守，旋即告一段落（即使該生持續使用分心物、表現分心行為，也予以策略性忽視），待下課之後，再找來學生，處理或處分課堂發生的失序行為，並讓其承擔行為後果。

班級秩序的維持：較嚴重失序行為處置

第 26 事

　　失序行為情節若較為嚴重，諸如反覆大聲的喧擾、嘩眾取寵、到處游移等，或者更嚴重的，諸如捉弄騷擾他人、吵架、打架、丟擲、抬槓對抗、遊戲嬉鬧、侮辱貶抑師生、威脅他人安全等，已經明顯危害教師教、學生學的權利，此時教師應果斷的暫時中斷教學，綜合採行下列幾種中高度介入方式，迅速完成處理，儘速回歸教學，並於課後做後續處理處分。

策略性暫停

　　教師有意的暫時停止教學，「停機」靜默十幾秒鐘，通常同時加上嚴肅的表情，眼睛注視當事學生，以傳達警示訊息。學生意識到教師突然停機，當事學生本身或在同儕的提醒下，通常就會停止失序行為。

　　使用策略性暫停，課堂氣氛會顯得有點緊繃，若當事學生已經接收到訊息，並開始改善時，教師應旋即儘速恢復教學。

描述行為事實

　　教師暫停教學，對全班或叫喚特定學生姓名，待其注意到教師之後，簡單扼要且直接的描述其失序行為事實，例如「某某……，你現在拿著鉛筆一直敲桌子，發出叩叩叩的噪音。」讓學生知覺自己的不當行為以及教師的警示。必要時，使用「我－訊息」表達方式，「某某，我聽到你現在拿著鉛筆一直敲桌子，發出叩叩叩的噪音（行為事實），聲音很大，影響了我的講課，也妨礙同學聽講（結果／影響），這讓我覺

得心裡很煩亂（教師感受）。請你停止敲桌子，看這邊，安靜聽我講課（行為引導）。」如果學生對聽從教師管教顯得猶豫不決，教師語末可以加上「謝謝」或「馬上」來達到督促效果並作為結束。

若出現失序行為的僅是少數學生，因為此種管教方式（包含其他會中斷教學的管教方式）會影響其他學生的學習順暢性，在管教前可以向全班簡要的致歉，然後針對特定學生進行管教；管教行為結束、回歸教學時，對全班道謝，然後恢復教學。如此，其他學生會對教師的管教抱持更正向支持的態度。

重申班規

學生失序行為若涉及班規規範事項，教師可以直接簡要的重申班規，或者先描述學生失序行為之後，重申該項班規，要求學生遵守。例如：學生在小組討論時過於喧鬧，教師使用信號系統，拍了三下手，讓學生注意到，然後說「現在討論的聲音太大了。依據班規，我們課堂無論何時都應該輕聲細語，請大家遵守。」或者簡單的說「各位同學，我們班關於課堂音量的規定是什麼」，或者「各位同學，記住我們班規的第五條」。學生回想起班規的規範，通常就會改正失序行為。

行為引導

針對失序學生直接提出教師期望或要求表現的正向行為，或者先描述行為事實或重申班規，其後再提出此種行為引導。例如：教師講課時，兩位學生交頭接耳，教師呼喚他們，學生注意到之後，教師說「面向這邊並專心聽講」，或者「我看到你們兩位一直交頭接耳、竊竊私語……，面向這邊並專心聽講。」如果學生年齡夠成熟，也可以改用問題方式，例如「我講課時，你們應該做什麼？」或「我講課時，你們認為應該如何？」引導學生自己想一想並實踐應有的適當行為。

提示行為選擇

教師直接給予學生行為引導，使其表現出適當的行為，此種單一性的行為引導比較像是命令，感覺較為強硬，因此教師可以技巧性的提供或提示學生可能的「選擇」。

設計提供行為選擇的訣竅是其中一項選擇是教師期望的，另一項選擇則是學生不可能選擇的，因此教師提出兩個選項，學生通常就會「就範性」的選擇教師期望的行為。例如：教師對課堂違規使用手機的學生說：「把手機收進書包，或者放到前面我的講桌上。」面對這兩項選擇，學生當然不會願意把手機放在教師的講桌上，因此就會選擇將手機收進書包。又例如：對持續騷擾秩序的學生說：「你可以安靜下來，留在班上同大家一起上課，也可以選擇離開教室，去學務處找學務主任報到。」雖然看似提供兩個行為選項，但仍然可以達到教師期望的目標，而且感受較為彈性與和緩。

告知後果

重申班規、給予行為引導或行為選擇之後，若學生拒絕停止失序行為，教師則告知學生將承擔其行為的邏輯後果。例如：學生拒絕收起或繳出手機，教師不要搶奪，或者進一步訓斥，僅須平和的告知：「某某，你不收起或交出手機，那麼依據班規，下課時我要留你下來談話（或「我必須聯繫你的家長」），討論一下你的行為。」告知後果之後，學生若停止失序行為即可，若持續失序行為，教師也不再關注，策略性忽視之，回歸對全班學生授課，課後再進一步處理處分剛才課堂上該生的失序行為。

監管或隔離

教室若設有特別座，可以訓令失序狀況較為嚴重的學生前來就特別座，以便就近監管。如果沒有設置特別座，可以訓令學生與坐在較前面的同學暫時交換座位。

教師對較嚴重失序的學生也可以採取隔離措施，例如訓令失序學生到教室後面、教室一角站立反省或靜坐反省，與其他同學有所隔離，降低其可能造成的干擾。必要時，特別是為防範事態擴大或發生其他事端，教師提示相關規定，訓令學生暫時中止學習，通報聯絡協助管教處理此類事件的單位或人員，要求學生自行前往，或者由幹部、其他教育人員帶其前往學務處、輔導室或其他班級教室，教師課後再前往會同處理處分該生的行為問題。更嚴重的失序行為，教師或學校採取的隔離措施也可能是訓令學生停學數日，請家長在家給予管教。

第 27 事　班級秩序的維持：

課後留置與管教

在課堂上無論採取低度或中高度介入方式管教學生失序行為，都應該力求簡短明快。簡短明快意味著課堂上僅處理完整管教程序的一部分，尚有其他部分程序在課堂之後必須留置學生並繼續完成。

用意

課堂上僅處理部分程序，其他程序保留到課後再留置學生繼續管教處理，其主要理由有下列幾點：第一，避免因管教而耗費太多時間，儘速回歸課堂教學，以保障其他學生學習權益，也確保教師教學進度。第二，避免課堂管教變成公眾戲碼，全班學生都在觀看教師與當事學生之間的權力鬥爭大戲，而且教師未必能占上風，萬一管教失靈失當將更損專業形象。第三，避免課堂即時管教時，師生雙方為顧及顏面而導致衝突態勢升高，難以收拾；課後私下處理時，雙方情緒獲得緩和，有較充裕的時間，進行較平和理性且深入細膩的討論處理。第四，若是在教師選定的場所進行後續處理，教師可以獲得某種程度的主場優勢。

目的與態度

課後留置學生並管教其在課堂上的失序行為，其目的主要有三項：第一，貫徹執行班級規約，讓當事學生以及其他學生知悉，雖然課堂上並未實際完成所有管教程序，但教師確實會關注並落實執行班級規約，而且學生違規犯錯也必然要承擔邏輯後果，受到某種處罰或處分。第二，完成管教的教育目的。課堂上簡短明快的處理，通常僅止於

「管」，未及於太多的「教」，因此有必要在課後補足教導的部分，讓學生能夠知覺問題的責任歸屬，知覺人我的權利，體察行為對人對己的利害影響，以及發展出合作的觀念與態度，提出適切正當的改善行為。第三，課堂管教過程通常較為緊張，有損師生關係。而透過課後管教較為平和理性且深入的晤談，師生較有機會達成理解與諒解，進而修補有裂痕的師生關係。

既然基於前述三項目的而進行課後留置與管教，教師態度上即必須理性平和且健康，避免有報復得逞、幸災樂禍、你輸我贏的態度，不可以嘲諷學生終究付出代價，「活該」自作自受，以免加深學生的怨恨，甚至引發新的衝突。

課後留置管教的時機與地點

課後留置並管教學生，通常利用下列兩類時機：第一，較輕微行為問題可以使用連續兩節或多節課的中間下課時間，或者課堂結束後下課時間短暫的幾分鐘。第二，較重大複雜的行為問題，需要較長時間、較為正式的晤談與管教輔導，則可以考慮例如中午午餐後的時間、師生共有的空堂，或者放學後留校。

課後留置管教學生的地點可以就在原班教室，或者在教師辦公室、輔導室會談空間，或其他適合的場地。但無論哪一種場地，此種課後留置管教多為個別性的師生晤談，因此必須注意師生獨處可能發生的爭議。教師可以請當事學生的一、二位同學一起留下來或前來，不參與晤談，但在適當距離處陪同等候；或者，在教師辦公室及其他空間，請一位異性同事留在該空間的較遠處，忙於自己的工作，但確保晤談時不是只有師生兩人獨處；或者，在走廊或校園等開放但不會有他人聽見晤談內容的場所進行後續管教輔導，這也是一種選擇。

管教輔導方式

　　課後留置管教學生，有些情境就僅是要求學生做好他該做的事務即可，諸如清理髒亂、完成作業等。即使如此，在學生完成之後，最好仍能對該生簡要提示後續應有的適當行為。

　　若需要較深度的晤談，可以運用三明治溝通技巧，但也可以開門見山的直接討論問題。晤談時，先說明留置的原因與依據，同理他們會有的不悅情緒，然後才開始處理行為問題。晤談時可以讓學生先書寫討論表格，或者由教師摘要記錄晤談內容。

　　晤談架構可以參考使用 ORID 或 4F 架構，依循下列程序：第一，客觀事實。學生自述或者教師回顧描述行為事實，必要時由教師簡短的、非嘲諷性的鏡射演示學生課堂上的不當行為，讓學生對其行為事實有所知覺。第二，感受反應。請學生對其不當行為發表感覺或感想，或者進行答辯。第三，發現啟示。與學生一起探究其不當行為屬於哪一種動機（或目標），對人對己帶來哪些負面影響，處於哪一種不利位置，違反哪些班規以及應承擔的邏輯後果等，若學生同意討論分析所得結論，必要時實施懲罰或其他處分。第四，未來決定。請學生提出具體的行為改善計畫，教師詢問是否需要協助，並要求學生承諾以實際行動落實其行為改善計畫。

送學生返回教室

　　課後留置管教告一段落，通常讓學生自行離開。惟若感覺學生並未心服口服，教師可以陪同當事學生一起回到班上或其班級群體，臨走時再次提醒其落實行動改善計畫與承諾。此舉之目的一則讓其他學生看到教師確實落實執行課後追蹤管教輔導，再則避免學生回到同儕團體中，對其他同學扭曲胡說剛才的管教輔導歷程。

全班性的機會教育

教師留置管教學生，若為較大、較嚴重、全班眾所皆知的行為問題，可以視情境或需要，決定是否以此案例對全班實施所謂的機會教育。若有意實施，最好與當事學生商議，獲同意之後始為之。

但是，一般情節輕微、並非全班同學知悉，或者提出討論將對當事學生形成困擾，或者未獲同意時，基於行為管教通常以當事學生為主，以私下處理為原則，建議不宜貿然實施所謂的機會教育。

第 28 事　教師情緒的管理

　　面對學生的失序不當行為，教師情緒很難不產生波動，此時必須透過「認知調整」及／或「行為調整」等情緒管理策略適當調控，才不致衝動誤用不當管教方法，或者升高衝突態勢，衍生更大的問題。

認知調整

　　教師產生情緒波動時，可以嘗試透過下列幾種認知調整策略，也就是「轉念」，來管理自我的情緒：

(一) 同理思考

　　對於學生的不當行為，先不總是從負面角度認定，轉而設想學生可能有其不得已的或正當的原因。例如：看見學生交頭接耳、竊竊私語，若總是認定學生是在閒聊非課業相關的是非，就比較容易產生情緒；相對的，若設想學生可能是在討論課業相關內容，即使不是，可能也是有一些緊要的事務，此時此刻必須交談，如此同理學生，為學生著想，就比較不會情緒波動。

(二) 換位思考

　　轉由學生角度來看待學生的行為，就會有截然不同於教師角度的思考。此處有一句話和一個故事，教師可以謹記在心。一句話就是世界名著《小王子》書中開頭第一頁寫的「所有的大人都曾經是個小孩（只是他們大都忘了）」，一個故事就是《聖經・約翰福音》八章 1-11 節，有婦人犯了通姦罪，眾人要耶穌定罪，並依律法用石頭打死她。耶穌

說：「你們之中誰認為自己是沒有罪的，誰就可以先拿石頭打她。」眾人聽了，結果一個一個都離開了。

這一句話和一個故事啟示教師，今天教師「看不慣」的許多學生不當態度或行為，在教師還是學生的年代，自己可能也經常如此。甚至成為教師之後的現在，在某些不是自己主持的場合，自己的態度或行為也和學生一模一樣。例如：教師現在對於課堂上學生竊竊私語的行為感到氣惱，但是回想自己還是學生時可能也經常與同學交頭接耳；教師現在對於課堂上學生使用手機的行為感到憤怒，但是自己現在去參加他人主持的會議、他人主講的研習時，自己也是愛聽不聽、手機滑個不停。更進一步說，如果教師還是學生的年代就有手機這玩意，自己在課堂上大概也是機不離手。

自己過往曾經如此，現在某些場合也還是如此，但在自己負責教學的場合卻就不能容忍，這應驗了「換了屁股，就換了腦袋」，一旦所處的位置改變，想法和做法就跟著改變，甚至是一百八十度的大轉變。

教師反躬自省，若承認學生會有某些態度或行為乃是很「平常」（或許還是不該稱為「正常」）的現象，認知到那是學生的「通病」，自己也曾經或正在犯著同樣的錯誤，沒有權利一味指責學生，怒氣大概就可以大幅減除。而面對學生出現不當態度或行為時，也比較能夠改用平和的勸說取代嚴厲的責罵，來糾正學生這些不當態度與行為。

(三) 理性思考

學生課堂上的不當行為通常都是非針對教師的一些「小奸小惡」，鮮少是針對教師、不可饒恕的重大惡事。教師若能先建立合乎事實的正確認知，就比較不會過度放大學生的不當行為，認為學生是衝著自己而來，或者把影響「災難化」的誇大思考，造成情緒的劇烈波動。此外，教師若能理性的想到後果，想到一旦情緒失控，管教失當，會帶來比現

在更痛苦、更不想承擔的後果，通常也較能恢復冷靜。

總而言之，教師透過前述同理思考、換位思考、理性思考等認知調整策略，來應對學生的不當行為，雖然無法改善學生的不當行為，不過此處強調的是教師當下的情緒管控，引導教師情緒趨向平和，不會做出傷人傷己的事情。教師並不因此而把學生的不當行為合理化，換言之，學生那些行為還是不恰當的、錯誤的，若認為有必要，教師在情緒平靜穩定之後，再進行管教輔導仍不遲。

行為調整

除了認知調整之外，教師產生情緒波動時，也可以嘗試透過下列幾種行為調整策略來管理情緒：

第一，深呼吸、喝口水。醫學研究證實，深呼吸可以使腦幹中有一小部分負責連結呼吸頻率與身心狀態的神經元發揮作用，身心狀態就會較為放鬆、穩定；呼吸時，可以採取「478呼吸法」，鼻子吸氣4秒，閉氣7秒，用嘴巴呼氣8秒，很快的就能安定情緒。喝水的吞嚥動作，會讓身體自動反射而暫停呼吸，能讓呼吸慢下來，有助於穩定緊張過亢的交感神經，活絡主管放鬆的副交感神經，幫助穩定情緒。因此，面對讓自己情緒逐漸失控的局面時，可以試著深呼吸、喝口水。

第二，轉移焦點。刻意將注意焦點從那些惱人的人事物上移開，不看、不聽，轉而關注其他多數正常學習的學生，致力教學，刻意阻斷情緒刺激來源。

第三，脫離現場。當情緒波動較大時，暫時停止教學，交代學生自習，自己離開教室，待在教室走廊或附近，只是待著，或者同步深呼吸、喝水、做肌肉鬆弛動作，同樣的也能阻斷情緒刺激來源，並讓自己儘速恢復冷靜。待情緒獲得掌控後，再重新回到教室，恢復上課。

第 29 事　管教語言的表達：
正向語言架構與習慣

　　語言是教師實施管教行為的主要表達媒介，教師應力求使用正向合宜的語言架構或習慣，以期有效傳達管教訊息，同時不致產生爭議或升高衝突。

採用正向引導式的語句

　　管教應儘量使用正向引導式的語句，例如「各位看這裡……請面向這邊並專心聽課，謝謝」、「要發問，請舉手……」來傳達訊息，讓學生具體清楚知悉教師的期待以及自己應該做什麼。相對的，教師應儘量避免使用負向、請求、問題式的語句。

　　使用以「不」字為主的負向語言，例如「我講課的時候，你們不要私下說話」、「不要頭低低的」，學生也許會停止說話、把頭抬起來，但未必知道教師期望學生能夠看向前面，注視並專心聽教師講課；「不要大喊大叫」，學生也許會停止喊叫，但是未必知道教師期望學生要先舉手徵求發言機會。實務上，教師可以考慮兩面俱陳，一方面指出不希望他們所做的負面行為，另方面提出希望他們能表現的正向行為，例如「我講課的時候，你們不要頭低低的私下說話。頭抬起來，面向這邊並專心聽課。」

　　使用請求式的語言，例如「求求你們安靜下來……，拜託」，感覺教師太過卑躬屈膝。學生在教師講課期間本即應該保持安靜，教師需要引導他們安靜，但不需要用哀告請託的語氣或態度。時下部分教師也習慣說「請你們『幫我』把課本翻開到第 58 頁」，「不好意思（或抱

歉），考試時間結束了，考卷麻煩從後面往前傳。」這些「幫我」、「不好意思」、「抱歉」、「麻煩」等都是不太需要的客套話，教師只要講「請」字，應該即已足夠。

使用問題取向的語言，例如「你們能不能看這裡」、「你們是不是可以保持安靜並且專心聽講」，也並不適當，可能被解讀為哀求或質問，而且萬一得到學生故意給予否定的回答，教師也不容易找下臺階。

簡短、不冗長嘮叨

管教語言（連帶包含其相關管教行為）應該力求簡短扼要，客觀描述行為、影響以及表達感受，引導或提示學生應有的行為選擇，必要時告知應承擔的後果之後，旋即應該回歸到本來的教學或班務上。如果教師用嘮叨碎念的方式，冗長且喋喋不休的指責或指正學生，不但耽誤教學或班務處理，也容易引發當事學生乃至於其他學生的厭惡反感。

不與學生糾纏

教師管教語言要簡短明快，若遇有學生企圖爭辯時，應即時適當的「制止」或者採取「部分同意」策略，避免與學生糾纏。

關於制止，例如學生抱怨說「某某老師就不會管我們上課吃口香糖」，甚至還進一步抱怨只有你這個老師會管這樣的事，嫌你多事，囉嗦嘀咕個沒完，此時教師平和的用掌心阻擋的制止手勢，並說「停……」，以制止學生繼續爭辯，或者說「停……，我對你們其他課堂是否能吃口香糖並不感興趣。」然後重申班規，引導學生將口香糖吐在包裝紙上丟掉，讓管教儘速結束。

又例如學生批評嘲笑教師或其他同學的外貌衣著、發言內容或其他事項，教師應即制止並說「停……，你這樣批評（或嘲笑），顯得很不尊重他人（或聽起來很傷人）。」或者「停……，如果你有不同意見，

請用有禮貌的方式發表。」必要時則可以說「停⋯⋯，我沒有用嘲諷的方式對你說話，我不希望你用嘲諷的語氣對我說話。」或者「對我來說，這不是一個可以開玩笑的事，我希望到此為止。」如此果斷的制止學生不當的言行，簡單扼要、堅定平和的表明立場之後，旋即回歸教學或班務，避免冗長的糾正或爭論，陷入管教的泥淖。

除了制止之外，遇到學生提出辯詞來反駁教師的管教，也可以採用部分同意的策略來應對。所謂部分同意，是指「不否定，但也不完全肯認」學生的說詞，儘速將管教焦點放回學生修正不當行為，以及儘速回歸正常教學或班務。

例如：學生爭辯說「某某老師就不會管我們上課吃口香糖」，教師不必追問某某老師是否真的讓他們上課吃口香糖，也不必批評某某老師不管學生上課吃口香糖是不負責任、消極怠惰的表現，教師只要說：「即使某某老師不會禁止你們吃口香糖，但我們的課堂公約說得很清楚，上課不能吃口香糖，請你遵守。」其中，「即使⋯⋯ 」或者類似的「就算⋯⋯ 」，就是部分同意的運用，可以避免糾纏拖延，儘速結束管教行為。

善意、非攻擊與不貶抑

教師管教語言務必冷靜平和，不帶攻擊性或貶抑性。如果教師管教語言讓學生感受到人身攻擊、謾罵、嘲諷、貶損，例如「文具忘記帶？你腦袋（便當）有沒有忘記帶啊？」「唷！你有透視眼嘛！書沒翻開也可以讀。」「你怎麼搞的？吃個飯也可以弄髒成這樣！你爸媽是這樣教你的嗎？」「叫什麼叫？再叫作業加兩倍！」甚至還加上負面的表情、眼神、指指點點的手勢，將會讓課堂氣氛緊張，當事學生羞赧憤恨，甚至可能激起其他學生的反感或挺身對抗。

教師應使用較為善意的語氣，諸如「沒有文具無法上課，趕快向同

學（或隔壁班、認識的人）去借。」「課本翻到我正在講的第 58 頁，快點。」「飯菜不要掉落地上，掉在地上的要負責撿拾乾淨。」「我知道你們不太想寫作業，但是寫作業對精熟本課的學習很有幫助，我希望你們還是要完成。」語氣相對尊重或委婉。

教師首先必須要能把學生視為是應該尊重的主體，而非地位低下的部屬、奴隸，或者他者、敵人；其次，要謹記管教乃是在維護師生權利、實踐大家說好的約定，而非報復或傷害。若能如此觀想，就比較不會發出攻擊貶抑的管教語言。

泰然緩衝

在學生小組討論或者在座位上獨立做作業時，若要管教學生，未必要開門見山，可以在招呼問候學生之後，先將焦點放在與學生討論學習任務上，最後才針對學生不當行為給予管教。

例如：某位學生低頭玩手機，沒有做作業，教師走過去對他說：「哈囉，某某，我注意到你沒有在做作業。你知道要做些什麼嗎？知道要怎麼做嗎？」或者「你的作業進行得怎麼樣了？」「需要幫忙嗎？」談了一會兒作業之後，教師再低聲但堅定的對手機一事給予糾正：「順便提一下，你的手機……，請放進書包裡，或者把它放到我的講桌上。」隨後轉身離去前告訴學生：「待會，我會再來看看你作業的進度。」用這樣泰然緩衝的方式管教學生，通常會比單刀直入的逕行管教，要來得和緩柔軟。

三明治溝通技術

在溝通技術上，除了「我－訊息」之外，基於管教需求而要與學生（或與家長、任何對象）晤談溝通，特別是要對其缺失不當提出批評指正時，最好能採取「三明治技術」（sandwich technique）。

　　三明治溝通技術係將溝通分爲三層次或三步驟，對於缺失的批評指正放在中間夾心層，而夾心層之上與之下則給予正向肯定。依此模式，溝通時首先應認同、讚賞、肯定對方或對象的優點，其次才提出批評、指正或建議，最後要結束溝通時，再次給予對方或對象肯定、讚賞、信任與鼓勵，必要時承諾給予支持與幫助，以此做結束。

　　舉例來說，教師以三明治溝通技術與某位最近經常遲到的學生晤談，其溝通內容將是：

> 某某，你在學校的表現向來很好，既體貼同學，課業也有不錯的成績，老師對你印象很深刻。
>
> 不過，包含今天在內，你已經連續遲到三天了，是有什麼特別的原因嗎？（讓學生說明解釋）……。
>
> 雖然有時候爬不起來是難免的，但不能成爲連續遲到的正當理由。我不喜歡處罰同學，但如果你再遲到兩次，按照校規我不得不給你記警告的處分。希望你回去想幾個能夠幫自己準時起床的辦法，自我督促，每天準時起床。
>
> 其實以你其他方面的優良表現來看，我想只要你注意一下生活作息，晚上不要太晚睡，要像以前那樣準時到校應當不是問題，我相信你做得到。
>
> 如果有困難或需要我幫忙的地方，請跟我說，我會很樂意提供你協助。

　　三明治溝通技術也是取代開門見山、單刀直入式的批評，在批評的前後都給予比較令人愉快的正向溝通內容，通常較能避免對方出現防衛、抗拒的心理，進而使得主要想傳達的批評訊息比較能夠被接受。

應對化解
衝突事件

第 30 事　師生衝突的化解：不同情節處置策略

　　雖然師生衝突可能帶來若干正面效益，但總是具有高度不可預測性與風險，因此仍應力求防患未然。萬一發生師生衝突，全班學生都睜大眼睛觀看教師應變處理的智慧與能力，而處置得當與否，攸關衝突的控制或擴大，不可不慎。若教師自覺理虧，即時認錯道歉當為上策；若問題根源主要出自學生，則應視衝突情境與情節採取不同的處置策略。

輕微衝突

　　面對師生之間的輕微衝突，例如學生低聲的回嘴、頂撞，不嚴重的挑釁或惡作劇，教師可以採取下列低度介入方式應對：第一，策略性忽視。基於寬宏胸襟、見多不怪，或者考量到不擴大衝突局面，因此刻意視而不見、聽而不聞，使衝突自然消失。第二，冷處理。例如帶著苦笑表情對當事學生嘟嘴、皺眉、攤手、聳肩等。第三，制止。教師平和的制止學生引發衝突的行為，但不進一步追究處理。第四，輕駁婉拒。例如學生咕噥教師是笨蛋，教師回以「可是，我幾次智力測驗，分數都在 120 以上耶。」或者「謝謝！我婉拒你這份贈禮。」

　　教師以淡漠、柔軟或帶點幽默的方式來處理師生輕微衝突，目的在當下不要將衝突局面擴大，影響教學或班務。如果情節確實輕微，可以就此了事；但必要時，課後仍應留置學生進行管教輔導。

嚴重衝突

　　若師生之間發生嚴重的當面衝突，此時也會因為不同的衝突樣態，特別是當事教師能否冷靜，而有不同的處置策略。

(一) 教師本身失控

　　師生衝突中，若教師本身失控，以暴烈的言行攻擊學生，或者師生雙方都陷入失控，彼此相互激烈攻擊，此時最好能夠有第三者即時且適當的介入，制止教師，或者隔開衝突的師生雙方。

　　萬一發生此種局面，除非學校平時即對此類事件建立有應對支援系統，或者有聞訊的其他教師能主動前來介入處理，否則很容易一發不可收拾。因此，教師應該建立班級性的危機緊急事件應變機制，賦予班級幹部或其他學生特定的角色功能，面對諸如此類師生衝突事件時，能依所分配的職務，有些人負責隔開衝突的師生雙方，有些人負責控管秩序、制止火上加油與鼓譟，有些人負責疏散恐被衝突波及的學生，有些人分別負責通報鄰近教師、導師、學務處或校安警衛等以尋求協助，如此比較有機會在教師本身失控、陷入衝突的狀況下，抑制事態的擴大。

　　此種師生衝突獲得控制之後，通常即由學校層級進行衝突相關的調查與調處，此處不做詳細討論。

(二) 教師尚能保持冷靜

　　若師生衝突情境偏向學生單向對教師做言行攻擊，教師仍能處於冷靜理性狀態，可以啟動前述班級危機緊急事件應變機制，讓相關學生發揮功能，但無論有無此種應變機制，教師此時有兩項關鍵性的重要認知與行動。

　　重要認知是指應力求化解衝突而非激化升高衝突。教師平時即應認知，在師生衝突中，自己未必都是對的，也不一定當下務求要贏；並且

應認知自己身分是教師，對方是學生，教師有必要比學生更理性平和。平時若能有如此的認知，一旦面對衝突，將較能保持冷靜理性，不會貿然硬碰硬。

至於重要行動則是能依據下列五步驟處置，前兩步驟屬於第一階段，應果斷明快，第三、四步驟屬於第二階段，應客觀理性，第五步驟屬於第三階段，則可以訴諸適當的感性。而這些處置步驟，可以用火災處理來類比思考：

1. 通報與抑制擴大

如同火災現場的滅火，第一時間首重通報尋求支援，以及灑水或搬開助燃物以防止火勢蔓延，師生衝突也要採取類似的對策。

就通報而言，若教師研判有能力有效處置時，未必需要通報；但若研判教師單獨一人不易有效處置時，仍應指派學生通報適當的教師前來協助處理。

就抑制事態擴大而言，主要包括降溫與隔離。降溫是指教師或者其他學生應該設法控制當事學生的情緒，必要時制止其攻擊言行，若學生有攻擊教師身體的行為，原則上應躲避；隔離則是指隔開衝突雙方，特別是隔離攻擊方，訓令當事學生自行前往或者由他人將其帶至其他地點。若不易將學生帶離且衝突事態仍高，也可能是教師暫時脫離現場，教師脫離現場通常是到走廊或教室附近庭園，就近持續監管教室，而非丟下課堂，跑回辦公室或前往他處，以免課堂發生其他意外。

2. 情緒處理

火勢蔓延獲得控制之後，仍有殘火必須進一步撲滅。同理，師生衝突獲得初步控制之後，也應先處理師生衝突雙方的情緒殘火，而不急著調查究責，亦即要「先處理心情，再處理事情」。如果學生情緒仍然激動，由於教師本身亦涉入衝突，因此最好能由其他教師或學生來協助安撫情緒。

3. 調查與調處

火勢完全撲滅之後，失火原因或責任歸屬才開始調查、鑑定與追究。同理，衝突事件獲得控制，雙方激動情緒也平復下來之後，才儘速進行後續調查與調處。

調查與調處若是由第三者主持，則由其主導處理程序。若由教師本身擔任，則主要作爲應包括：(1) 雙方均對發生衝突事件表示道歉；(2) 雙方陳述衝突事件之起因與過程，還原事件完整原貌；(3) 雙方提出自己期望的解決方案；(4) 協調獲得雙方均可接受的改善方案，必要時協商懲處的方式與強度；(5) 視情節決定是否報告校方或通知家長。

4. 教育輔導

在調處過程中或調處之後，教師或其他教育人員應該對當事學生（甚至包含教師）有所教育輔導。教育輔導的重點在於建立適當的觀念、情緒管理技巧以及衝突因應之道等。

衝突事件調處告一段落，由於其他學生目睹衝突事件的發生，受到驚嚇衝擊，因此教師應與當事學生共同向班級學生致歉，並概略說明調處概況以及雙方取得的調解，以安定其他學生的心情，並避免謠言散播或杜絕效尤。

若是較爲重大的衝突，在當事學生同意的前提下，教師可以更正式的利用此次事件做衝突管理機會教育的眞實案例，討論人際互動適當的觀念、情緒管理技巧，以及衝突發生時應有或可有的處理策略。

5. 關係修補

在不勉強或難堪的前提下，教師設法重新修補與當事學生之間的關係。例如刻意指派當事學生協助教師處理若干事務，製造接觸與接近的機會，適時給予肯定讚賞，或者提供抵銷所受懲罰的機會，藉此修補破損的師生關係，甚至達到更上一層樓的關係境界。

長期敵對冷戰

　　個別的、少數的或全班學生集體的以冷漠、抵制、不合作的態度，長期性的與教師處於敵對冷戰狀態，雖然不是那麼直接而激烈，但是心理難受的程度不亞於正面激烈衝突，教師必須尋求化解。

　　教師首先要設法了解學生與自己敵對冷戰的原因。可以與當事學生或全班攤開問題、開誠布公的懇談，或者找來當事學生周遭的同學，或者全班學生中敵對程度不是那麼高的學生，探詢敵對冷戰的原因；必要時，也可以透過師生均信任的第三者或者學生的重要他人，來協助自己了解緣由。

　　探悉了解學生敵對冷戰的原因之後，教師即對症下藥化解之。可能是說明澄清學生的誤解，可能是改進教師失當的言行，端視問題癥結爲何而定。必要時，還可以在關係稍微緩和之後，同步展現建立良好師生關係的種種積極作爲，更有效的促進敵對冷戰狀態的化解。

　　對學生做說明澄清，除了由教師自己或其他重要他人，與學生面對面口頭溝通之外，也可以採取單向書面溝通方式，例如寫一封信，發送給當事學生或全班學生，態度與言詞懇切的傳遞教師本身的想法或者未來將有的善意做法。一般而言，學生多半仍會閱讀此信，了解教師的想法與善意，不無獲得理解、破冰解凍與重新開始的可能。

　　若透過前述努力，敵對冷戰狀態仍未見改善，教師應認知不可能與所有學生都維持良好友善關係，在不擴大衝突層面與程度的情況下，可以嘗試容忍之。若迫不得已，甚至可以於適當時機尋求調動班級、調整環境。

應避免的處置策略

(一) 加重反擊或恐嚇

面對師生衝突，部分教師採取加重反擊方式回應，例如學生以三字經罵教師，教師回敬以五字經、七字經。部分教師則採取誇大衝突嚴重性方式來恐嚇學生，例如煞有介事的說「這下你澈底完蛋了，依校規，你準備被記大過吧！」「你慘了，你已經觸犯公然侮辱，你等著被告，我們法院見。」等。

這些方式或許可以威嚇震懾學生，或者讓學生心生畏懼，但卻有失教師專業或教育倫理，更可能不慎擦槍走火，學生惱羞成怒，造成衝突態勢升高，更難以處理或收拾，因此教師應避免採用。

(二) 交付學生評理仲裁

部分教師暫停教學或班務，刻意將師生衝突提交全班學生，請全班討論並評理仲裁，或者思考應該如何雙贏處理。雖然美其名這是一次學習民主或衝突解決的機會教育，但卻也存在幾項問題。第一，長時間中斷原本的教學或班務處理。第二，牽連影響其他原本無關學生的權益。第三，將當事學生置於被公審的境地。第四，教師訴諸公決往往偏利於自己，有失公平；若出乎意料之外，學生偏向支持當事學生，教師反而更加難堪。第五，若學生未能公允，偏袒任何一方，都將造成師生關係或學生同儕關係的惡化。因此，教師應儘量避免，若要實施，也應該特別審慎。

第31事 師生衝突的化解：擔任仲裁調解

任何教師，特別是導師，有可能必須介入仲裁調解學生與其他教師同事之間的衝突。擔任這樣的角色有如夾心餅乾，若有不當，反招雙方怨恨，甚至公親變成事主。對此，教師必須在角色身分確認、公正性、仲裁調解程序等方面有適當的認知。

角色身分確認

當學生與其他教師發生衝突，有些已經是學校層級應處理的事件，教師僅能從旁關心；有些衝突嚴重程度尚未達學校處理層級，教師基於尊重其他教師的管教權責，即使是導師，也未必適合逕行介入處理，必須獲得雙方同意或請求，確認自己介入仲裁調解衝突事件的正當性或合宜性之後，始得擔任此一角色。

經常發生的狀況是學生向教師投訴其他教師的不是。若自己是科任教師，通常應建議學生向其導師反映（除非導師就是被投訴的對象）；若自己即是導師，也應避免逕自莽撞的介入處理。導師應表達重視與關心，並了解問題事實。若問題根源主要是教師同事這一方，而自己有高度信心，可以透過教師之間的私誼，或者令人信服的權威影響力，基於為了對方好的立場，勸說教師有所調整；若學生也有需要改進之處，也要對學生有適當的輔導，以期化解師生雙方的衝突。

若導師無法憑藉私誼或權威解決衝突問題，鑒於自己並非班級的「首席教師」或「主任教師」，法定的身分地位並未高於其他教師，並無管理其他教師的權責，通常應將訊息轉知學校具有法定權責的主管。

甚至有時候導師也不便代替學生直接轉達,則應明示或暗示學生,請學生或其家長向權責單位或人員投訴,再由權責單位或人員介入處理。

公正性

既然是擔任居間仲裁調解的第三者,就應特別注意公正性,避免偏袒任何一方,客觀中立,並追求雙贏的解決。尤其是導師接收到班級學生投訴其他教師時,更應警覺避免只想到「和學生是同一國的」,因此力挺班上學生,與其他教師對抗,引發其他教師不滿。同理,也不應基於同事和諧,忽略學生感受,犧牲學生權益,導致班級學生怨恨導師。導師應警覺衝突事件仲裁調解之後,自己還要繼續帶領這班的學生,與相關教師同校共事,若仲裁調解不公,往後面對面相處恐怕相當尷尬與難受。

仲裁調解程序

教師可以參照 Johnson 和 Johnson 所提出的學生同儕衝突仲裁模式,來調處學生與其他教師發生的衝突,包含:(1) 結束雙方之敵對狀況;(2) 向衝突雙方尋求對仲裁過程的認同;(3) 仲裁者幫助衝突雙方成功且有效的談判;(4) 將雙方所達成的協議具體化。

導師得知班級學生與其他教師發生衝突,可以暫時不論是非對錯,先向當事教師對發生衝突事件表達遺憾與道歉,接著向雙方詳細了解事情原委以及期望獲得的解決等,再請學生或其代表與當事教師協商,導師居中調處;必要時,亦可請學生授權導師代表學生與當事教師進行協商,減少雙方面對面交鋒的緊張。協商時,對照整理並釐清兩造對事件脈絡的描述與解決期望,儘量協調出雙方都能接受的解決方案。

導師特別要注意,班級學生未來持續受教於當事教師,或者與當事教育人員互動,影響班級學生的受教品質與權益。因此,除了要公正仲

裁調處之外，必要時還應於事後請求當事教師繼續關心、教育本班的學生，甚至採取適當方式協助修補學生與當事教師之間的關係。

第 **32** 事　同儕衝突的化解：
不同情節處置策略

　　同儕之間發生摩擦衝突，雖然學生可能會自行調處，或者靠時間慢慢淡化，但是教師完全消極漠視並非良策，而有些嚴重的同儕衝突，教師更必須在第一時間積極介入並妥為處置。

輕微的衝突

　　學生同儕若發生輕微性的衝突，例如相互抬槓嘲諷、輕微肢體碰觸、彼此爭奪拉扯等，教師通常採取低度介入方式即時制止。即時制止除了最典型的直接下達停止命令、間接提出警示訊息，另外可以採取代勞策略，代替衝突雙方解決爭端問題，例如把撕破的筆記本黏好；轉移策略，運用交互抑制原理，例如要求當事學生或全體學生從事某一件事（例如朗讀課文、拿出習作本），使學生因為必須做另一件事而無法延續衝突。

　　無論是命令、警示、代勞或轉移策略，都只是當下制止學生繼續或擴大衝突，事後教師通常應找衝突雙方前來調查了解、調處解決以及教育輔導，力求雙方均能滿意的解決問題、釋放情緒，以避免再掀衝突、橫生枝節。

　　衝突調解通常由教師擔任，但若事先曾經提供學生衝突調解相關的教育訓練，也可以將衝突調解權責交給學生，例如交由班級幹部擔任仲裁，或者當事學生自行協調，仲裁或調處結果再向教師報告。

嚴重的暴力衝突

班級的個別學生或學生群體之間，若發生嚴重的暴力衝突，應視為危機事件，依循危機事件處理程序，迅速、積極且果斷的介入處理。

(一) 危機抑制與緊急處置

知悉衝突發生時，教師在趕達現場之同時，若班級安排有危機緊急應變機制，即應促其啟動，師生依編組各盡職責，並且自行或派人通報學校層級的緊急應變人員前來支援，協助抑制衝突局面或做緊急處置。

無論有無班級危機緊急應變機制，教師趕抵衝突現場時，立即視情境以威嚇、欺騙或突兀的方式果斷介入，即時制止衝突局面之持續或擴大。威嚇方式，例如大聲喊出：「喂！喂！」「你們在幹什麼？！」或者提出命令：「你們兩個！到這邊來！」「通通離開，回教室，馬上！」手邊若有哨子，亦可吹哨產生警示效果。欺騙方式，例如大喊：「生教組長來了！」「教官！教官！在這邊！」突兀方式，則是較為特別的做法，例如衝到雙方衝突陣仗前，扮演乩童起乩、小丑、街舞、機械舞等特殊或怪異動作，藉此轉移衝突雙方注意目光，甚至引發笑聲，化解緊張態勢。

制止衝突時，還應該制止他人從旁鼓譟煽動，但教師本身也應該注意避免逆向操作，企圖使用嘲諷、激化方式來制止衝突，例如諷以：「打呀！打呀！有本事就打呀！」「你們兩個乾脆打死去見閻王吧！」等，雖然多數時候此種方式可以制止衝突，但萬一衝突持續或加劇，教師難辭挑撥鼓動之咎。

有效制止並隔離衝突雙方，衝突危機暫時獲得抑制之後，應訓令雙方分別前往指定地點，或帶往指定地點，旁觀學生則解散離開，回到教室或坐回座位。與此同時，處理各方人馬的情緒問題，讓激昂高張的

情緒緩和下來。如果衝突中造成傷亡,應立即對傷患進行急救處置。此外,將相關人證、物證、事證、現場等加以保全、蒐集或拍照紀錄。

(二) 危機通報與公關

1. 通報相關人員

通報學校權責主管或人員,共同商議是否應該報警、召喚救護車等。若衝突局面不算太嚴重,可以暫時不通知家長。但若衝突中有學生傷亡,則必須立即通知傷亡學生家長到校或到醫院,至於其他學生家長未必需要第一時間通知,以免紛紛到校,引發新一波衝突,提高處理的複雜度與困難度。若衝突態勢頗高,且涉及家長之間的衝突時,應該建議學校權責人員考慮是否商請警察或者地方重要人士到校坐鎮。

除衝突第一時間對校內與家長的緊急通報之外,由於屬於重大衝突事件,另應依照法規,提醒學校在時限內向教育行政主管機關通報。

2. 管制與公關

告知師生依循學校危機處理機制,衝突事件應該統一由學校指定的發言人對外發言,其他師生不得自行對外發言、受訪,或者上傳散布手機拍攝的影音,以杜絕流言與謠言的散播。

發言人對外發布訊息,或者教師被同意接受訪問,應表達遺憾以及願意明快適當處理的決心,適度說明經過查證認可的訊息,對不確定的事項應以告知尚待查證為原則,不輕易給予臆測性的回答。

(三) 危機調處

1. 事實調查了解

危機緊急狀態處理告一段落,學校權責人員會同教師,本於公正立場,分別要求衝突雙方以書寫或口頭陳述衝突的原因、經過,以及期望獲得的處置,必要時輔以目擊第三者的證詞。其後對照所得資訊,釐清

矛盾或模糊之處，藉以了解事件真相與來龍去脈。

2. 協調處置

學校權責人員會同教師、當事學生，必要時另外包含家長，先分別做調解之初步討論，檢視調查結果與處置建議。若兩造頗有交集，再共同會商，交互對話，協商達成彼此能夠接受的處置。處置可能是彼此道歉、表達賠償或補償的善意，達成和解協議，但必要時也仍需依據校規給予懲處，或者負擔民事或刑事責任。調解的終極目標應引導雙方當事學生及其家長、親屬能夠認可或滿意，並且承諾不滋生後續報復或新的衝突。

(四) 危機善後

1. 處理檢討

衝突事件處理告一段落後，學校權責人員與教師應檢討此次危機事件處理過程的得失以及改進之道，並對校內外相關協助人員或單位表達感激。若有必要，學校行政部門應將事件處理做成書面報告，陳報教育行政機關備查。

2. 追蹤輔導與關係修補

除針對衝突當事學生進行必要的追蹤輔導之外，因衝突事件廣為多數學生知悉，因此教師可以利用此一衝突案例，當作機會教育的素材，引導班級同學討論衝突應變乃至於預防之道。另外，教師可以引導衝突雙方學生重新修補正向良好的關係，利用機會讓雙方相互肯定，或者一起合作共事，惟不必勉強或操之過急。

第 33 事 同儕衝突的化解：
欺凌排擠與團體對立

學生之間可能發生欺凌排擠特定同儕以及團體對立兩類型的衝突，傷害性不亞於其他衝突，教師應該知悉防範與化解之道。

欺凌排擠特定同儕

若班級發生有霸凌或疑似霸凌情事，教師知情之後應依規定於 24 小時的期限內通報，並由學校權責單位進行調查處理，而教師則協同調查或者持續關注。

若未達霸凌程度，面對學生之間存在的欺凌排擠情事，教師首先要省思自己是否是該生被欺凌排擠的「罪魁禍首」，本身是否對當事學生表現出厭惡、不耐，或者給予特殊優待，導致其他學生起而效尤或心生不滿，因而衍生欺凌排擠情事。若教師本身並非問題根源，則應該分別針對被欺凌排擠的學生以及其他學生兩方面，分別有適當的處理。

(一) 被欺凌排擠的學生

1. 改善缺點

「可憐的人必有可惡之處」此話未必正確，但是「可憐的人『可能』有『可議』之處」應有相當的可信度。被同學欺凌排擠的學生本身常有某些根源問題，例如高傲、愛現、孤僻、衛生習慣欠佳、說話露骨直率、做事不經大腦、痴傻、易受唆使等，教師應先了解當事學生本身是否有可議之處，給予該生告誡與教育，親自或商請適當人員督導或協助其改善。一旦改善根源問題，被欺凌排擠的現象即可能跟著消失、緩

和，或者至少比較容易解決。

2. 強化抗壓

教師無法隨時在學生身邊給予關照保護，因此應教導該生較正向的看待自己或者外界壓力，以及面對欺凌排擠時如何正向思考或因應。

3. 給予關懷與服務機會

私底下給予當事學生稍多的關懷照顧，讓該生感覺仍有被接納的歸屬感與溫暖。若適當，讓該生能有服務全班的機會，以改變同學的觀點。惟教師此種關懷與安排，應避免引發其他學生的嫉妒、猜疑，導致被欺凌排擠的情形更加嚴重。

4. 調整環境

若經過努力，仍無法有效改善被欺凌排擠的問題，且該生不太能夠適應班級的人際環境，持續留在本班將對該生造成巨大的負面影響，可以考慮與學生及其家長商量，取得學校或相關人員同意，協助該生調班或轉學，或許比較有機會真正解決該生面臨的困境。

(二) 其他學生

對於欺凌排擠他人的學生，乃至於周邊其他學生，教師亦應有所作為，以發揮多管齊下的效果。

1. 請託學生協助關照

商請未參與欺凌排擠行為的學生，嘗試與當事學生為友，或者在必要時出面制止其他同學過當的行為。由於受請託擔任關照責任的學生可能連帶會遭受同學欺凌排擠，因此最好找班級具有影響力、較無被欺凌排擠疑慮的學生。如果無法覓得學生的合作，則可以考慮賦予班級幹部此項責任，亦即班級幹部有義務制止同儕之間的欺凌排擠行為。

2. 後果警示

針對有欺凌排擠嫌疑的特定學生或者全班學生實施法治教育，或者友善校園反霸凌宣導，提醒學生欺凌排擠行為極有可能構成霸凌，除導致對方發生不可預期的傷害，自己也將面對令人不快的調查處理程序，牽連家長，並承擔校規處分或者民事、刑事法律責任。此外，可以考慮導入「人在做，天在看」、「積德造孽」等宗教觀念或神祕力量，蒐集或編造一些因果報應的故事來告誡學生。

3. 團體輔導

教師本身，或商請／會同輔導教師，針對欺凌排擠情事進行個別、小團體或全班性的團體輔導。在當事學生不在場的情況下，讓學生先表達自己對當事學生的看法與感受，接著引導學生知覺對方的特殊狀況或不利處境，讓學生看待該生能從「討厭的人」轉變為「生病的人」、「可憐的人」或「弱勢族群」，問題通常即解決大半。

輔導過程可以配合一些體驗活動或遊戲，例如「突破重圍」（全班學生圍成緊密一圈，當鬼者要設法擠入圈中，全班學生則推擠，不讓鬼進入圈內）、「小組集合」（教師下令若干人數一組，如數湊齊人數者蹲下，少數學生湊不成組者形單影隻，突兀的站在各組同學之間）。活動結束之後，讓學生發表被排擠孤立的難受滋味，進而激發同理與同情之心。

認知與態度轉變之後，進一步引導學生提出關懷或協助當事學生的具體做法或方案，使學生在行動上也有具體的改變，重建與當事學生的互動關係。

團體對立

班級學生與不同同儕之間各有親疏遠近，此乃正常現象，同儕之間有小摩擦、小爭執，也是成長歷程的必然經驗。但班級中若有小團體的

組合，或者對立的集團，彼此之間出現言詞攻訐、造謠誹謗、暗中破壞等情事，則教師必須積極介入處理。

首先，教師應對相關學生實施法治教育，提醒學生有關誹謗、妨害名譽、毀損等行為可能觸犯民、刑事法律，一旦構成司法案件，將對自己、家長帶來非所欲的痛苦經驗與後果。其次，此類衝突往往是少數學生帶頭，其他學生跟班，教師應該提醒學生在同儕友誼、義氣，以及正當合法行為之間，能智慧的辨識與取捨，特別是能有技巧的抵抗不當的社會壓力，避免盲目或被迫跟隨做出非法或不道德的行為。第三，教師本身或者協同輔導教師實施團體輔導，透過一些故事、影片、典範人物，期勉學生擁有足以成大事的恢宏氣度、寬廣格局、高遠視野，放棄小鼻子、小眼睛般的爭鬥。前述相關教育輔導歷程均應留下適當的紀錄，並持續觀察，檢視相關各方是否有所改善，防範衝突持續或擴大。

除了矯正性的教育輔導之外，教師亦可透過諸如「優點大轟炸」等同儕正向關係建立相關策略方法，或者利用分組或座位安排，讓不同團體的個別成員能與其他團體成員混合編組，創造合作互動機會。若互動經驗正面良好，也有助於緩和或化解對立緊張的態勢。

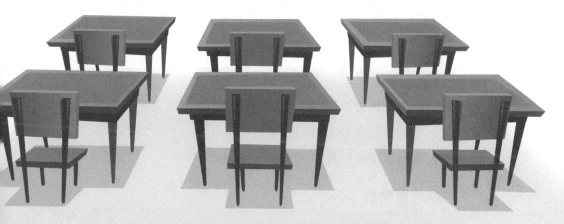

發展班級特色

第34事　班級特色的發展：項目選擇原則與類型

　　班級經營如果僅訴求最低度的運作，把該做的事情做好，平安無事的度過每一天、每一學期，或許無可厚非。但是若想讓這段學習歷程締造高峰經驗，則教師應有更多的經營。其中，選定並推動班級特色事項，成為全班師生共同努力的目標，其過程對內有助於凝聚班級向心，對外則可以彰顯班級與眾不同、獨樹一幟之所在，建立班級優良形象；而其成果除了當下能讓學生有成就滿足感，也是師生一輩子難忘的回憶，成為未來師生同學聚會時津津樂道的話題。

選擇的原則

　　班級特色事項需要投注時間、心力與努力，因此必須重質不重量，僅選定一項（或頂多二、三項），項目多了反而模糊焦點，無法成為特色。班級特色事項的選擇應該考慮下列原則：

(一) 具有教育價值

　　班級特色事項也是一項教育活動，必須具備教育價值，因此最好結合學校正式課程或非正式課程，使班級特色事項是學校課程加深加廣的一部分。如果不是直接或明顯的與學校課程有關，也應是基於彌補「懸缺課程」，具有可以理解的教育價值，能說服他人本班選擇並推動此項班級特色事項的正當性與必要性。基於此，教師對於班級特色事項應備妥「說帖」，在他人質疑時能從容且有條理的提出論述，讓對方理解其教育效益，進而認同、支持或參與投入。

(二) 呼應整體班級經營

班級特色事項屬於班級經營的一環，因此應儘量呼應或整合班級經營的其他部分，例如最好是對應班級識別體系中的某項願景或精神，如此能使特色事項有其理念根源，也讓班級願景或精神能有具體的行動實踐方案，不會徒成具文。

(三) 儘量是其他班級罕見的作為

既然稱為「特色」，那麼班級特色事項最好是他人沒有的獨創事項。但是要能發展出空前絕後式的獨創事項並不容易，因此只要是較少其他班級會從事的事項即可，即使是改良其他學校、班級或場域的實施經驗，甚至直接仿效沿用也無妨。另一種突顯特色的做法是在程度上有超倫的表現，在各個班級都會從事的事項上，本班訴求有特別高度的投入、精緻的呈現，並獲得特別良好的成就，亦可成立為班級特色事項。基本上，若能做到學校中「只要一提到這個，就必然會想到我們班」，大概就能符合此項原則了。

(四) 全班師生均能認同並參與

班級特色事項應該是全班師生都認同、喜歡，或者至少不排斥，師生才會齊力共赴，不會敷衍應付，做不出值得稱為特色的績效，終至半途而廢，不了了之。此外，班級特色事項應該是全班所有師生都能共同參與，不能僅是某個學生或少數學生的專利。惟共同參與未必是全部學生都做同樣的事情，也可以是合作互補，例如以戲劇展演作為班級特色事項，學生可以分工擔任劇本組、演出組、布景組、行政組等，但是每位學生對班級特色事項都要有事做、有事忙。

(五) 較長期且頻繁的經營運作

班級特色事項應該選擇需要較長時間且經常會運作的事項，連續經營二、三學年，而且每隔一小段時間就會有相關活動，例如每兩週就會寫作並發表一篇攝影短詩。如果二、三學年間就只有一次活動，或者每學期或學年僅有短短一段時間有相關活動，結束之後就銷聲匿跡，例如園遊會，就比較不適合作為特色事項。

(六) 具有可行性

關於可行性，除了利害關係人不會反對抗拒之外，另外還要注意下列事項：第一，師生要能具備所需的指導或實作能力，否則力有未逮，無法做出成績，倍感挫折，很快就會放棄。第二，不致造成師生額外投注太多時間與心力，特別是要避免班級特色事項喧賓奪主、本末倒置，耽誤了師生原本的課程與教學。第三，若有所需的特定資源，諸如設備、場地或經費，必須能夠洽借或者取得，否則巧婦也難為無米之炊。

(七) 儘量能展現具體績效成果

某些事項實施之後即船過水無痕，其歷程或成果頂多留存在師生腦海記憶中。班級特色事項最好選擇成果可以實質展示、演出，並且產出具體的成果或成品的項目，如此師生比較能有成就滿足感，也比較能讓外部人員看見並肯定支持。例如：選擇經典文學閱讀，相對就不如攝影圖文創作；如果仍然選擇經典文學閱讀，則最好進一步思考如何在閱讀之後能夠有某些具體的產出，例如引導學生仿作、改寫、撰寫心得，並且將佳作彙編出版。

班級特色事項的類型

可以選擇的班級特色事項類型十分多元，最好廣徵師生意見，共同

討論之後決定。但是教師應預先構思腹案，必要時提案供學生參考，或者直接由教師發起提倡，說服或徵得學生或其家長認同。

(一) 正式課程教學類

結合一般課程或跨領域的課程，思考「多做一點點」，往往就能找到可資經營的班級特色事項。例如：國語文引導學生閱讀詩文或專書、欣賞電影，輔以詩文創作發表、專刊編輯；藝能學科引導學生創作詞曲劇本、產出美勞書畫作品，期末或畢業展演發表；數理科開闢難題專區，激發學生動腦挑戰，後續集結解題英雄榜等。

(二) 校內外競賽活動類

配合班際學藝或體育競賽活動，諸如教室布置、各式語文／舞蹈／戲劇／軍歌等藝文競賽，或者運動會、啦啦隊、球類、拔河等運動競賽，甚至整潔、秩序等常規競賽，師生若願意把這些本即需配合參加的事項當作班級重點努力目標，有較多的投入，追求較高的績效表現，亦可成為班級特色事項。例如師生精心布置教室或班級管理範圍內的環境，定期或較頻繁的變更風格或主題，不僅本班師生樂在其中，甚至成為其他班級師生想參觀、拍照打卡的景點，並迫不及待想知道下一輪的布置主題，那麼此項努力即已成為班級特色事項。

教師亦可在班級內部舉辦學藝或運動競賽活動，例如班級語文競賽、班級文學獎、班級鬥牛比賽等，只要不過度強調勝敗，也可以經營成為班級特色事項。

此外，可以選定某些校外活動，例如地方政府或民間企業組織舉辦的街舞、花燈競賽活動，全班踴躍參與，獲取佳績，亦可成為班級特色事項。

(三) 志工服務類

　　組織志工服務團隊，執行愛心任務，不但可以成爲班級特色事項，也有機會藉此排除學生從事不良行爲的可能性。例如：定期探望並服務獨居老人、遊民、老人安養或社會福利機構，集資捐款認養海內外家庭或貧童，並經常通訊聯絡；或者，從事社區清潔環保、海洋淨灘等活動。如果班級內有特殊身心障礙的學生，也可以引導學生將對該生的關懷協助，構築成爲本班的一項特色。

(四) 身心素質類

　　選定某些身心靈相關事項，師生共同鍛鍊或修練。例如：每天晨昏集體 3,000 公尺跑步或伏地挺身；升降旗進出操場唱歌答數、抖擻嚴整，道早問好聲音特別宏亮整齊。軟性一點的，則例如建立敦厚有禮的班風，推動周到禮儀，實施日行一善，經常表達感恩祝福，靜心時刻繪製禪繞畫或著色本；條件允許的話，可以飼養班狗等。雖然未必能有具體的成果展出，但至少外顯行爲是可見的，而且相對於其他一般精神委靡不振、不重禮節、紛擾惡鬥的班級，顯得鶴立雞群，引人注目，也是可以考慮的班級特色事項類型。

(五) 休閒興趣類

　　選定全班樂意共同參與的適當休閒興趣事項，例如師生均喜歡哼唱歌曲，教師即引導建立一個愛歌、多歌的班級，編輯「我們的歌」之類的歌本，教唱流行的、族群的或國外的歌曲，並經常在適當時機或場合藉由歌聲來打發時間、展演表現，凝聚班級向心力。此外，師生可以商定以蒐集三年期間某某小物，例如飲料瓶罐，作爲班級共同休閒興趣，累積一定數量之後，舉辦專題博物展覽，也饒富趣味。

第 35 事　班級特色的發展：
班級識別體系

　　班級可以仿效企業識別體系（Corporation Identify System, CIS）的概念，發展自己的班級識別體系，並透過發表會以及運用於班級各種所在（例如教室布置、衣帽、簿本、網頁、徽章、戳章，或獎卡、書籤等），讓學生有規劃設計的學習機會，並且發揮對外識別、對內凝聚向心的效益，同時也有助於建立班級特色。

　　企業識別體系通常包括理念識別（mind identity, MI）、視覺識別（visual identity, VI）、活動識別（behavior identity, BI）等，發展班級識別體系也應兼顧此三面向。

理念識別

(一) 班級願景、精神口號

　　通常以幾個關鍵語詞或語句，來呈現出師生對於班級的期許或者對發展方向的界定，例如「熱情活潑、善良和諧」、「智慧、愛心、勇敢」等。班級願景是班級識別體系的核心，因此應審慎訂定。班級識別體系的其他各要素都必須環繞緊扣著班級願景來發展設計，不宜自成一套、各自為政。

　　至於精神口號主要是對應班級願景，用稍多一點字詞的短句，更具體且易理解的闡述班級願景。若能講究對仗押韻、能琅琅上口，那就更理想了。

(二) 班名

在制式的年班編號之外，對應班級願景或精神口號，為班級另取一個符合班級特質、照顧所有成員，而且有意義的響亮好名字。

班名如同人名，通常應該簡短，而且性質上要像班級名稱。可以善用既有的年班編號的諧音，例如「某某仁班」可以取「仁」與「人」諧音，將班名訂為「超人」之類。字數以四個字以內為宜，不必加上「班」字，例如「飛揚」、「智慧仁」、「阿咩牧場」、「蒙奇天堂」等均可接受；若是「我們這『義』班」、「飛躍嘉年華」、「蝦仁蛋炒飯」等就顯得冗長而且不像班名。此外，應注意避免太過江湖味、幫派化，例如取名為「○○堂」、「○○幫」或「○○組」等，恐有傳達不當潛在課程的疑慮。

視覺／視聽識別

視覺識別應該擴展為視聽識別，對應班級願景與精神，使用圖文色彩等視覺要素，加上歌曲、音樂、念唱等聽覺要素，來展現班級特徵或形象。

(一) 班旗／班徽

班旗／班徽同樣要對應班級願景或精神，而且兩者最好整合設計，使班徽成為班旗的一部分。要展現適當的整體設計美感，讓人覺得是經過特別精心設計，避免切割、零碎或者留白太多，避免過於複雜凌亂，置入不必要的裝飾或圖文，活像一張海報。班旗若採取一般常見的長方形，要注意長寬 1.618：1 的黃金比例；若可能，也可以做其他形狀（例如長三角形）的創意設計。

班旗／班徽的設計應注意避免產生不當聯想或誤解，例如被誤會師生有特定政治意識、宗教立場、族群偏見、商業行銷置入，或者使用諸

如納粹或日本軍旗圖騰等，引發不必要的爭議。

(二) 班級標準色與標準字

若班旗／班徽先行設計，則標準色即從班旗／班徽中選出使用面積較大的顏色作為班級標準色。若先行選定標準色，那麼班旗／班徽或其他項目的視覺設計就應該較大面積的運用這些標準色。標準色通常不超過三種，每種顏色應賦予象徵意義，例如紅色象徵熱情、黃色象徵創意、藍色象徵開朗等，最好也能對應班級願景之項目，每一種願景各自有一個對應顏色加以闡發。

標準字通常用於班名。可以使用特定的電腦字型，或者擷取名家書法，或者由班級師生書寫，輸成圖檔，呈現班名時都以此種字體字樣統一呈現。

(三) 班歌

創作或選定一首詞曲能呼應班級願景精神的歌曲。若能完全創作最佳，不然就是選用現成歌曲，師生另行填詞；若剛好有適用的歌曲，直接選用則最簡單省事。班歌通常以一首為原則，但也可以一首以上，或者將同一首班歌做不同曲風呈現，例如有進行曲式、饒舌式、小調式、搖籃曲式等，分別適用在不同時機或場合。

(四) 班呼

結合班級識別體系中的願景精神、班名等元素，創作或者選用一些具有節奏感、適當押韻、可當啦啦隊振奮精神之用的念謠，搭配動作，應用於活動場合。許多既有的團呼、隊呼等，都可以參考使用或改編。

(五) 班級吉祥物、班樹、班花

呼應班級願景精神，自創、仿作或選定某個卡通造型作為班級的吉祥物；選拔某種意象或花語適合的樹木或花卉，作為班級的班樹、班花。例如班級願景精神強調關照他人，則可以選擇以大榕樹作為班樹；強調積極樂觀，則可以選擇以向日葵為班花。

活動識別

對應班級願景精神選定若干班級主軸推動的活動，師生經常從事或參與，讓班級願景精神得以力行實踐。若能結合班級特色事項，則最為理想。

舉例來說，班級願景或精神強調環境關懷，班級即應多安排從事環境教育相關活動，例如每個月安排郊遊兼淨灘活動；若重視健全體魄，班級即應多推動或參與運動健體相關的活動，例如每天晨昏師生均跑步3,000公尺等。

通常班級願景精神會有多個項目，因此應該儘量對應有多項的班級活動。例如以「智慧、愛心、勇敢」為願景或精神的班級，對應智慧，每兩週針對一個情境或故事，師生共同探究有智慧的處理應對方法；對應愛心，推動「週行一善」運動，並把實踐情形寫在週記中；對應勇敢，則推動每學期期初反省寫下一件自己目前尚且不敢，或者感到羞恥愧疚的事，並且設法在學期期間能夠突破障礙或者實際加以改過。

第 36 事　班級特色的發展：班級吉祥物

　　班級識別體系的視聽識別元素之一是班級吉祥物。班級吉祥物運用在各種動態活動場合或者靜態立體／平面呈現上，甚至將吉祥物融入課程教學中，將成為班級師生學校生活的良伴。發展班級吉祥物時，其選定、設計、取名與身分設定有若干原則與注意事項。

班級吉祥物選定或設計

(一) 選角原則

　　吉祥物屬於班級識別體系的一部分，因此應該與班級識別體系其他元素相呼應，包含班級願景精神、標準色等。例如以「向日葵」為班名的班級，吉祥物最好就是「向日葵寶寶」或「向日葵小子」。如果選個小蜜蜂，則其整合度上就有點落差；如果選個玫瑰仙子，那就更不理想了。

　　班級吉祥物通常只要有一個，避免多個而造成失焦或混淆，若有特別的系列意義，例如班級願景為仁義禮智信，則對應發展出小仁、小義、小禮、小智、小信五個吉祥物，尚可接受；或者在一個造型之下，衍生出相關的其他造型出來，例如班級吉祥物為向日葵寶寶，可以設計向日葵男寶寶與向日葵女寶寶各一款，以因應班級中有男生與女生的事實。

（二）創造或選用／改作既有造型

師生最好能自行創造設計獨一無二的班級吉祥物。吉祥物通常採卡通造型並且是擬人化的植物、動物或人物，基本上走可愛路線，能夠展現所謂的「寶寶特徵」：(1) 頭要大，身體要小，就像典型的嬰兒模樣，而且頭大也才好表現各種表情；(2) 眼睛要大，鼻子要小（甚至不畫），嘴巴要小（不畫亦可）；(3) 頭髮要少；(4) 要微笑；(5) 身體各部分要像嬰兒般圓滾滾；(6) 眼睛、鼻子、嘴巴、耳朵等五官的位置要偏低，在頭部中線之中下方；(7) 如果畫腳或穿鞋，基本上要大些；(8) 如果畫手，可以考慮不畫手指，要畫手指的話只要畫四指，不然會顯得太複雜。以上各點雖然未必都是鐵律，但如果基本上能掌握這些要點，班級吉祥物就比較能表現出令人喜愛的可愛模樣。

班級吉祥物要能做出玩偶或者能穿戴出場的道具服，成本頗高，因此通常以平面方式呈現。吉祥物的造型設計要儘量簡明，能便利手繪或電腦繪製，定案後把它的典型畫出來成為「定裝照」，再依據定裝照畫出其各式各樣的變化，例如正面、側面、背面，各種表情、動作，各種服裝或配件等，其後輸入電腦成為圖檔備用。

若師生無法自行創造設計，則可以考慮選用某種坊間既有的造型，例如米老鼠、凱蒂貓、原子小金剛，直接作為班級吉祥物。此種方式簡單易行，但是會有侵害智慧財產權的疑慮，也無法完全對應符合班級特定的需求。

折衷的做法是利用坊間既有的造型，進行某種程度的改造。例如仿效《豆豆看世界》中的豆豆，發展一個類似的造型，稱說是豆豆的弟弟妹妹，以此作為班級吉祥物。以改變造型方式獲得班級吉祥物，比較不擔心侵權或畫得不夠傳神、相像等問題。

取名與身分設定

　　若為自創或改造的班級吉祥物，師生要為班級吉祥物取個好名字。取名應對應其造型、班級願景精神等，例如訴求以勤奮努力為願景的班級，吉祥物選定為蜜蜂，取名為「蜜蜜」、「嗡嗡」，就比較能符合其一般形象。取名也可以與班級名稱相結合，例如某個訴求以自我超越、樂於助人為願景的班級，班名取為 super hero，其吉祥物便結合 super 與 hero，取名為 suparo。又例如：以改造方式提出者，可以利用角色既有名字酌予改變後取名，例如「豆豆」的弟弟即可以取名為「豆皮」。取名同樣不要太長，若沒有必要，應去掉「形容詞」，例如吉祥物取名為「可愛咪嚕」，應該將「可愛」兩字去掉，直接取名為「咪嚕」。

　　班級吉祥物通常都以擬人化方式出現，因此師生可以進一步替班級吉祥物建立「個人檔案」。例如設定其性別、身高、體重、出生年月日、星座、血型、出生地、家庭背景、性格特徵、飲食、顏色、休閒活動等偏好，以及口頭常用語等，也是相當討喜的做法。

參考書目與延伸閱讀文獻

林秀玲（1999）。心中有道，經營有術──班級經營的理論探討。**中等教育，50**（6），93-99。

邱連煌（1997）。**班級經營：學生管教模式、策略與方法**。臺北市：文景書局。

金樹人編譯（1994）。Charles, C. M. 原著。**教室裡的春天：教室管理的科學與藝術**。臺北市：張老師文化。

胡鍊輝（1999）。**教育方法一籮筐**。臺北市：臺灣書店。

張民杰（2007）。**班級經營：學說與案例應用**。臺北市：高等教育出版公司。

張民杰、賴光眞、濮世緯、賴文堅譯（2017）。Bill Rogers 著。**課堂行為：有效教學、行為管理與同儕支持的實務指引**。臺北市：高等教育出版公司。

教育部（2016）。**學校訂定教師輔導與管教學生辦法注意事項**。民國 105 年 05 月 20 日，臺教學（二）字第 1050061858 號。

單文經主譯（2004）。Manning, M. L. & Bucher, K. T. 著。**班級經營的理論與實務**。臺北市：學富文化。

賴光眞（2014）。從「亦師亦友」到「親和的教師」。**師友，563**，54-56。

賴光眞（2014）。論班級經營的先嚴後寬原則。**臺灣教育評論，3**（4），71-75。

賴光眞（2014）。論班級經營的寬嚴並濟原則。**臺灣教育評論，3**（3），70-74。

賴光眞（2016）。分組合作學習下「連帶獎勵」之省思。**臺灣教育評論，5**（4），100-104。

賴光眞（2018）。抄襲，也是一種創意。**臺北市教育 e 週報，851**。取自 http://enews.tp.edu.tw/paper_show.aspx?EDM=EPS201801181848090HM

國家圖書館出版品預行編目資料

班級經營：概念36講、策略36計、實務36事／
賴光真著. -- 二版. -- 臺北市：五南圖書
出版股份有限公司, 2023.09
　　面；　公分
　　ISBN 978-626-366-536-1（平裝）

1.CST: 班級經營　2.CST: 班級教學

521.64　　　　　　　　　112014025

112R

班級經營：概念36講、策略36計、實務36事

作　　　者 ─ 賴光真

編輯主編 ─ 黃文瓊

責任編輯 ─ 黃淑真、李敏華

封面設計 ─ 姚孝慈

出 版 者 ─ 五南圖書出版股份有限公司

發 行 人 ─ 楊榮川

總 經 理 ─ 楊士清

總 編 輯 ─ 楊秀麗

地　　　址：106臺北市大安區和平東路二段339號4樓

電　　　話：(02)2705-5066　　傳　　真：(02)2706-6100

網　　　址：https://www.wunan.com.tw

電子郵件：wunan@wunan.com.tw

劃撥帳號：01068953

戶　　　名：五南圖書出版股份有限公司

法律顧問　林勝安律師

出版日期　2021年1月初版一刷
　　　　　2023年9月二版一刷
　　　　　2025年3月二版二刷

定　　　價　新臺幣520元

經典永恆・名著常在

五十週年的獻禮——經典名著文庫

五南，五十年了，半個世紀，人生旅程的一大半，走過來了。

思索著，邁向百年的未來歷程，能為知識界、文化學術界作些什麼？

在速食文化的生態下，有什麼值得讓人雋永品味的？

歷代經典・當今名著，經過時間的洗禮，千錘百鍊，流傳至今，光芒耀人；

不僅使我們能領悟前人的智慧，同時也增深加廣我們思考的深度與視野。

我們決心投入巨資，有計畫的系統梳選，成立「經典名著文庫」，

希望收入古今中外思想性的、充滿睿智與獨見的經典、名著。

這是一項理想性的、永續性的巨大出版工程。

不在意讀者的眾寡，只考慮它的學術價值，力求完整展現先哲思想的軌跡；

為知識界開啟一片智慧之窗，營造一座百花綻放的世界文明公園，

任君遨遊、取菁吸蜜、嘉惠學子！